Schwerpunktstaatsanwaltschaften im Wirtschaftsstrafrecht und die Stellung der Wirtschaftsreferenten

Europäische Hochschulschriften

European University Studies

Publications Universitaires Européennes

Reihe II Rechtswissenschaft

Series II Law

Série II Droit

Band/Volume **5493**

Stefanie Emrich-Katzin

Schwerpunktstaatsanwaltschaften im Wirtschaftsstrafrecht und die Stellung der Wirtschaftsreferenten

PL ACADEMIC RESEARCH

Bibliografische Information der Deutschen Nationalbibliothek
Die Deutsche Nationalbibliothek verzeichnet diese Publikation in der Deutschen Nationalbibliografie; detaillierte bibliografische Daten sind im Internet über http://dnb.d-nb.de abrufbar.

Zugl.: Köln, Univ., Diss., 2012

D 38
ISSN 0531-7312
ISBN 978-3-631-64473-7 (Print)
E-ISBN 978-3-653-03267-3 (E-Book)
DOI 10.3726/ 978-3-653-03267-3

PL Academic Research ist ein Imprint der Peter Lang GmbH.
Peter Lang – Frankfurt am Main · Bern · Bruxelles · New York · Oxford · Warszawa · Wien

www.peterlang.de

Vorwort

Die vorliegende Arbeit wurde im Jahr 2012 von der Juristischen Fakultät der Universität zu Köln als Dissertation angenommen.

Mein ganz besonderer Dank gilt meinem Doktorvater Herrn Professor Dr. Jürgen Seier. Er hat die Arbeit angeregt, betreut und gefördert, sowie das Erstgutachten erstellt.

Herrn Professor Dr. Martin Paul Waßmer danke ich herzlich für die zügige Erstellung des Zweitgutachtens.

Meinem Freund Christian Fischler danke ich in ganz besonderem Maße für die vielen Stunden, in denen wir vertiefende und herausfordernde fachliche Diskussionen geführt haben.

Schließlich danke ich meiner Familie, die mir während der Arbeit an meiner Dissertation den nötigen Rückhalt gegeben, sowie viel Verständnis entgegengebracht hat.

Gewidmet ist die Dissertation meinen Eltern. Ihnen verdanke ich meine akademische Ausbildung, die hiermit Ihren Abschluss findet.

Inhaltsverzeichnis

Verzeichnis der Abkürzungen

a.A. oder A.A.	andere Ansicht
Abb.	Abbildung
ABL	Amtsblatt des Ministeriums für Bildung
Abs.	Absatz
AG	Amtsgericht
AK	Alternativkommentar
a.M.	andere(r) Meinung
AmtsBl.	Amtsblatt
AmtsBl. M-V	Amtsblatt Mecklenburg-Vorpommern
ÄndVO	Änderungsverordnung
Anm.	Anmerkung
AnwBl.	Anwaltsblatt
Art.	Artikel
Aufl.	Auflage
AV	Allgemeine Verfügung
BayObIGSt	Sammlung von Entscheidungen des Bayerischen Obersten Landesgerichts in Strafsachen
Bbg.	Brandenburg
Bd.	Band
Begr.	Begründer
BfA	Bundesamt für Verfassungsschutz
BGBl.	Bundesgesetzblatt
BGH	Bundesgerichtshof
BGHSt	Entscheidungen des Bundesgerichtshofs in Strafsachen
BGHZ	Entscheidungen des Bundesgerichtshofs in Zivilsachen
BKA	Bundeskriminalamt
BRRG	Beamtenrechtsrahmengesetz
BT-Drucks.	Bundestagsdrucksache
BtG	Betreuungsgesetz
BUR	Besondere Untersuchungsrichterämter
BVerfG	Bundesverfassungsgericht
BVerfGE	Entscheidungen des Bundesverfassungsgerichts
BVerwG	Bundesverwaltungsgericht

BVerwGE	Entscheidungen des Bundesverwaltungsgerichts
BWE	Bundesweite Erfassung von Wirtschaftsstraftaten nach einheitlichen Gesichtspunkten
bzw.	beziehungsweise
CDU	Christliche Demokratische Union
CFTF	Corporate Fraud Task Force
DAR	Deutsches Autorecht
ders.	derselbe
d.h.	das heißt
dies.	dieselben
DJ	Deutsche Justiz
DRB	Deutscher Richterbund
DRiZ	Deutsche Richterzeitung
EGGVG	Einführungsgesetz zum Gerichtsverfassungsgesetz
ER-Strafrechts-übereinkommen	Europarat-Strafrechtsübereinkommen
f.	folgende
ff.	fortfolgende
Fn.	Fußnote
FS	Festschrift
GA	Goldtammers Archiv
GBl.	Gesetzblatt
gem.	gemäß
GG	Grundgesetz
GmbHR	GmbH Rundschau
grds.	grundsätzlich
GVBl.	Gesetz- und Verordnungsblatt
GVBl. LSA	Gesetz- und Verordnungsblatt für das Land Sachsen-Anhalt
GVG	Gerichtsverfassungsgesetz
G.v.	Gesetz vom
GVOBl.	Gesetz- und Verordnungsblatt
GZVJu	Gerichtliche Zuständigkeitsverordnung Justiz

Hrsg.	Herausgeber
h.M.	herrschende Meinung
i.A.	im Auftrag
i.d.F.	in der Fassung
i.S.v.	im Sinne von
i.S.d.	im Sinne des/der
i.Ü.	im Übrigen
i.V.	in Vertretung
i.V.m.	in Verbindung mit
JA	Juristische Arbeitsblätter
JBl.	Justiz-Blatt
JBl. RP	Justiz-Blatt Rheinland-Pfalz
JM	Justizminister(s)
JMBl.	Justizministerialblatt
JMBl. Bbg.	Justizministerialblatt Brandenburg
JMBl. NRW	Justizministerialblatt Nordrhein-Westfalen
JMBl. Thür.	Justizministerialblatt Thüringen
JR	Juristische Rundschau
JuMOG	Justizmodernisierungsgesetz
Jura	Juristische Ausbildung
JurBüro	Das Juristische Büro
JuS	Juristische Schulung
JVEG	Justizvergütungs- und Entschädigungsgesetz
JW	Juristische Wochenschrift
JZ	Juristenzeitung
KG	Kammergericht
KK	Karlsruher Kommentar
KStA	Korruptionsstaatsanwaltschaft
Lit.	Literatur
LLP	Limited Liability Partnership
Ltd.	Leitende(r)
LK	Leipziger Kommentar
LR	Löwe-Rosenberg
LSA	Land Sachsen-Anhalt
LVO NRW	Laufbahnverordnung Nordrhein-Westfalen

MBl. LSA	Ministerialblatt für das Land Sachsen-Anhalt
MDR	Monatszeitschrift für Deutsches Recht
Mitarb.	Mitarbeiter
Mitverf.	Mitverfasser
MiJAGS	Ministerium für Justiz, Arbeit, Gesundheit und Soziales des Landes Saarland
MJ	Ministerium der Justiz
MJAE	Ministerium für Justiz, Gleichstellung und Integration Schleswig-Holstein
MRK	Menschenrechtskonvention
MSchrKrim	Monatsschrift für Kriminalpsychologie und Strafrechtsreform
M-V	Mecklenburg-Vorpommern
Nds. Rpfl.	Niedersächsische Rechtspflege
Neudr.	Neudruck
NJW	Neue Juristische Wochenschrift
Nr.	Nummer
NRW	Nordrhein-Westfalen
NS	Nationalsozialistische(r)
NStZ	Neue Zeitschrift für Strafrecht
NStZ-RR	Neue Zeitschrift für Strafrecht – Rechtsprechungsreport
OLG	Oberlandesgericht
OrgStA	bundeseinheitliche Anordnung über die Organisation der Staatsanwaltschaft
OVG	Oberverwaltungsgericht
OWiG	Ordnungswidrigkeitengesetz
RG	Reichsgericht
RGSt	Entscheidungen des Reichsgerichts in Strafsachen
RiStBV	Richtlinien für das Strafverfahren und das Bußgeldverfahren
Rn.	Randnummer
RPfleger	Der Deutsche Rechtspfleger
Rspr.	Rechtsprechung
RV	Rundverfügung
S.	Seite
s.a.	siehe auch

SchlHA	Schleswig Holsteinische Anzeigen
SK	Systematischer Kommentar
SKG	Schweizerische Kriminalistische Gesellschaft
StAÄG	Referentenentwurf eines Gesetzes zur Änderung des Rechts der Staatsanwaltschaft
StA	Staatsanwaltschaft
StAG	Staatsanwaltschaftsgesetz
StAHilfsbVO	Verordnung über die Hilfsbeamten der Staatsanwaltschaft
StBl.	Staatsblad
Std.	Ständige
StGB	Strafgesetzbuch
StPO	Strafprozessordnung
StRÄG	Strafrechtsänderungsgesetz
StV	Der Strafverteidiger
StVÄG	Strafrechtsverfahrensänderungsgesetz
StVRG	Gesetz zur Reform des Strafverfahrensrechts
u.a.	unter anderen/(m)
UNCAC	United Nations Convention against Corruption
UN-Übereinkommen	Übereinkommen der Vereinten Nationen gegen Korruption
USA	Vereinigte Staaten von Amerika
UWG	Gesetz gegen den unlauteren Wettbewerb
v.	von
v.a.	vor allem
VGH	Verwaltungsgerichtshof
Vgl.	Vergleiche
V-Leute	Vertrauensleute
VO	Verordnung
VOErmPStA	Sächsische Verordnung über die Ermittlungspersonen der Staatsanwaltschaft
Vor.	Voraussetzung
Vorb.	Vorbemerkung
VwGO	Verwaltungsgerichtsordnung
VwV	Verwaltungsvorschrift
WED	Wet op de economische delicten
WiKG	Gesetz zur Bekämpfung der Wirtschaftskriminalität

WiRefStAAV	Wirtschaftsreferent Staatsanwaltschaft Allgemeine Verfügung
Wistra	Zeitschrift für Wirtschaft, Steuer, Strafrecht
ZaÖRV	Zeitschrift für ausländisches öffentliches Recht und Völkerrecht
z.B.	zum Beispiel
ZDF	Zweites Deutsches Fernsehen
ZfG	Zeitschrift für Geschichtswissenschaft
ZStW	Zeitschrift für die gesamte Strafrechtswissenschaft
ZSW	Zeitschrift für das gesamte Sachverständigenwesen
z.T.	zum Teil
ZVS	Zentrale Vergabestelle für Studienplätze

Verzeichnis der Abbildungen

Einführung

I. Einleitung und Problemstellung

Zur Bekämpfung der Wirtschaftskriminalität sind die Schwerpunktstaatsanwaltschaften zunehmend auf Fachwissen angewiesen, das nicht innerhalb der Rechtswissenschaften zu finden ist. Sie müssen auf ökonomisches Wissen zurückgreifen, um ihrer Aufgabe gerecht werden zu können. Hierbei nehmen Wirtschaftsreferenten eine wichtige Stellung ein, indem sie den wirtschaftsstrafrechtlichen Dezernenten in komplexen betriebswirtschaftlichen Fragestellungen beraten. Unter einer Schwerpunktstaatsanwaltschaft versteht man eine Zentralstaatsanwaltschaft mit überörtlichem Zuständigkeitsbereich nach § 143 Abs. 4 GVG, in welcher juristisches und wirtschaftliches Wissen gebündelt wird. Die Wirtschaftskriminalität wird folglich sowohl durch eine Sonderstaatsanwaltschaft als auch durch speziell ausgebildetes Personal in Form von Wirtschaftsstaatsanwälten und Wirtschaftsreferenten bekämpft. Dies wirft die Frage auf, welche Besonderheiten der Wirtschaftskriminalität solch eine Handhabung bedingen.

Vergleicht man die Wirtschaftskriminalität mit anderen Kriminalitätsformen, so wird deutlich, dass es sich hierbei im Gegensatz zu anderen Strafrechtstatbeständen um Kontrollkriminalität handelt.[1] Unter Kontrollkriminalität versteht man, dass die Initiative, ein Verfahren einzuleiten, i.d.R. nicht vom Geschädigten oder einem Dritten ausgeht, sondern ein Ermittlungsverfahren überwiegend von den Strafverfolgungs- und Finanzbehörden eingeleitet wird. Ursache hierfür ist, dass es bei Wirtschaftskriminalität häufig zu einer Verflüchtigung der Beziehung zwischen Täter und Opfer kommt. So gibt es z.B. bei Steuerhinterziehung, Versicherungsbetrug, Verstößen gegen das Gesetz gegen den unlauteren Wettbewerb (UWG) oder Unterschlagung in Großunternehmen einen sehr viel höheren Anteil an Kollektivopfern.[2] Diese abstrakte Opfereigenschaft hat wiederum negative Auswirkungen auf die Anzeigebereitschaft und die Mitwirkung der Betroffenen bei der Tataufklärung.[3] Gerade diese Besonderheit der Verfolgung von Wirtschaftskriminalität

---

1 Berckhauer, 1981, S. 102; Montenbruck u.a., JuS 1987, 806; Berthel, in: Kühne/Liebl (Hrsg.), Bekämpfung der Wirtschaftskriminalität, S. 5; Kaiser, in: Sieber u.a. (Hrsg.), FS Tiedemann, S. 1584 m.w.N. in Fn. 5; Bannenberg, 2002, S. 50, versteht hierunter opferlose Kontrolldelikte, bei denen der typische Anzeigeerstatter fehle.

2 Berthel, Kühne/Liebl (Hrsg.), in: Bekämpfung der Wirtschaftskriminalität, S. 5; darüber hinaus Wassermann, in: Schimmelpfeng-GmbH (Hrsg.), Wirtschaftskriminalität, S. 30.

3 Berg, 2001, S. 11.

macht aber deutlich, wie wichtig spezialisiertes Personal mit besonderen Kenntnissen des Wirtschaftslebens für ihre Aufdeckung ist. Darüber hinaus sind Begehungsformen von wirtschaftskriminellen Taten zu einem erheblichen Teil in das normale wirtschaftliche Handeln eingebettet[4], haben meist einen überörtlichen Bezug und passen sich neuen ökonomischen Entwicklungen an[5], über deren Kenntnis die Strafverfolgungsorgane nur dann verfügen, wenn sie speziell ausgebildet sind.

Aus diesen Gründen wird zur erfolgreichen Bekämpfung der Wirtschaftskriminalität die Bündelung von wirtschaftsstrafrechtlichem Verständnis in Zentralstaatsanwaltschaften, sogenannten Schwerpunktstaatsanwaltschaften, mit überörtlichem Zuständigkeitsbereich benötigt. Die Wirtschaftsstaatsanwälte verfügen über besondere Kenntnisse des Wirtschaftsrechts, z.B. in der Buchhaltung oder der Bilanzierung, und sie werden laufend weiter ausgebildet. Schon im Jahre 1967 zeigte jedoch eine Untersuchung in Nordrhein-Westfalen, dass auch der ökonomisch versierte Staatsanwalt, vor allem in komplizierten Wirtschaftsstrafsachen, häufig der Unterstützung und Beratung durch einen Wirtschaftsexperten bedarf.[6] Deshalb beschäftigt die Schwerpunktstaatsanwaltschaft seit etwa vierzig Jahren Wirtschaftsreferenten.

Dass sich die staatsanwaltschaftlichen Dezernenten auf wirtschaftlichem Gebiet durch Wirtschaftsreferenten beraten lassen, ist nicht zu beanstanden. Problematisch ist jedoch, dass sie den Wirtschaftsreferenten im Rahmen von dessen Tätigkeit sowohl als Ermittlungsgehilfen als auch als Sachverständigen im Vorverfahren benennen und er zumeist auch in dieser Funktion für die Hauptverhandlung übernommen wird. Diese Doppelrolle des Wirtschaftsreferenten und seine Eingliederung als Teil der Staatsanwaltschaft rufen auf Seiten der Verteidigung den Verdacht der Befangenheit des „Haussachverständigen" der Staatsanwaltschaft gegenüber dem Beschuldigten hervor.

Die Rechtsprechung[7] hat sich in den 1970er/80er Jahren nur unzureichend mit der Vereinbarkeit der Tätigkeit als Wirtschaftsreferent mit der als Sachverständi-

---

4 Hillenkamp, in: ders. (Mitverf.), Recht und Wirtschaft, S. 227.

5 Heinz, wistra 1983, 132.

6 Römer, in: Polizeiinstitut Hiltrup (Hrsg.), Schlußbericht der Arbeitstagung, S. 72, Rauch, in: Poerting (Hrsg.), Wirtschaftskriminalität Teil 1, S. 209; Schmidt-Leichner, in: BKA (Hrsg.), Wirtschaftsdelikte, S. 112; Tiedemann, 1976b, S. 172, der auch später im Jahr 1976 dieselbe Kritik äußerte.

7 BGHSt 28, 384; BGH, NStZ 1984, 215 = BGH, wistra 1984, 62: die Entscheidung lässt offen, ob die Stellung der Wirtschaftsreferenten bei der Kriminalpolizei mit den Aufgaben eines Sachverständigen vereinbar ist; BGH, StV 1986, 465; OLG Zweibrücken, NJW 1979, 1995 = MDR 1979, 425 mit der Argumentation, dass Sichtung und Überprüfung der Unterlagen im Hinblick auf ihre Bedeutung für das Strafverfahren typische Sachverständigentätigkeiten seien; das OLG Zweibrücken geht dabei ohne überzeugende Argumentation davon aus, dass die Eingliederung in die Behörde Staatsanwaltschaft für eine Bestellung zum Sachverständigen unschädlich sei; OLG Koblenz, NStZ-RR 1998, 127 ff.

ger befasst. Es wird gemeinhin von einer Zulässigkeit ausgegangen, ohne dass eine tiefergehende Auseinandersetzung mit den rechtlichen Problemen der Stellung des Wirtschaftsreferenten erfolgt. Hier ist juristischer Klärungsbedarf vorhanden, v.a. zu der Frage, unter welchen konkreten Voraussetzungen eine Ablehnung des Wirtschaftsreferenten wegen Besorgnis der Befangenheit gerechtfertigt ist.

Weiterhin besteht in Bezug auf die Stellung des Wirtschaftsreferenten empirischer Forschungsbedarf sowohl zu seiner konkreten Rechtsstellung in den einzelnen Bundesländern als auch zur Institution Schwerpunktstaatsanwaltschaft im Allgemeinen. Es gab bisher noch keine vergleichende Darstellung der einzelnen rechtlichen Regelungen über den Aufgabenbereich und die Befugnisse der Wirtschaftsreferenten in den einzelnen Bundesländern, die es erlauben würde, die entsprechenden Konsequenzen für seine Stellung als Ermittlungsgehilfe und Sachverständiger herauszuarbeiten. Darüber hinaus fehlen auch aktuelle statistische Erhebungen zu der Frage, ob alle Bundesländer von ihrer Ermächtigung zur Errichtung von Schwerpunktstaatsanwaltschaften Gebrauch gemacht haben. Insofern besteht auch auf diesem Gebiet ein empirischer Forschungsauftrag, der letztendlich zu der Frage führt, ob sich die Einrichtung von zentralen Schwerpunktstaatsanwaltschaften bewährt hat.

Neben dem empirischen Forschungsbedarf besteht jedoch auch weiteres juristisches Forschungsinteresse im Zusammenhang mit der Institution Schwerpunktstaatsanwaltschaft. Hier ist zum einen in historischer Perspektive die Frage zu klären, inwiefern verschiedene Arten von Zentralstaatsanwaltschaften mit den Schwerpunktstaatsanwaltschaften der Gegenwart vergleichbar sind bzw. Impulse für die Organisation heutiger Schwerpunktstaatsanwaltschaften, v.a. in Bezug auf die Einrichtung länderübergreifender Schwerpunktstaatsanwaltschaften, geben können. Zum anderen ist in Bezug auf die gesetzliche Grundlage für die Errichtung von Schwerpunktstaatsanwaltschaften nach § 143 Abs. 4 GVG im Rahmen der vorliegenden Arbeit das ungeklärte Problem von Relevanz, ob neben der Zuständigkeit einer Schwerpunktstaatsanwaltschaft die Zuständigkeit der örtlichen Staatsanwaltschaft bestehen bleibt. Denn die Frage, ob eine Doppelzuständigkeit gegeben ist, hat wiederum Auswirkungen auf die Frage, ob die einzelnen Bundesländer die Zuweisungen zu einer Schwerpunktstaatsanwaltschaft in Form einer Einzelzuweisung oder einer Generalzuweisung vornehmen können.

In der strafrechtlichen Literatur war bisher auch keine rechtsvergleichende Untersuchung der Einrichtungssituation von Schwerpunktstaatsanwaltschaften in Deutschland im Hinblick auf ausgewählte Vergleichsländer zu finden. Es stellt sich hierbei die Frage, wie sich die Organisation der deutschen Schwerpunktstaatsanwaltschaft zu anderen Ländern darstellt und welche Anregungen für Verbesserungen des Organisationsrechts der deutschen Schwerpunktstaatsanwaltschaften international zu finden sind.

II. Gang der Untersuchung

Die vorliegende Arbeit setzt sich in ihrem ersten Teil mit der Institution Schwerpunktstaatsanwaltschaft auseinander. Bisher gab es keine zusammenhängende historische Darstellung der Entwicklung von Zentralstaatsanwaltschaften. In diesem Zusammenhang wird die Rechtsgrundlage für die Bildung von Schwerpunktstaatsanwaltschaften nach § 143 Abs. 4 GVG untersucht, wobei der Frage nachgegangen wird, ob § 143 Abs. 4 GVG die allgemeine Zuständigkeitsregel des Abs. 1 verdrängt. Weiterhin wird untersucht, ob es rechtlich auch zulässig wäre, Schwerpunktstaatsanwaltschaften bundesländerübergreifend einzurichten. Hierbei wird zwischen echten länderübergreifenden Anklagebehörden und zentralen Beweissammelstellen ohne Verfolgungsbefugnis differenziert werden. Darüber hinaus widmet sich der erste Teil neben einer empirischen Erhebung zur aktuellen Einrichtungssituation von Schwerpunktstaatsanwaltschaften in Deutschland einem Rechtsvergleich mit vergleichbaren Einrichtungen in den Niederlanden, der Schweiz, Österreich und den Vereinigten Staaten von Amerika (USA). Im Rahmen der rechtsvergleichenden Untersuchung sollen Unterschiede und Gemeinsamkeiten der verschiedenen Länder im Hinblick auf ihre Organisation von Schwerpunktstaatsanwaltschaften dargestellt werden. Zuletzt wird der Frage nachgegangen, ob sich die Errichtung von Schwerpunktstaatsanwaltschaften bewährt hat, wobei insbesondere die Ergebnisse der Studie Bundesweite Erfassung von Wirtschaftsstraftaten nach einheitlichen Gesichtspunkten (BWE)[8] als Grundlage herangezogen werden.

Um die Problematik des Wirtschaftsreferenten umfassend darstellen zu können, untersucht Teil zwei der Arbeit, ob die Staatsanwaltschaft in der Praxis eine objektive, d.h. eine von allen Seiten unbefangene Behörde darstellt. Diese Untersuchung ist unumgänglich, da Argumente gegen die Befangenheit eines Mitarbeiters der Staatsanwaltschaft aufgrund seiner behördlichen Eingliederung dann nicht überzeugend sind, wenn diese sowohl in der Theorie als auch in der Praxis eine objektiv arbeitende Behörde darstellt. Hierbei wird ein Vergleich der Arbeitsweise von Staatsanwälten in der Theorie und Praxis vorgenommen. Zunächst wird untersucht, aus welchen Normen sich eine Objektivitätspflicht der Staatsanwaltschaft ergibt, um dann zu überprüfen, ob und wie diese Pflicht zur Neutralität eingeschränkt wird. Hierbei wird insbesondere auf das externe und interne Weisungsrecht nach §§ 146, 147 GVG eingegangen. Zuletzt wird untersucht, wie sich die Arbeitsweise eines Staatsanwaltes in Wirtschaftsstrafsachen

---

8 Die Untersuchung (BWE) nahm u.a. einen Vergleich von Schwerpunktstaatsanwaltschaften zu allgemeinen staatsanwaltschaftlichen Dezernaten vor. Die Auswertungen der wichtigsten Ergebnisse sind nachzulesen bei Liebl, 1984, S. XXVII–XLVI; ders., wistra 1987, 13; ders., wistra 1982, 50.

im Vergleich zu der eines allgemeinen Dezernenten in Bezug auf ihre Objektivität auswirkt.

Im dritten Teil der Arbeit wird zunächst das Berufsbild des Wirtschaftsreferenten konkret dargestellt, wobei die einzelnen Aufgabenbereichsregelungen der Bundesländer miteinander verglichen werden. Neben einer statistischen Erhebung zu der Anzahl der beschäftigten Wirtschaftsreferenten in den einzelnen Bundesländern wird weiterhin untersucht, in welchen Ländern dem Wirtschaftsreferenten der Status einer Ermittlungsperson der Staatsanwaltschaft nach § 152 Abs. 2 GVG erteilt wurde.

Nachfolgend setzt sich die Arbeit damit auseinander, ob der Wirtschafsreferent als Sachverständiger eingesetzt werden sollte. Hierbei beschäftigt sie sich v.a. mit den rechtlichen Auswirkungen der Ermittlungspersoneneigenschaft des Wirtschaftsreferenten, seiner dienstrechtlichen Eingliederung bei der Behörde Staatsanwaltschaft sowie seiner Doppelaufgabe als Ermittlungsgehilfe und Sachverständiger. Es wird der Frage nachgegangen, ob und unter welchen Voraussetzungen der Wirtschaftsreferent wegen Besorgnis der Befangenheit abgelehnt werden kann. Hierbei wird insbesondere der absolute Befangenheitsgrund des § 74 Abs. 1 S. 1 i.V.m. § 22 Nr. 4 StPO untersucht, wobei vor allem der nichtrichterrechtlich geklärten Frage nachgegangen wird, ab wann eine Mitwirkung des Wirtschaftsreferenten im Vorverfahren zu einem Ablehnungsrecht führt. Als Sonderfall wird die Zulässigkeit der Teilnahme des Wirtschaftsreferenten an Durchsuchungen und Beschlagnahmen problematisiert. Obwohl dieses Einsatzgebiet des Wirtschaftsreferenten von großer praktischer Bedeutung ist, ist die Zulässigkeit seiner Teilnahme nur unzureichend untersucht.

Schließlich wird geprüft, wie Wirtschaftsreferenten, denen der Status einer Ermittlungsperson der Staatsanwaltschaft nicht erteilt wurde, wegen Besorgnis der Befangenheit abgelehnt werden können. Im Rahmen einer Einzelfallkasuistik werden Fallgruppen vorgestellt, bei deren Vorliegen die Besorgnis der Befangenheit des Wirtschaftsreferenten nach § 74 Abs. 1 S. 1 i.V.m. § 24 Abs. 2 StPO gegeben ist. Weiterhin werden die Vergütungsregelungen des Wirtschaftsreferenten dargestellt. Die Arbeit endet mit einem eigenen Organisationsreformvorschlag für eine künftige Regelung der Arbeitsweise des Wirtschaftsreferenten in der Bundesrepublik.

1. Teil: Die Institution Schwerpunktstaatsanwaltschaft

I. Maßnahmen zur Bekämpfung der Wirtschaftskriminalität

1.) Vorbemerkung

Die Idee, Fachwissen bei zentralen Strafverfolgungsbehörden zu bündeln, um die Wirtschaftskriminalität zu bekämpfen, geht grundsätzlich auf die 1930er Jahre zurück, als in bestimmten Spezialabteilungen auf kaufmännische Vorkenntnisse geachtet wurde.[9] Einer flächendeckenden Bekämpfung der Wirtschaftskriminalität war bis in die 1960er Jahre hinein jedoch nicht die nötige Beachtung geschenkt worden. Dies liegt nach Schwind/Gehrich[10] primär daran, dass es den Strafverfolgungsbehörden (Polizei, Staatsanwaltschaften und Gerichten) an Fachpersonal mangelte und der Umfang des Dunkelfeldes, d.h. derjenigen Delikte, die den Strafverfolgungsbehörden nicht bekannt werden[11], für einen langen Zeitraum unterschätzt wurde. Konkrete Bekämpfungsmaßnahmen vollzogen sich in den 1960er/70er Jahren sodann im Wesentlichen auf zwei Ebenen: Zum einen ist die organisatorische Ebene zu nennen, in der eine Spezialisierung der Strafverfolgungsorgane und der Strafgerichte durch Einrichtung spezieller Kommissariate bei der Polizei sowie von Schwerpunktstaatsanwaltschaften und Wirtschaftsstrafkammern bei den Landgerichten vorgenommen wurde. Zum anderen versuchte man der Problematik mit Reformen des Straf- und Wirtschaftsstrafrechts entgegenzuwirken.[12]

Der nachfolgende Teil wird einen historischen Überblick über die Zentralstaatsanwaltschaften als Vorreiter für die derzeit bestehenden Schwerpunktstaatsanwaltschaften und über ihre organisatorische Entwicklung geben und sie im Hinblick auf Impulse für die Organisation der aktuell bestehenden Schwerpunktstaatsanwaltschaften untersuchen.

9 Prost, JZ 1975, 18.
10 Schwind/Gehrich, JR 1980, 228.
11 Siehe zum Dunkelfeld, Schwind, 2011, § 2 Rn. 33 ff.
12 Tiedemann, JZ 1986, 865 ff.

2.) Entwicklung der Schwerpunktstaatsanwaltschaften

Betrachtet man die geschichtliche Entwicklung von Zentralstaatsanwaltschaften, so geht diese bis in die 1930er Jahre zurück. Um knappe Wirtschaftsgüter vor missbräuchlichen Zugriffen zu schützen, schuf man zentrale Dienststellen u.a. zur Bekämpfung der Korruption im Kontext mit den Bewirtschaftungsmaßnahmen bereits seit der Weimarer Republik.[13] Zu nennen sind nach Kiehne[14] die Reichszentrale zur Bekämpfung von Korruption beim Reichskriminalpolizeiamt von 1938 bis 1945, die Zentralstelle für Korruptionsbekämpfung beim Generalstaatsanwalt in München, die Sonderbeauftragten für Korruptionsbekämpfung in Schleswig-Holstein sowie das Staatskommissariat zur Bekämpfung von Korruption und Misswirtschaft in Nordrhein-Westfalen, jeweils aus den Jahren 1947. Die genannte Reichszentrale wurde 1938 aufgrund der Erkenntnis, dass Fachpersonal benötigt werde, geschaffen, obwohl schon die Reichskriminalpolizei für das gesamte Reichsgebiet zuständig war und somit ihre Ermittlungen überörtlich durchführen konnte. Das vom Landtag Nordrhein-Westfalen eingeführte Staatskommissariat zur Bekämpfung von Korruption und Misswirtschaft in der Verwaltung und Wirtschaft bestand nur kurze Zeit, bis es im Jahre 1949 aufgelöst wurde. Es war als überörtliche Behörde auf höchster Verwaltungsebene angeordnet, und ihre Mitarbeiter konnten im ganzen Land tätig werden. Die einzelnen mit Experten besetzten Fachreferate hatten u.a. die Aufgabe, Gutachten vorzubereiten. Das Strafverfolgungsreferat bestand aus dem Kriminalpolizeilichen Ermittlungsreferat und dem Staatsanwaltschaftlichen Referat.[15] Weiterhin gab es in den 1950er Jahren in Essen eine Zentrale Staatsanwaltschaft zur Bekämpfung von Betrügereien und Bestechungen mit Zuständigkeitsbereich für ganz Nordrhein-Westfalen, deren Konzeption später wieder aufgegriffen wurde.[16]

1958 wurde die durch Verwaltungsvereinbarung gegründete erste bundesweite Zentralstelle der Landesjustizverwaltungen zur Aufklärung nationalsozialistischer Verbrechen in Ludwigsburg bei Stuttgart gegründet,[17] nachdem der Ulmer-Einsatzkommandoprozess[18] deutlich gemacht hatte, dass eine Vielzahl an NS-Verbrechern

---

13 Berckhauer, 1977, S. 87; Kiehne: in: Bundeskriminalamt (Hrsg.), Wirtschaftsdelikte, S. 181.

14 Kiehne, in: Bundeskriminalamt (Hrsg.), Wirtschaftsdelikte, S. 181 ff.

15 Kiehne, in: Bundeskriminalamt (Hrsg.), Wirtschaftsdelikte, S. 185 ff.

16 Liebl, in: ders./Kühne (Hrsg.), Bekämpfung der Wirtschaftskriminalität, S. 170 betont, dass die Spezialisierungsgesuche immer voranschreiten, so wurde z.B. auch eine Spezialstaatsanwaltschaft zur Verfolgung von Börsendelikten gefordert; hierzu auch Berckhauer, 1977, S. 86.

17 Rückerl, in: ders. (Hrsg.), NS-Prozesse, S. 21; Renz, ZfG 2002, 622.

18 Im „Ulmer Einsatzkommando-Prozess“ ging es um die Massenerschießungen von Juden. Das Strafverfahren ergab Anhaltspunkte für ähnlich gelagerte, unzureichend aufgeklärte Verbrechen, u.a. in Konzentrationslagern; vgl. den Internetauftritt unter: www.zentralestelle.de, Tag des Abrufs: 23.03.2011.

noch nicht strafrechtlich verfolgt war. Es bestand Anlass für eine bundesweit tätige Zentralstelle, da die örtlichen staatsanwaltschaftlichen Zuständigkeitsregelungen einer umfassenden und systematischen Aufklärung von bundesländerübergreifenden Verbrechen der Nationalsozialisten im Wege standen. Weder ihrem Aufbau noch ihrer Funktion nach ist die Ludwigsburger Zentralstelle jedoch mit den in den 1960er Jahren geschaffenen Schwerpunktstaatsanwaltschaften vergleichbar. Denn es handelt sich bei ihr nicht um eine echte Anklagebehörde, sondern nur um eine gemeinsame, mit abgeordneten Richtern und Staatsanwälten besetzte Vorermittlungsstelle, die lediglich die anklagenden Staatsanwaltschaften unterstützt.[19] Die Zentralstelle Ludwigsburg hat seit jeher die Aufgabe, Vorarbeit zur Einleitung eines Ermittlungsverfahrens zu leisten, insbesondere Tat, Täter und deren Aufenthalt zu ermitteln, um die gesammelten Beweise und Informationen dann an die örtlich zuständige Staatsanwaltschaft bzw. eine der heutigen Schwerpunktstaatsanwaltschaften für NS-Verbrechen in München, Dortmund und Stuttgart abzugeben, die dann darüber entscheiden, ob Anklage erhoben wird.

Organisatorisch bestellt das Land Baden-Württemberg in Einklang mit den anderen Landesjustizverwaltungen den Leiter der Zentralstelle in Ludwigsburg. Die benötigten Mitarbeiter werden anteilig von den Landesjustizverwaltungen bereitgestellt und die Kosten nach dem Verhältnis der Einwohnerzahlen unter den einzelnen Bundesländern aufgeteilt. Die Fachaufsicht übt das Land Baden-Württemberg aus, die Dienstaufsicht hat die jeweils abstellende Behörde inne.[20] Momentan sind fünf bis sechs ermittelnde Beamte und ein Behördenleiter tätig. In dem Zeitraum, in welchem die meisten Verfahren anhängig waren, von 1967 bis 1971, waren 121 Mitarbeiter tätig, davon 49 Richter und Staatsanwälte.[21] Die Zentralstelle hat sich bewährt und führte zu einer deutlichen Erleichterung bei der Aufarbeitung von nationalsozialistischen Prozessen.[22] So hatten die Ludwigsburger Staatsanwälte z.B. maßgeblichen Anteil an den Vorermittlungen zum „Ausschwitz-Prozess“.[23] Seit ihrer Gründung hat sie 7445 Ermittlungsverfahren eingeleitet und zählte zum 31. Dezembers 2009 noch 27 Vorermittlungsverfahren, die bei ihr anhängig waren.[24]

Eine andere vergleichbare Sammlung für Beweise bestand auch bei der zentralen Erfassungsstelle in Salzgitter, welche der Staatsanwaltschaft bei dem Ober-

---

19 Schüle, JZ 1962, 241 f.

20 Bergdolt, 1966, S. 31.

21 Information im Internet abrufbar unter: www.zentralestelle.de/serlet/P8/menu/1199483/index.html?ROOT=1193291, Tag des Abrufs: 31.01.2012.

22 Kramer, 1987, S. 14; Rückerl, in: ders. (Hrsg.), NS-Prozesse, S. 23; Herrmann, ZStW 1973, 265.

23 Greve, Michael, Die bundesweite Strafverfolgung von NS-Verbrechen. 50 Jahre bundesweite Strafverfolgung von NS-Verbrechen, im Internet abrufbar unter: www.michael-greve/strafen.htm, Tag des Abrufs: 29.04.2012.

24 Information im Internet abrufbar unter: www.zentralestelle.de, Tag des Abrufs: 31.01.2012.

landesgericht Braunschweig angegliedert war und eine ähnliche Funktion wie Ludwigsburg ausübte: Sie sammelte Belege für die in der ehemaligen DDR begangenen Gewaltdelikte.[25]

Flächendeckende praktische Maßnahmen zur Bekämpfung der Wirtschaftskriminalität wurden erst Ende der 1960er Jahre eingeführt. Dies erscheint relativ spät, wenn man bedenkt, dass der mit dem Wiederaufbau nach dem Weltkrieg verbundene wirtschaftliche Aufstieg z.T. schon zu Beginn von wirtschaftskriminellen Handlungen begleitet wurde, die mit der Wirtschaft wuchsen.[26] Erklären lässt sich dieser Umstand nach Tiedemann[27] mit dem Bedürfnis der Wirtschaft nach hoher Kapitalfremdfinanzierung, was z.B. den Weg für Krediterschleichungen und Finanzbetrügereien öffnete. Dem wirtschaftlichen Aufschwung und nicht der Aufdeckung von Wirtschaftskriminalität, die typischerweise mit unsichtbaren Schäden einhergeht, wurde Beachtung geschenkt; zumal man in Konkurrenz mit dem sowjetischen Machtbereich stand.[28]

Die Bemühungen zur Bekämpfung der Wirtschaftskriminalität ab den 60er Jahren lässt sich mit der veränderten Stimmung in Gesellschaft und Politik erklären, äußerlich manifestiert vor allem in der Studentenbewegung von 1968.[29] Das „Wirtschaftswunder Deutschland" wurde politisch, wirtschaftlich und gesellschaftlich kritisch begutachtet. Obwohl die Presse Wirtschaftsstrafsachen immer wieder in den Mittelpunkt rückte, war ihre Bekämpfung noch nicht besonders erfolgreich.[30] Mit ein Grund war, dass diese Aufgabe überwiegend der im wirtschaftsstrafrechtlichen Bereich nur unzureichend ausgebildeten Polizei zufiel.[31] Entsprechend wurde auch von ihrer Seite als Erstes die Forderung erhoben, dass zur Bearbeitung von Wirtschaftsstrafsachen Staatsanwälte mit wirtschaftlichem Hintergrund und wirtschaftlichen Kenntnissen einzubinden seien.[32] Bereits auf

---

25 Kramer, 1987, S. 14.

26 Achenbach, in: Sieber u.a. (Hrsg.), FS für Tiedemann, S. 47; Lorenz, in: BKA (Hrsg.), Wirtschaftsdelikte, S. 91; Lach, in: BKA (Hrsg.), Grundfragen der Wirtschaftskriminalität, S. 76; Tiedemann, 1976a, S. 15; Richter, in: Müller-Gugenberger/Bieneck (Hrsg.), Wirtschaftsstrafrecht, § 2 Rn. 32 ff.

27 Tiedemann, 1976a, S. 16.

28 Achenbach, in: Sieber u.a. (Hrsg.), FS Tiedemann, S. 47; Tiedemann, 1976a, S. 14.

29 Tiedemann, 1976a, S. 14, welcher aber vor einer Überbewertung der zeitlichen Übereinstimmung warnt; Achenbach, in Sieber u.a. (Hrsg.), FS Tiedemann, S. 47 f.

30 Liebl wistra 1987, 14 m.w.N. in Fn. 7, der als Beispiele den Subventionsbetrug im Rahmen der Ausgleichsbeträge nach dem Eierbeförderungsgesetz oder den Getreideschwindel sowie die Verbindung von Korruption und Preisabsprachen bei der Neuausrüstung der Bundeswehr nennt.

31 Liebl, wistra 1987, 13.

32 Niggemeyer, in: BKA (Hrsg.), Bekämpfung der Wirtschaftskriminalität, S. 9; ders., in: BKA (Hrsg.), Grundfragen der Wirtschaftskriminalität, S. 11; darüber hinaus Bannenberg, 2002, S. 62.

einer Tagung des Bundeskriminalamtes im Jahre 1957 führte Lorenz[33] die bei der Staatsanwaltschaft Stuttgart bestehende Abteilung zur Bearbeitung von Wirtschaftsdelikten mit sechs Spezialsachbearbeitern als Beispiel an.

Im Jahre 1963 wurde dann auf einer weiteren Tagung des Bundeskriminalamts die Forderung nach zentralen Dienststellen und Staatsanwälten mit betriebswirtschaftlichem Fachwissen aufgeworfen.[34] In der Folgezeit griff auch die Justiz die Forderung der Polizei nach zusätzlichem wirtschaftlich gebildetem Personal, auch in Form von Ökonomen, die die Staatsanwälte unterstützen sollten, auf.[35] Man erkannte, dass selbst ein Wirtschaftsstaatsanwalt mit der wirtschaftsrechtlichen Komplexität der Straftatbestände überfordert war.[36] Denn die Mehrzahl der mit der Bearbeitung von Wirtschaftsstrafsachen befassten Dezernenten hatte keine Sonderausbildung im wirtschaftlichen Bereich. Erfahrungswerte wurden meist erst in der Praxis gesammelt.[37] Die Folgen dieser mangelnden Ausbildung beschreibt Bähr[38] zutreffend wie folgt: „Unkenntnis führt zu Unsicherheit und Unsicherheit zu Einstellung mangels Beweises bzw. Freispruch mangels Beweises.“ Um die Wirtschaftskriminalität erfolgreich zu bekämpfen, musste demnach auch die Staatsanwaltschaft spezialisiert werden.[39]

Darüber hinaus ist zu beachten, dass Wirtschaftsstrafverfahren gemessen an der Verfahrensdauer, der Stofffülle und dem Umfang des Schadens und der Beweismittel oft Großverfahren darstellen. Eine Spezialisierung hatte deshalb auch die Absicht, zu einer Verfahrensbeschleunigung zu führen, um eine schnellere Bestrafung der Wirtschaftsdelinquenten zu erreichen.[40] Insbesondere die kleineren Staatsanwaltschaften hatten nämlich Probleme damit, schwierige und umfangreiche Wirtschaftsstrafverfahren in einer angemessenen Zeit zu bearbeiten.[41]

33 Berckhauer, 1977, S. 86; Lorenz, in: BKA (Hrsg.), Wirtschaftsdelikte, S. 98.

34 Niggemeyer, in BKA (Hrsg.), Grundfragen der Wirtschaftskriminalität, S. 10 ff.

35 Liebl, wistra 1987, 13.

36 Kramer, 1987, S. 14.

37 Römer, in: Polizeiinstitut Hiltrup (Hrsg.), Schlußbericht der Arbeitstagung, S. 63; Sander, Kriminalistik 1969, 169.

38 Bähr, in: Mergen (Hrsg.), Wirtschaftskriminalität-Sachverständigengutachten, S. 24.

39 Sander, Kriminalistik 1969, 170, dem zufolge Nordrhein-Westfalen anfing, die Wirtschaftsstaatsanwälte in Bilanz- und Buchungskunde zu schulen; Achenbach, in: Sieber u.a. (Hrsg.), FS Tiedemann, S. 48, der auch auf die Mitteilung des 49. Deutschen Juristentages in Düsseldorf, NJW 1972, 2075 f. verweist, in welcher darauf hingewiesen wird, dass in den Verhandlungen seiner strafrechtlichen Abteilung „die größe [sic!: große] Hilflosigkeit bezüglich der Abwehr der Wirtschaftskriminalität“ deutlich geworden sei.

40 Kramer, 1987, S. 15; Liebl, wistra 1987, 14; vgl. auch die Rundverfügung des Justizministers in Nordrhein-Westfalen vom 30.03.1968 (4100–III A. 172).

41 Römer, in: Polizeiinstitut Hiltrup (Hrsg.), Schlußbericht der Arbeitstagung, S. 62 u. 67; so berichtete der Ltd. Ministerialrat Römer vom Justizministerium Düsseldorf anlässlich einer Arbeitstagung im Jahre 1971, auf welcher Methoden zur Bekämpfung der Wirtschaftskriminalität diskutiert wurden, dass ein Ermittlungsverfahren nicht selten 6000 Blatt Ermittlungsvor-

Im Jahr 1967 war allein in Nordrhein-Westfalen der Abschluss der Ermittlungen bei 120 von 162 erfassten bedeutenden Wirtschaftsstrafverfahren nicht abzusehen. In ca. 20% der noch nicht abgeschlossenen Verfahren dauerten die Ermittlungen schon über drei Jahre.[42]

Mitunter aus diesen Gründen und der Tatsache, dass Wirtschaftsdelikte oft einen überregionalen Charakter aufweisen, war eine personelle Spezialisierung wie auch eine überörtliche Konzentration im Sinne des § 143 Abs. 4 GVG notwendig.[43] Zunächst wurden die Steuer- und Wirtschaftsabteilungen bei den Staatsanwaltschaften zu sog. Schwerpunktabteilungen ausgebaut, bevor man Ende der 1960er/Anfang der 1970er Jahre Schwerpunktstaatsanwaltschaften mit der nach § 143 Abs. 4 GVG erweiterten Zuständigkeit errichtete.[44] Organisatorisch ist allerdings zu beachten, dass Schwerpunktstaatsanwaltschaften keine eigenständigen Staatsanwaltschaften darstellen, sondern vielmehr als Spezialabteilungen bestehenden Staatsanwaltschaften, denen der Status Schwerpunktstaatsanwaltschaft verliehen wurde, angegliedert sind.

Nordrhein-Westfalen war 1968 das erste Bundesland, das Schwerpunktstaatsanwaltschaften als echte Anklagebehörden einführte, um besonders schwierige Wirtschaftsstrafverfahren zu konzentrieren und zu verfolgen.[45] Zum 1. Juni 1968 gab es vier Schwerpunktstaatsanwaltschaften: die Staatsanwaltschaft in Düsseldorf für den Oberlandesgerichtsbezirk Düsseldorf, die Staatsanwaltschaft Köln für den Oberlandesgerichtsbezirk Köln und die Staatsanwaltschaften in Bielefeld und Bochum für den Oberlandesgerichtsbezirk Hamm.[46] Als nächstes Bundesland folgte Bayern mit Schwerpunktstaatsanwaltschaften in München, Nürnberg, Würzburg und Hof. Zu Beginn der 1970er Jahre errichteten die Bundesländer Niedersachsen und Schleswig Holstein Schwerpunktstaatsanwaltschaften,[47] und in den nachfolgenden Jahren schufen dann auch die meisten anderen Bundeslän-

---

gänge und zusätzlich Hunderte von Ordnern, Heftern und Büchern umfasse. In einer Strafsache, die sich gegen einen ausländischen Bauunternehmer richtete, hätten die zu bearbeitenden Geschäftsunterlagen mehrere Lastwagen gefüllt.

42 Bundesministerium der Justiz (Hrsg.), Bekämpfung der Wirtschaftskriminalität, S. 17; Sander, Kriminalistik 1970, 170.

43 Kramer, 1987, S. 16; Sander, Kriminalistik 1970, 169.

44 Liebl, wistra 1987, 13 ff.; Richter, in: Müller-Gugenberger/Bieneck (Hrsg.), Wirtschaftsstrafrecht, § 7 Rn. 17.

45 Siehe hierzu die Rundverfügung des Justizministeriums des Landes Nordrhein-Westfalen vom 30.03.1968 (4100–III A. 172) „Bearbeitung von Wirtschaftsstrafsachen", im Internet abrufbar unter: www. datenbanken.justiz.nrw.de, Tag des Abrufs: 21.07.2011; darüber hinaus Wassermann, in: Schimmelpfeng-GmbH (Hrsg.), Wirtschaftskriminalität, S. 36.

46 Römer, in: Polizeiinstitut Hiltrup (Hrsg.), Schlußbericht der Arbeitstagung, S. 68.

47 Wassermann, in: Schimmelpfeng-GmbH (Hrsg.), Wirtschaftskriminalität, S. 36.

der Schwerpunktstaatsanwaltschaften.[48] Als letztes Bundesland richtete Hessen im Jahre 2010 eine erste Schwerpunktstaatsanwaltschaft in Frankfurt am Main ein.

3.) § 143 Abs. 4 GVG als Ermächtigungsgrundlage

Die Errichtung von Schwerpunktstaatsanwaltschaften wurde zunächst ohne Ermächtigungsgrundlage vorgenommen.[49] Eine erste Regelung, die vorgab, wie Staatsanwälte Wirtschaftsstrafverfahren zu behandeln haben, ist mit der ab dem 1. Januar 1970 geltenden Fassung der Richtlinien für das Strafverfahren und das Bußgeldverfahren (RiStBV) geschaffen worden.[50] Die verschiedenen Regelungen der RiStBV[51], die lediglich Innenrecht darstellen, decken inhaltlich die ab dem 1. Februar 1997 bundeseinheitlich geltende Fassung ab und geben dem Staatsanwalt u.a. Richtlinien für die Bearbeitung der in § 74 GVG genannten Delikte. Zusätzlich bestimmte die interne Verwaltungsvorschrift Nr. 24 der bundeseinheitlichen Anordnung über die Organisation der Staatsanwaltschaft (OrgStA) im Jahr 1970, dass Wirtschafts- und Konkurssachen möglichst in der Hand eines bestimmten Sachbearbeiters für Wirtschaftsstrafsachen zu vereinigen sind[52].

---

48 Siehe zu der genauen Einrichtungssituation und Entwicklung der Schwerpunktstaatsanwaltschaften die Tabelle: Regionale Verteilung der Schwerpunktstaatsanwaltschaften in der Bundesrepublik Deutschland, Stand: Januar 2012 auf Seite 46.

49 Waider, 2003, S. 33; zu beachten ist, dass nach dem Devolutiv- und Substitutionsrecht der Leitende Beamte der Staatsanwaltschaft beim Oberlandesgericht sowie beim Landgericht die Ermächtigung nach § 145 Abs. 1 GVG besitzt, die Ämter bei allen Gerichten seines Bezirks selbst zu übernehmen (Devolutionsrecht) oder einen anderen Staatsanwalt mit der Verrichtung zu beauftragen (Substitutionsrecht); siehe allgemein zum Devolutiv- und Substitutionsrecht auch Creifeld, 2011, S. 340.

50 Waider, 2003, S. 33.

51 Siehe hierzu die relevanten Regelungen der Nr. 260 RiStBV (Unlauterer Wettbewerb), Nr. 261 ff. RiStBV (Straftaten nach dem Gesetz zum Schutz des geistigen Eigentums), Nr. 265 RiStBV (Verstöße gegen das Außenwirtschaftsgesetz) und Nr. 266 RiStBV (Verstöße gegen das Steuergesetz). Weiterhin gibt Nr. 113 Abs. 2 S. 2 RiStBV dem Staatsanwalt vor, im Falle einer Anklage vor der Wirtschaftsstrafkammer nach § 74c Abs. 1 Nr. 6 GVG diejenigen Umstände aktenkundig zu machen, aus denen sich das Erfordernis der besonderen Kenntnis des Wirtschaftslebens zur Beurteilung des Falles ergibt.

52 Waider, 2003, S. 33; § 24 OrgStA lautete: „(1) Folgende Angelegenheiten sind möglichst in der Hand eines oder bestimmter Sachbearbeiter zu vereinigen: 1. Verfahren wegen Verbreitung unzüchtiger oder jugendgefährdender Schriften, 2. Pressestrafsachen, 3. Münzstrafsachen, 4. Brandstiftungs- und Sprengstoffstrafsachen, 5. Rauschgiftstrafsachen, 6. Verkehrsstrafsachen, 7. Arbeitsschutzsachen, 8. Wettbewerbs-, Wirtschafts- und Konkursstrafsachen, 9. Steuer-, Zoll- und Devisenstrafsachen, 10. Lebensmittel- einschließlich Weinstrafsachen, 11. Schifffahrtstrafsachen, 12. Zivilsachen“; siehe hierzu: Die Justiz 1970, 37. Zu beachten ist, dass die

Erst im Jahre 1979, über 10 Jahre nachdem in Nordrhein-Westfalen die erste Schwerpunktstaatsanwaltschaft gegründet wurde, führte der Gesetzgeber durch Art. 2 Nr. 12 des Strafverfahrensänderungsgesetzes (StVÄG)[53] von 1979 mit der Schaffung von § 143 Abs. 4 GVG eine Außenrechtsgrundlage für die Bildung von Schwerpunktstaatsanwaltschaften ein. Der Normtext von § 143 Abs. 4 GVG lautet:

> *„Den Beamten einer Staatsanwaltschaft kann für die Bezirke mehrerer Land- oder Oberlandesgerichte die Zuständigkeit für die Verfolgung bestimmter Arten von Strafsachen [...] von Stellen außerhalb des räumlichen Geltungsbereichs dieses Gesetzes zugewiesen werden, sofern dies für die sachdienliche Förderung oder schnellere Erledigung der Verfahren zweckmäßig ist. in diesen Fällen erstreckt sich die örtliche Zuständigkeit der Beamten der Staatsanwaltschaft in den ihnen zugewiesenen Sachen auf alle Gerichte der Bezirke, für die ihnen diese Sachen zugewiesen sind.“*

Die Zuweisung nach § 143 Abs. 4 GVG regelt die örtliche Zuständigkeit der Schwerpunktstaatsanwaltschaft und hat zur Folge, dass die Staatsanwaltschaft bei jedem Gericht des Zuständigkeitsbereichs überörtlich Anklage erheben, Anträge stellen und Rechtsmittel einlegen kann.[54] Hierbei knüpft § 143 Abs. 4 GVG an der für die Landgerichte – sowohl in erster als auch in zweiter Instanz – maßgeblichen Zuständigkeitsregelung des § 74c GVG an. Voraussetzung für die Zuweisung nach § 143 Abs. 4 GVG sind ökonomische Gesichtspunkte der sachdienlichen Förderung und schnelleren Erledigung des Verfahrens.

4.) Verhältnis von § 143 Abs. 1 GVG zu § 143 Abs. 4 GVG

Mit der Einführung der speziellen örtlichen Zuständigkeitsregelung von § 143 Abs. 4 GVG für Schwerpunktstaatsanwaltschaften stellt sich darüber hinaus die Frage, wie sich das Verhältnis von § 143 Abs. 1 zu Abs. 4 GVG darstellt, denn beide Vorschriften treffen eine örtliche Zuständigkeitsregel.

Grundsätzlich richtet sich die örtliche Zuständigkeit nach der allgemeinen Regel des § 143 Abs. 1 GVG i.V.m. §§ 7 ff. StPO, wobei bei den Schwerpunktstaatsanwaltschaften eine darüber hinausgehende örtliche Konzentration auf der Grundlage des § 143 Abs. 4 GVG stattfindet. Fraglich ist, ob § 143 Abs. 4 GVG für den Fall, dass eine Schwerpunktstaatsanwaltschaft eingerichtet wurde, nur

---

Regelung mittlerweile in Nr. 17 OrgStA aufgegangen ist, wo bestimmt wird, dass Wirtschaftsstrafsachen in bestimmten Dezernaten zusammengefasst werden sollen; siehe hierzu Artkämper u.a., Aufgabenfelder der Staatsanwaltschaft, S. 450.

53 Abs. 4 angefügt durch StVÄG 1979 vom 05.10.1978, BGBl. I 1978/1645.

54 Schmidt/Schoreit, in: Hannich (Hrsg.), KK, § 143 GVG Rn. 7; Katholnigg, in: ders. (Hrsg.), § 143 GVG Rn. 4 Fn. 12.

die Zuständigkeiten der Staatsanwaltschaft erweitert oder ob die örtlichen Staatsanwaltschaften bei den Landgerichten, deren Gerichtsstand nach § 143 Abs. 1 i.V.m. §§ 7 ff. StPO begründet ist, ihre Zuständigkeit verlieren. Eine höchstrichterliche Rechtsprechung zu diesem Problemkreis ist bisher noch nicht ergangen.

Die Entscheidung der Frage, ob eine verdrängende bzw. erweiternde Zuständigkeit anzunehmen ist, führt zu unterschiedlichen rechtlichen Konsequenzen und ist deshalb juristisch zu untersuchen. Eine verdrängende Zuständigkeit hätte zur Folge, dass allein die Schwerpunktstaatsanwaltschaft für die Bearbeitung eines wirtschafsstrafrechtlichen Verfahrens zuständig wäre; generell wären ihr die Verfahren zugeordnet.[55] Hierbei hätte eine Generalzuweisung zu einer Schwerpunktstaatsanwaltschaft nur einen deklaratorischen Charakter.

Wenn beide Zuständigkeiten nebeneinander fortbestünden hätte der Generalstaatsanwalt nach § 145 GVG ein Wahlrecht, ob er Einzel- oder Generalzuweisungen zu einer Schwerpunktstaatsanwaltschaft vornehmen möchte. Eine Regelung durch Einzelzuweisungen hat z.B. Nordrhein-Westfalen vorgenommen.[56] Diese Art der Einzelzuweisung wäre aber dann unzutreffend, wenn § 143 Abs. 4 GVG eindeutig als eine verdrängende Zuständigkeit anzusehen sei, da die örtliche Staatsanwaltschaft ihre Zuständigkeit durch die Errichtung der Schwerpunktstaatsanwaltschaft verloren hätte.

---

55 Den Weg der Generalzuweisung haben z.B. die Bundesländer Mecklenburg-Vorpommern in seiner Allgemeinen Verwaltungsvorschrift des Ministers für Justiz, Bundes- und Europaangelegenheiten vom 13. April 1993–III A 321/3262–17–, abgedruckt AmtsBl. M-V 1993, S. 937, Thüringen in der Verwaltungsvorschrift des Thüringer Justizministeriums vom 7. Juni 1994 (3262–3–13/91), abgedruckt JMBl. Thür., 1994, S. 87 sowie JMBl. Nr. 5, S. 70, Schleswig-Holstein, AV des MJAE vom 23. Januar 2006–V 310/7036–18 A SH–, abgedruckt SchlHA 2006, S. 42, sowie Brandenburg, JMBl. Bbg., 1997, S. 71 beschritten. Eine Einzelzuweisung wird in Nordrhein-Westfalen vorgenommen; hier bestimmt Punkt III, Absatz 2 der RV des JM vom 30. März 1968 (4100–III A. 172.1), im Internet abrufbar unter: www. datenbanken.justiz.nrw. de, Tag des Abrufs: 11.10.2011, dass eine überörtliche Zuständigkeit von Schwerpunktstaatsanwaltschaften nur in den Fällen gegeben ist, die ihnen gemäß § 145 Abs. 1 GVG vom Generalstaatsanwalt übertragen werden.
AV bedeutet „Allgemeine Verfügung". Allgemeine Verfügungen wurden seit dem 23.11.1933 in der Deutschen Justiz (DJ) als dem amtlichen Organ des Reichsjustizministers veröffentlicht, vgl. DJ 1933, 693.

56 Siehe die AV des JM vom 16.08.2011 (4100–III A. 172), JMBl. NRW S. 262, welche die bis zum 01.09.2011 geltende AV des JM vom 13.08.1970 (4100–III A. 172.1), JMBl. NRW S. 218 abänderte.

a.) § 143 Abs. 4 GVG verdrängt § 143 Abs. 1 GVG

In der Literatur wird z.T. davon ausgegangen, dass § 143 Abs. 4 GVG die Zuständigkeitsregel des § 143 Abs. 1 GVG verdrängt bzw. verdrängen sollte.[57] Für einen Ausschluss der Kompetenz der örtlichen Staatsanwaltschaft spreche, dass das Ziel der Konzentration die Nutzung der bei der Schwerpunktstaatsanwaltschaft vorausgesetzten erhöhten Sachkunde sei. Im Gegenzug sollte die ursprüngliche Zuständigkeit entfallen.[58] Schoreit[59] führt aus, dass eine doppelte staatsanwaltschaftliche Zuständigkeit die Rechtssicherheit gefährde. Durch die Ersetzungsbefugnis des Generalstaatsanwaltes komme es zu staatsanwaltschaftlichen Zuständigkeitsregelungen, die nach außen nicht erkennbar seien.

b.) § 143 Abs. 4 GVG erweitert § 143 Abs. 1 GVG

Auf der anderen Seite wird die Auffassung vertreten, dass beide Zuständigkeiten nebeneinander fortbestünden.[60] Insbesondere das OLG Zweibrücken[61] hat in einer Entscheidung ausführlich dahingehend argumentiert, dass der Wortlaut des § 143 Abs. 4 GVG, wonach unter den dort bestimmten Voraussetzungen die örtliche Zuständigkeit einer Staatsanwaltschaft über ihren „eigentlichen Bezirk hinaus *erstreckt*" werde, eher für die Annahme einer erweiternden Zuständigkeit spreche. Darüber hinaus würden auch ökonomische und verfahrenstechnische Gründe eine Doppelzuständigkeit nicht ausschließen. Zum einen könne man nämlich eine zentrale Stelle für die organisatorischen Anordnungen bestimmen, zum anderen zeige die StPO, dass das Nebeneinander mehrerer örtlich zuständiger Staatsanwaltschaften dem deutschen Strafverfahrensrecht nicht fremd sei. Auch das Nichtvorhandensein von Konkurrenzregeln im konkreten Fall bedeute nicht zwangsläufig eine ausschließliche Zuständigkeit, da man Kompetenzkonflikte auch durch behördeninterne Anweisungen, Vereinbarungen sowie notfalls durch eine Entscheidung des Generalbundesanwalts nach § 143 Abs. 3 GVG lösen könne.[62]

---

57 Katholnigg, in: ders. (Hrsg.), § 143 GVG Rn. 4; Schmidt/ders., in: Hannich (Hrsg.) KK, § 143 GVG Rn. 7, die zwar der Ansicht sind, dass die aktuelle Gesetzeslage eher für eine überlagernde Zuständigkeitsregelung spricht, aber eine Regelung in Form einer verdrängenden Zuständigkeit als sinnvoller erachten. Siehe hierzu auch die Anm. von Schoreit zu OLG Zweibrücken, NStZ 1984, 233.

58 Schoreit, NStZ 1984, 243; ders., in: Hannich (Hrsg.) KK, § 143 GVG Rn. 6 f.

59 Anm. von Schoreit zu OLG Zweibrücken, NStZ 1984, 233.

60 OLG Zweibrücken, NStZ 1984, 233; Franke, in: Erb u.a. (Hrsg.), LR, § 143 GVG Rn. 16; Mayer, in: Kissel/ders., § 143 GVG Rn. 8; Meyer-Goßner, in: Schwarz (Begr.), § 143 GVG Rn. 6; Kramer, 1987, S. 17.

61 OLG Zweibrücken, NStZ 1984, 233 ff.; im Ansatz auch Kramer, 1987, S. 17.

62 OLG Zweibrücken, NStZ 1984, 233.

Dass bei der Zuständigkeit mehrerer Staatsanwaltschaften im Ermittlungsverfahren auch mehrere Gerichtsstände begründet seien, während es im Falle des § 143 GVG um die Frage gehe, ob bei **einem** Gericht mehrere Staatsanwaltschaften zuständig sein könnten, mache keinen Unterschied. Vielmehr entspreche es dem praktischen Bedürfnis, wenn sich stets die am Gerichtsort zuständige Staatsanwaltschaft nach § 143 Abs. 1 GVG mit dem Fall befasse; dies gelte insbesondere in den Fällen des § 74c Abs. 1 Nr. 6 GVG, in denen u.a. bei Betrug, Untreue, Wucher, Vorteilsgewährung und Bestechung zur Beurteilung des Falles besondere Kenntnisse des Wirtschaftslebens erforderlich seien.[63]

c.) Stellungnahme

Im Rahmen einer Auseinandersetzung mit den vorstehenden Meinungen ist festzuhalten, dass die Frage, ob § 143 Abs. 4 GVG die Zuständigkeit des § 143 Abs. 1 GVG lediglich erweitert oder ausschließt, durch juristische Normauslegung zu klären ist. Zu den vier Auslegungsmethoden gehören die sprachlich-grammatikalische, die systematische, die historische und die teleologische Auslegung. Ausgangspunkt jeder Auslegung ist jedoch der Wortlaut des Gesetzes anhand des natürlichen und besonderen juristischen Sprachgebrauchs. Er bildet grundsätzlich auch die Grenze der Auslegung, die aber überschritten werden kann, wenn der Gesetzeszweck dies gebietet.[64] Falls der Wortlaut mehrdeutig ist, ist auf die historische[65] und die systematische[66] Auslegung zurückzugreifen. Schwerpunkt bildet aber die sogenannte objektiv-teleologische Auslegungsmethode[67], die nach der besonderen Schutzfunktion und dem objektiven Sinn und Zweck des Gesetzes fragt.

Das OLG Zweibrücken argumentiert dahingehend, dass der Wortlaut des § 143 Abs. 4 GVG, wonach unter den dort bestimmten Voraussetzungen die örtliche Zuständigkeit einer Staatsanwaltschaft über ihren „eigentlichen Bezirk hinaus erstreckt" wird, eher für die Annahme einer erweiternden Zuständigkeit spreche.[68] Begründet wird diese Ansicht jedoch nicht weiter. Das Argument des OLG, dass der Begriff der Erstreckung für die Annahme einer erweiternden Zuständigkeit spreche, ist nicht zwingend. Synonym zu „erstrecken" wird das Wort „ausbreiten" gebraucht.[69] Dass damit eine lediglich erweiternde Zuständigkeit gemeint

63 OLG Zweibrücken, NStZ 1984, 234.
64 BGHZ 2, 184.
65 BGHSt 11, 49; 14, 119.
66 BGHSt 25, 26.
67 BVerfGE 1, 312; 11, 126, 129; BGHSt 17, 23.
68 OLG Zweibrücken, NStZ 1984, 233.
69 Duden, Synonymwörterbuch 2010, S. 361.

ist, lässt sich dem Wortsinn aber nicht entnehmen. Vielmehr kann ein Ausbreiten auch ein Verdrängen bedeuten.

Die systematische Auslegung besagt, dass die Norm im Bedeutungszusammenhang zu sehen ist; sie trägt der Vorstellung von der systematischen Geschlossenheit eines Gesetzes Rechnung. Fraglich ist, was eine Interpretation der Absätze des § 143 GVG ergibt. § 143 Abs. 1 stellt die allgemeine Regel für die örtliche Zuständigkeit auf. § 143 Abs. 4 regelt den Spezialfall. Nach dem Grundsatz lex specialis derogat legi generali geht die speziellere Norm der Allgemeineren grundsätzlich vor. Nicht erschließen lässt sich hieraus jedoch, ob ein Vorgehen ein Verdrängen oder Überlagern bedeutet.[70]

Zu untersuchen ist deshalb weiterhin, ob die historische Auslegung Klarheit bringt. Die genetisch historische Methode stützt sich auf die Entstehungsgeschichte des Gesetzes und zieht zu diesem Zweck Reformvorschläge und Gesetzesmaterialien heran. Aber auch der Regierungsentwurf und die Gesetzesbegründung geben keinen eindeutigen Aufschluss darüber, ob § 143 Abs. 4 GVG ausschließlichen Charakter haben soll. In der Begründung des Regierungsentwurfs[71] heißt es lediglich: „Es darf davon ausgegangen werden, dass derartige Zuweisungen von den Landesjustizverwaltungen in der jeweils üblichen Weise bekannt gemacht werden". Aus der Gesetzesbegründung lässt sich lediglich entnehmen, dass § 143 Abs. 4 GVG eine sachdienliche und schnellere Erledigung des Verfahrens zum Vorbild hatte.[72] Dies könnte für eine ausschließliche Zuständigkeit sprechen, was aber keine zwingende Folge ist.

Schließlich ist anhand der teleologischen Auslegung der Sinn und Zweck der Vorschrift zu erforschen. Grundsätzlich ist Ziel der Konzentration die Nutzung der bei der Schwerpunktstaatsanwaltschaft vorausgesetzten erhöhten Sachkunde. Dies könnte für eine ausschließliche Zuständigkeit sprechen. Es ist aus ökonomischen, verfahrenstechnischen sowie aus Gründen der Rechtssicherheit zweckmäßig, die spezialisierte Staatsanwaltschaft exklusiv mit der Bearbeitung von Delikten zu beauftragen.[73]

Das OLG Zweibrücken argumentiert, dass die Beibehaltung der Doppelzuständigkeit ebenso ökonomisch und verfahrenstechnisch unproblematisch sei, da man im Falle eines Kompetenzkonfliktes eine zentrale Stelle für die Regelungen von organisatorischen Anordnungen bestimmen könne. Dem ist zu entgegnen, dass es verfahrenstechnisch unwirtschaftlicher ist, Kompetenzkonflikte durch

70 Siehe zu diesem Problem auch Vranes, ZaöRV 2005, 403, der ebenfalls davon ausgeht, dass die konkreten rechtlichen Folgen für jede Rechtsordnung und jeden Regelungszusammenhang gesondert zu bestimmen seien.

71 BT-Drucks. 8/976, S. 68.

72 BT-Drucks. 8/1844, S. 34.

73 Siehe hierzu auch die Anm. von Schoreit zu OLG Zweibrücken, NStZ 1984, 233.

behördeninterne Anweisungen und Vereinbarungen zu lösen, als einer Schwerpunktstaatsanwaltschaft die ausschließliche Zuständigkeit zuzuschreiben. So beschreibt Römer[74] die Zuständigkeitszuweisung zwischen allgemeinen Staatsanwaltschaften und Schwerpunktstaatsanwaltschaften in Nordrhein-Westfalen, die als Einzelzuweisung geregelt ist, folgendermaßen: „Jede Staatsanwaltschaft soll die bei ihr anhängig werdenden Wirtschaftsstrafsachen zunächst selbst bearbeiten und per Einzelzuweisung durch den Generalstaatsanwalt wird eine Zuordnung zu einer Schwerpunktstaatsanwaltschaft eventuell vorgenommen“. Das Zuweisungsverfahren nach § 145 GVG ist in der Rundverfügung Nordrhein-Westfalen[75] wie folgt geregelt:

> *„Ist eine Wirtschaftsstrafsache bei einer Staatsanwaltschaft anhängig, die nicht Schwerpunkt-Staatsanwaltschaft ist, und kann das Verfahren wegen seines Umfangs oder aus anderen Gründen von dieser Staatsanwaltschaft nicht mit der gebotenen Beschleunigung bearbeitet werden, so führt der Leitende Oberstaatsanwalt unverzüglich – in besonders eiligen oder besonders bedeutsamen Fällen durch mündlichen Vortrag – die Entscheidung des Generalstaatsanwalts darüber herbei, ob das Verfahren gemäß § 145 GVG einer Schwerpunkt-Staatsanwaltschaft übertragen wird.“*

Die Regelung, wie sie in Nordrhein-Westfalen in der Verfügung getroffen wurde, verschärft das Problem der überlangen Verfahrensdauer in Wirtschaftsstrafverfahren. Wenn Wirtschaftsstrafsachen zunächst einer allgemeinen Staatsanwaltschaft zugeleitet werden, muss sich der zuständige Dezernent einarbeiten, um beurteilen zu können, ob er den Fall selbst bearbeiten kann. Dann soll sich eventuell in einem zweiten Schritt der Leitende Oberstaatsanwalt mit der Sache befassen, um zu entscheiden, ob die Strafsache ein Ermittlungsverfahren für die Schwerpunktstaatsanwaltschaft darstellt. Falls dies bejaht wird, muss sich eine dritte Stelle, nämlich der Generalstaatsanwalt, mit der Sache befassen, bevor die Akten letztendlich einer Schwerpunktstaatsanwaltschaft übersandt werden. Dieses bürokratische Vorgehen erhöht die Verfahrensdauer bei Wirtschaftsstraftaten schon von Anfang an. Gerade die überlange Verfahrensdauer bei Wirtschaftsdelikten ist aber ein seit Jahrzehnten kritisierter Umstand[76] und eine der Hauptsorgen der Ermittler, da sie zu Beweisverlusten und Beweisschwierigkeiten und letztlich, wie in dem Beschluss des Großen Senats für Strafsachen vom 17. Januar 2008 – GSST 1/07 kritisiert, zu einer Einstellung des Strafverfahrens wegen überlanger Verfahrensdauer oder zu einer Bewährungsstrafe führen kann.

---

74 Römer, in: Polizeiinstitut Hiltrup (Hrsg.), Schlußbericht der Arbeitstagung, S. 70 f.

75 Rundverfügung des Justizministers zur Bearbeitung von Wirtschaftsstrafsachen vom 30.03.1968 (4100–III A. 172). Im Internet abrufbar unter: www.datenbanken.justiz.nrw.de, Tag des Abrufs: 21.07.2011.

76 Liebl, in: ders./Kühne (Hrsg.), Bekämpfung der Wirtschaftskriminalität, S. 171.

Weiterhin wird vom OLG Zweibrücken vorgetragen, dass auch das Nichtvorhandensein von Konkurrenzregeln im konkreten Fall nicht zwangsläufig eine ausschließliche Zuständigkeit bedeuten müsse, da man Kompetenzkonflikte wiederum durch behördeninterne Anweisungen, Vereinbarungen, sowie notfalls durch eine Entscheidung des Generalbundesanwalts nach § 143 Abs. 3 GVG lösen könne.[77] Dieser Ansicht ist insoweit zuzustimmen, als das Zusammentreffen mehrerer Gerichtsstände in der Strafprozessordnung tatsächlich nicht außergewöhnlich ist. Dies zeigt sich schon an den verschiedenen Regelungen der §§ 7 ff. StPO[78], wobei im Gesetz selbst eine eindeutige Konkurrenzregelung getroffen wird. § 12 Abs. 1 StPO bestimmt, dass bei dem Zusammentreffen mehrerer Gerichtsstände derjenige Vorrang hat, der die Untersuchung zuerst eröffnet hat. Eine solche Konkurrenzregelung ist im Fall des Verhältnisses von § 143 Abs. 1 GVG und § 143 Abs. 4 GVG nicht festgelegt worden. Konkurrenzregelungen benötigt man nur bei einer erweiternden Zuständigkeit, so dass ihr Fehlen im Rahmen eines Umkehrschlusses für eine exklusive Zuständigkeit des § 143 Abs. 4 GVG sprechen könnte. Zu bemerken ist in diesem Zusammenhang weiterhin, dass es unzulässig ist, wie das OLG Zweibrücken vorschlägt, Kompetenzkonflikte innerhalb eines Landes nach § 143 Abs. 3 GVG zu lösen, da sich § 143 Abs. 3 GVG nur auf länderübergreifende Kompetenzkonflikte bezieht.

Der Argumentation des OLG, dass es dem praktischen Bedürfnis entspreche, wenn sich immer die am Gerichtsort zuständige Staatsanwaltschaft nach § 143 Abs. 1 GVG i.V.m. § 7 StPO mit dem Fall befasse, ist zu widersprechen, da nicht ersichtlich ist, warum die Staatsanwaltschaft des Tatorts gerade im Fall der Wirtschaftskriminalität die sachnähere Staatsanwaltschaft sein sollte. Schließlich ist gerade für die Wirtschaftskriminalität ein überörtlicher Bezug kennzeichnend, so dass eine überörtliche Staatsanwaltschaft in der Regel die sachnähere ist.

Gegen die Wahl zur Ausgestaltung als Einzelweisungsrecht, welches im Falle einer Doppelzuständigkeit gegeben wäre, könnte auch sprechen, dass es dann im Ermessen des jeweiligen Dezernenten läge, ob die Wirtschaftsstrafsache so umfangreich oder bedeutend ist, dass ein Verweisungsantrag zu einer Schwerpunktstaatsanwaltschaft gestellt wird, oder ob diese bei ihm zur Bearbeitung verbleibt. Hierin könnte eine Verletzung des aus §§ 152 Abs. 2, 160 Abs. 1, 163 Abs. 1 StPO resultierenden Legalitätsprinzips liegen, welches eine Gleichbehandlung bei der Strafverfolgung fordert.[79] Fraglich ist, ob als darauf folgende Konsequenz auch eine Verletzung des gesetzlichen Richters nach Art. 101 Abs. 1 S. 2 GG vorliegt. Wird eine Strafsache von einer Schwerpunktstaatsanwaltschaft bearbeitet,

77 OLG Zweibrücken, NStZ 1984, 233.

78 § 7 StPO (Gerichtsstand des Tatorts), § 8 StPO (Gerichtsstand des Wohnortes oder Aufenthaltsortes), § 9 StPO (Gerichtsstand des Ergreifungsortes).

79 Siehe allgemein zum Legalitätsprinzip Schmidt-Jortzig, NJW 1989, 133.

dann kann nur vor einem Landgericht Anklage erhoben werden, denn nach § 74c Abs. 1 Nr. 6 GVG ergibt sich zwangsläufig, dass zur Beurteilung des Falles besondere Kenntnisse des Wirtschaftslebens erforderlich sind. Dies ist grundsätzlich anders, wenn die Strafsache von einem allgemeinen staatsanwaltschaftlichen Dezernat bearbeitet wird. Hier kann der Dezernent entscheiden, ob die Strafsache so bedeutend und wesentlich ist, dass sich die Wirtschaftsstrafkammer eines Landgerichts nach § 74c GVG mit dieser zu befassen hat, oder ob diese vom Amtsgericht bearbeitet wird. Jedoch ist zu bedenken, dass die Staatsanwaltschaft bei der Auswahl des sachlich zuständigen Gerichts einen Ermessensspielraum hat, d.h., eine Verletzung des gesetzlichen Richters wird nur bei objektiver Willkür angenommen.[80] Auch eine Verletzung des Legalitätsprinzips scheidet deshalb grundsätzlich aus.

Bedenkt man, dass § 143 Abs. 4 GVG v.a. eine sachdienliche und schnellere Erledigung des Verfahrens als Leitbild hatte[81], so sprechen die besseren Argumente für eine ausschließliche Zuständigkeit der Schwerpunktstaatsanwaltschaften. Gibt es organisatorisch Schwerpunktstaatsanwaltschaften zur Bekämpfung der Wirtschaftskriminalität, so sollten diese auch exklusiv zuständig sein. Konsequenz einer solchen ausschließlichen Zuständigkeitsregelung wäre, dass der Generalstaatsanwalt keine Einzelweisungsbefugnis mehr hat.

Im Sinne einer rechtssicheren Regelung, sollte § 143 Abs. 4 GVG zugunsten einer eindeutigen, nach außen erkennbaren Regelung geändert werden. Denn die Vorschrift lässt Zuständigkeitsregelungen für die Staatsanwaltschaft zu, welche, wie Schoreit[82] richtigerweise aufzeigt, die Staatsanwaltschaft in keiner Weise nach außen verlautbaren müssen.[83] Für den Beschuldigten muss aber eindeutig erkennbar sein, welche Staatsanwaltschaft für die Anklage zuständig ist. Aus diesem Grund wäre es sinnvoll, § 143 Abs. 4 GVG um folgenden Satz zu erweitern:

> *„Wird den Beamten einer Staatsanwaltschaft für die Bezirke mehrerer Landes- oder Oberlandesgerichte die Zuständigkeit für die Verfolgung bestimmter Arten von Strafsachen zugewiesen, entfällt die allgemeine örtliche Zuständigkeit nach § 143 Abs. 1 GVG.“*

80 BGHSt 44, 36.

81 BT-Drucks. 8/1844, S. 34.

82 Anm. von Schoreit zu OLG Zweibrücken, NStZ 1984, 243, der sich auch für eine gesetzliche Klärung der Zuständigkeitsregelungen ausspricht.

83 So besteht die Möglichkeit, Einzel- oder Generalzuweisungen vorzunehmen; Mecklenburg-Vorpommern hat z.B. eine Einzelzuweisung vorgenommen, wobei das Bundesland in seiner Verwaltungsvorschrift zur Errichtung von Schwerpunktstaatsanwaltschaften vom 13.03.1993–III A 321/3262–17; AmtsBl. M-V 1993, S. 937 in II. Nr. 3 eigene Bestimmungen zur Auslegung des § 143 Abs. 4 GVG erlassen hat, denen zufolge neben der Schwerpunktstaatsanwaltschaft die nach § 143 Abs. 1 GVG berufene Staatsanwaltschaft für das Verfahren zuständig bleibt.

5.) Länderübergreifende Schwerpunktstaatsanwaltschaften

Nachdem im vorherigen Abschnitt das Verhältnis der Zuständigkeitsregelungen der §§ 143 Abs. 1 und Abs. 4 untersucht wurde, soll im folgenden Teil der Frage nachgegangen werden, ob Schwerpunktstaatsanwaltschaften nur innerhalb eines Bundeslandes oder auch über Ländergrenzen hinweg eingerichtet werden können. Ausgehend von der Tatsache, dass Schwerpunktstaatsanwaltschaften aktuell nur den Zuständigkeitsbereich eines Bundeslandes umfassen, ist im Rahmen einer Reform zu erwägen, ob dieser Zuständigkeitsbereich über die Ländergrenzen hinweg ausgedehnt werden kann. Anlass entsprechender Überlegungen ist der für die Wirtschaftskriminalität kennzeichnende überörtliche – auch bundesländerübergreifende – Bezug, der die Frage aufwirft, ob eine effektivere Bekämpfung der Kriminalität im wirtschaftlichen Bereich durch länderübergreifende bzw. bundesweit tätige Schwerpunktstaatsanwaltschaften erreicht werden kann.

a.) Auswertung der Rechtsprechung und Literatur

Mit dieser Fragestellung hat sich die Rechtsprechung bisher noch nicht befasst, und auch die strafrechtliche Literatur setzt sich mit ihr nur rudimentär und v.a. ohne ausreichende Argumentation auseinander. Auf der einen Seite wird ohne weitere Begründung die Meinung vertreten, dass die Bildung von Schwerpunktstaatsanwaltschaften über ein Land hinaus zulässig sei. Dies bedürfe aufgrund der Justizhoheit lediglich einer Vereinbarung der Länder.[84] Auf der anderen Seite finden sich wiederum, auch hier ohne Begründung, Stimmen im Schrifttum, die davon ausgehen, dass die Konzentrationsermächtigung nur innerhalb eines Landes bestehe.[85]

b.) Stellungnahme

Vor diesem Hintergrund gilt es zu klären, ob Schwerpunktstaatsanwaltschaften auch über die Ländergrenzen hinaus errichtet werden können. Eine Wortlautauslegung von § 143 Abs. 4 GVG führt zunächst zu keinem Ergebnis. Indem „den Beamten einer Staatsanwaltschaft für die Bezirke mehrerer Land- oder Obergerichte“ bestimmte Arten von Strafsachen zugewiesen sind, ergibt sich keine Einschränkung auf den Geltungsbereich eines Bundeslandes, denn mehrere Landes- oder Oberlandesgerichte können auch länderübergreifende Gerichte darstellen.

84 Franke, in: Erb u.a. (Hrsg.), LR, § 143 GVG Rn. 19; Katholnigg, in: ders. (Hrsg.), § 143 GVG Rn. 4.

85 Mayer, in: Kissel/ders. (Hrsg.), § 143 GVG Rn. 8.

Im Rahmen der historischen Auslegung ist die Gesetzesbegründung zu § 143 Abs. 4 GVG[86] zu untersuchen. Diese spricht ausdrücklich nur davon, dass durch Abs. 4 eine Trennung der Zuständigkeitskoppelung der Staatsanwaltschaft an das Gericht stattfinden soll. Die Verfolgung von Straftaten soll auch auf Stellen außerhalb des räumlichen Geltungsbereiches des Gesetzes erweitert werden. Ob die Ermächtigung auch für länderübergreifende Schwerpunktstaatsanwaltschaften gelten soll, ergibt sich hieraus jedoch nicht.

Im Rahmen der systematischen Auslegung wird § 143 Abs. 3 GVG mit § 143 Abs. 4 GVG verglichen. Der Wortlaut von § 143 Abs. 3 GVG ist:

> *„Können die Beamten der Staatsanwaltschaft verschiedener Länder sich nicht darüber einigen, wer von ihnen die Verfolgung zu übernehmen hat, so entscheidet der ihnen gemeinsam vorgesetzte Beamte der Staatsanwaltschaft, sonst der Generalbundesanwalt."*

§ 143 Abs. 3 GVG regelt einen Kompetenzkonflikt zwischen Staatsanwaltschaften verschiedener Länder. Können diese sich nicht auf eine Verfolgungszuständigkeit einigen, hat zunächst der gemeinsam vorgesetzte Beamte, dann der Generalbundesanwalt eine Entscheidung darüber zu treffen, welche Staatsanwaltschaft zuständig ist. Hieraus könnte geschlossen werden, dass nur die Staatsanwaltschaft eines Landes zur Verfolgung berufen sein kann und nicht die Staatsanwaltschaften mehrerer Länder gemeinsam. § 143 Abs. 3 GVG könnte sich demzufolge in Verbindung mit der Zuständigkeitsregelung des Abs. 4 dahingehend deuten lassen, dass länderübergreifende Schwerpunktstaatsanwaltschaften gesetzlich nicht vorgesehen sind.

Im Rahmen der schwerpunktmäßigen teleologischen Auslegung ist zu prüfen, ob es rechtlich zulässig ist, echte länderübergreifende Anklagebehörden zu bilden. Sollte das Ergebnis dieser Untersuchung sein, dass die Bildung unzulässig wäre, kann dem Gesetzgeber nicht die Intention unterstellt werden, mit § 143 Abs. 4 GVG länderübergreifende echte Anklagebehörden errichten zu wollen.

aa.) Schwerpunktstaatsanwaltschaften als Gemeinschaftseinrichtungen

Als Ausgangspunkt der Untersuchung dient zunächst die Definition des juristischen Konstrukts, das eine länderübergreifende Schwerpunktstaatsanwaltschaft darstellen würde. Schlössen sich mehrere Bundesländer zu einer Schwerpunktstaatsanwaltschaft zusammen, würde es sich hierbei um ein staatliches Organ handeln, das seine Berechtigung auf den Willen mehrerer Länder zurückführt und dessen Zuständigkeit sich auf das gesamte Gebiet des Zusammenschlusses erstreckt. Es läge mithin eine Gemeinschaftseinrichtung[87] der beteiligten Län-

86 BT-Drucks. 8/1844, S. 34.

87 Siehe zu dem Begriff der Gemeinschaftseinrichtungen BVerwGE 22, 299 ff.; Henneke, in: Schmidt-Bleibtreu/Klein (Begr.), Vorb. v. Art. 83 GG Rn. 28 sowie Art. 91a GG Rn. 2; Suerbaum, in: Epping/Hillgruber (Hrsg.), Art. 91a GG Rn. 3; Maurer, 2010, S. 311; Kisker, 1971, S. 180.

der vor. Die nachfolgende Untersuchung orientiert sich infolgedessen an der Zulässigkeit von Gemeinschaftseinrichtungen im Allgemeinen und differenziert hierbei zwischen der Zulässigkeit der Errichtung einer echten länderübergreifenden Schwerpunktstaatsanwaltschaft mit eigener Verfolgungsbefugnis sowie der Schaffung einer Zentralstelle zur Beweissammlung ohne Anklagebefugnisse nach dem Vorbild „Ludwigsburg".

Eine Zulässigkeit von echten Gemeinschaftsbehörden der Länder ergibt sich zunächst nicht unmittelbar aus dem Grundgesetz. Art. 91 a–e GG, die Gemeinschaftsaufgaben regeln, betreffen nur die Zusammenarbeit zwischen Bund und Ländern und nicht zwischen den Ländern. Einer analogen Anwendung der Vorschrift steht entgegen, dass es sich bei den Art. 91 a–e GG schon um Ausnahmevorschriften handelt und solche dem Grunde nach nicht analogiefähig sind, denn das Grundgesetz zeigt selbst durch Regelungen von eng begrenzten Ausnahmefällen, dass eine abschließende Regelung vorliegt. Eine planwidrige Regelungslücke als Voraussetzung einer Analogie ist nicht gegeben.

Aus Art 91 a-e GG ergibt sich aber auch nicht, dass eine Zusammenarbeit zwischen den Ländern generell unzulässig ist, denn Art. 91 a–e GG befasst sich nur mit der Zulässigkeit einer gemeinsamen Zusammenarbeit zwischen Bund und Ländern.[88]

Da keine Regelungen zur Zulässigkeit der Errichtung von gemeinsamen Ländereinrichtungen zu finden sind, stellt sich die Frage, ob allgemeine staatsrechtliche Grundsätze einer Schaffung einer solchen Gemeinschaftseinrichtung entgegenstehen. Fraglich ist, ob eine länderübergreifende Schwerpunktstaatsanwaltschaft mit dem Bundesstaatsprinzip vereinbar ist. Dem könnte entgegenstehen, dass die Bundesrepublik Deutschland ein zweigliedriger Bundesstaat, bestehend aus Bund und Ländern, ist.[89] Hieraus ergibt sich, dass die Ausübung der Staatsgewalt auf einen Gesamtstaat und mehrere Gliedstaaten verteilt ist, wobei die Staatsgewalt entweder vom Bund oder einem einzelnen Land und nicht von einer Gesamtheit von Ländern ausgeübt wird. Mischaufgaben von Ländern untereinander sind grundsätzlich unzulässig, wenn im Sinne des Bundesstaatsprinzips eine dritte Ebene der Staatsgewalt in Form der Gesamtheit der Länder entstehen könnte.[90] Ob unter diesem Aspekt eine länderübergreifende Schwerpunktstaatsanwaltschaft unzulässig wäre, hängt davon ab, ob eine gemeinsame Staatsanwalt-

88 Sachs, in: ders. (Hrsg.), Art. 91a GG Rn. 38; Suerbaum, in: Epping/Hillgruber (Hrsg.), Art. 91a GG Rn. 10.

89 Sommermann, in: Starck (Hrsg.), Art. 20 GG Rn. 28; Roellecke, in: Umbach/Clemes (Hrsg.), Art. 20 GG Rn. 29; Hofmann, in: Schmidt-Bleibtreu/Klein (Begr.), Art. 20 GG Rn. 9; Bauer, in: Dreier (Hrsg.), Art. 20 GG Rn. 32, Sachs, in: ders. (Hrsg.), Art. 20 Rn. 65; Maurer, 2010, § 10 Rn. 1 f.; Ipsen, 2011, Rn. 531 ff.

90 Maurer, 2010, § 10 Rn. 4; gegen den dreigliedrigen Bundesstaatsbegriff auch Sommermann, in: v. Mangoldt u.a. (Hrsg.), Art. 20 GG Rn. 28.

schaft eine eigene originäre oder nur eine von den Ländern abgeleitete Staatsgewalt ausüben würde.

Überträgt man diese Grundsätze konkret auf die Situation der länderübergreifenden Staatsanwaltschaft, so würde dies bedeuten, dass die gemeinsame Staatsanwaltschaft zwar eigene Verfolgungsbefugnisse hätte, die sich über das gesamte Territorium der beteiligten Länder erstrecken würde. Trotzdem würde diese Befugnis keine unzulässige originäre Staatsgewalt im Sinne der vorgenannten dritten Ebene darstellen. Denn auch eine „bundesweit" zuständige Schwerpunktstaatsanwaltschaft, die im Übrigen ein Abkommen aller Länder voraussetzen würde, würde ihre Befugnisse nur von den einzelnen Ländern ableiten, obwohl die Hoheitsgewalt der Länder auf die Einrichtung übertragen worden wäre. Damit könnten ihr nicht mehr Eingriffsrechte als den einzelnen beteiligten Ländern zustehen. Würden drei Bundesländer eine gemeinsame Schwerpunktstaatsanwaltschaft bilden, würde sich die Zuständigkeit auch nur auf diese drei Länder und nicht darüber hinaus erstrecken. Folglich entstünde durch die Einrichtung von länderübergreifenden Schwerpunktstaatsanwaltschaften keine dritte originäre Staatsgewalt.

Errichtet man eine solche Institution unterhalb der Grenzen einer dritten Staatsgewalt, so stellt sich weiterhin die Frage, wo eine Grenze bei der Übertragung von Hoheitsrechten zu ziehen ist. Hierbei ist zu beachten, dass es den Ländern trotz des föderalen Aufbaus der Bundesrepublik Deutschland gestattet ist, Teile ihrer Eigenstaatlichkeit aufzugeben und zu übertragen.[91] Eine Schranke ist dort zu ziehen, wo eine Übertragung von Kompetenzen zu einer Selbstpreisgabe der Länderstaatlichkeit führt. Hierbei sind die Art der Kooperation sowie die Intensität der Bindung zwischen den Ländern entscheidend. Die Grenze zwischen verfassungsrechtlich unzulässigen und verfassungsrechtlich zulässigen Gemeinschaftseinrichtungen von einzelnen Bundesländern liegt dort, wo in qualitativer oder quantitativer Hinsicht gewichtige politische Entscheidungen getroffen werden bzw. gewichtige Länderaufgaben tangiert sind, d.h. den Ländern wesentliche Aufgaben entzogen werden.[92]

Die Anwendung der vorstehenden Grundsätze ist im Zusammenhang mit den höchstrichterlichen Entscheidungen zu Kooperationseinrichtungen der Länder

---

91 Maurer, 2010, S. 312; Krapp, 1962, S. 59, der dies auch die Stufe der externen Selbstkoordination nennt.

92 BVerfGE 34, 9 spricht im Zusammenhang mit der Errichtung des ZDF als Gemeinschaftseinrichtung von unverzichtbaren Hoheitsrechten; Hofmann, in: Schmidt-Bleibtreu/Klein, Art. 20 GG Rn. 11 der darlegt, dass bei den Ländern ein Kern eigener Aufgaben verbleiben müsse; Sachs, in: ders (Hrsg.), Art. 20 GG Rn. 65; Bauer, in: Dreier (Hrsg.), Art. 20 GG Rn. 46; Huster/Rux, in: Epping/Hillgruber (Hrsg.), Art. 20 GG Rn. 41 f.; Sommermann, in: v. Mangoldt u.a. (Hrsg.), Art. 20 GG Rn. 33 u. 49 ff.; Degenhart, 2011, Rn. 462; Maurer, 2010, S. 313; auch Kisker, 1971, S. 143, 144, 148 ff., 153, 167.

von Bedeutung.[93] So stellte das Bundesverwaltungsgericht (BVerwG) z.B. in seiner Entscheidung über die Zulässigkeit der Errichtung des Zweiten Deutschen Fernsehens (ZDF) als Gemeinschaftseinrichtung aller Länder die Voraussetzung auf, dass eine externe Selbstkoordination nur dann zulässig sei, wenn sie notwendig ist.[94] Überträgt man die Grundsätze der Entscheidung von BVerwGE 22, 299 sowie BVerfGE 34, 9 auf die vorliegenden Fragestellung, so ergibt sich zum einen aus dem Urteil des Bundesverfassungsgerichts, dass eine echte, mit Anklagebefugnis ausgestattete Schwerpunktstaatsanwaltschaft auch bei länderübergreifender Wirtschaftskriminalität nicht zwingend notwendig sei, da sich ihr Nutzen auch durch eine Zentralstelle ohne Anklagebefugnisse nach dem Vorbild der Zentralstelle in Ludwigsburg realisieren lasse, die ihre Ermittlungsergebnisse an die jeweils zuständige Staatsanwaltschaft weiterleiten könne.

Zum anderen bedeutet der im Bundesverwaltungsgerichtsurteil angesprochene bei den Ländern zu verbleibende Kernbereich der Selbstverwaltung, dass es sich bei der Justizverwaltung und Justizorganisation um einen wesentlichen Bestandteil der Länderverwaltung handelt, deren Entscheidungsbefugnis originär bei jedem einzelnen Bundesland verbleiben müsse. Im Falle der Errichtung einer echten länderübergreifenden Schwerpunktstaatsanwaltschaft mit eigener Anklagebefugnis würden jedoch verbindliche Rechtsfolgen, z.B. in Form von Anklage- und Einstellungsentscheidungen, und nicht bloße Empfehlungen für einen Dritten gesetzt.

Weiterhin muss berücksichtigt werden, dass das innerbundesstaatliche Gleichgewicht zwischen den einzelnen Bundesländern durch die Schaffung einer länderübergreifenden Schwerpunktstaatsanwaltschaft beeinträchtigt wäre. Denn das Kräfteverhältnis zwischen den Ländern, die sich zu länderübergreifenden Schwerpunktstaatsanwaltschaften zusammenschließen, und solchen, die dies nicht tun, wäre verschoben.

Als Endergebnis bleibt festzuhalten, dass eine echte länderübergreifende Schwerpunktstaatsanwaltschaft mit Anklagebefugnis unzulässig wäre, weil in den Kernbereich der Länderaufgaben eingegriffen würde. Dies spricht dagegen, dass § 143 Abs. 4 GVG zur Errichtung von länderübergreifenden echten Anklagebehörden ermächtigt.

---

93 Siehe auch folgende Beispiele in der Rechtsprechung zu Kooperationseinrichtungen der Länder: BVerfGE 42, 103 (Zentralstelle für die Vergabe von Studienplätzen); BVerfGE 90, 60 (Staatsvertrag der Länder über die Rundfunkgebühren); BVerwGE 22, 299 (Gültigkeit des Staatsvertrages über die Errichtung des ZDF), BVerwGE 23, 194 (Filmbewertungsstelle Wiesbaden); BVerwGE 50, 137 (Zentralstelle für die Vergabe von Studienplätzen).

94 BVerwGE 22, 308.

bb.) Zentralsammelstelle nach dem Modell Ludwigsburg

Vor dem Hintergrund der Unzulässigkeit einer länderübergreifenden Schwerpunktstaatsanwaltschaft mit Anklagebefugnis stellt sich die Frage, ob die Länder eine Zentralstelle – wie in Ludwigsburg – schaffen könnten, die Beweise und Informationen sammelt sowie die Ermittlungstätigkeit unterstützend begleitet.

Für die Einrichtung einer solchen Beweissammelstelle müssten die Voraussetzungen des § 143 Abs. 4 GVG nicht eingehalten werden, denn § 143 Abs. 4 GVG spricht nur von der „Zuständigkeit zur Verfolgung bestimmter Arten von Strafsachen" und bezieht sich somit ausdrücklich auf die Errichtung von Anklagebehörden. Eine Schwerpunktstaatsanwaltschaft nach dem Ludwigsburger Modell wäre schon dem Wortlaut nach nicht von § 143 Abs. 4 GVG umfasst, da sie nicht selbst verfolgen würde, sondern nur Informations- und Beweissammelstelle wäre. Die Gesetzesmaterialien zu § 143 Abs. 4 GVG belegen ausdrücklich, dass die Zuweisung der Zuständigkeit der Strafverfolgung auch das Recht zur Erhebung der Anklage bei den Gerichten des insoweit erweiterten Bezirks erfassen soll.[95]

Auch ein Verstoß gegen das Bundesstaatsprinzip würde nicht vorliegen, da es nur um die Sicherung von Beweisen und die Unterstützung der Ermittlungsarbeit der einzelnen Bundesländer gehen würde, indem die Informationen zur weiteren Entscheidung und Verfolgung an die anklagende Staatsanwaltschaft abgegeben werden. Damit würde eine staatsanwaltschaftliche Zentralstelle nach dem Ludwigsburger Modell nur eine interne Selbstkoordination ohne Außenwirkung darstellen. Interne Selbstkoordination, die nur die Voraussetzungen für ein verantwortliches Handeln nach außen schafft, schränkt den Verwaltungsträger in seiner Selbstständigkeit jedoch nicht ein.[96]

Eine Zentralstelle nach dem Ludwigsburger Modell wäre ein reines „Koordinierungsgremium". Zu ihrer Gründung bedürfte es lediglich einer Vereinbarung der jeweiligen Justizministerien der Länder, weil der Grundsatz vom Vorbehalt des Gesetzes nicht für das Organisationsrecht gilt.[97] Entsprechend könnten die Länder ohne Beteiligung des Bundes zusammenarbeiten und Vereinbarungen treffen. Die Zusammensetzung könnte aus gleichberechtigten Vertretern der Länder bestehen, die u.a. Erfahrungen austauschen und jeweils Dezernenten zu der Zentralstelle entsenden. Eine solche Behörde dürfte jedoch keine verbindlichen Entscheidungen, wie z.B. eine Einstellungsentscheidung, treffen.[98]

95 BT-Drucks. 8/1844, S. 34.

96 Krapp, 1962, S. 58.

97 Siehe Degenhart, 2011, Rn. 518: „Gemeinsame Ländereinrichtungen mit eigenen Verwaltungszuständigkeiten (z.B. die ZVS) auf der Grundlage eines Staatsvertrages sind zulässig, soweit der Zuständigkeitsbereich der Länder gewahrt bleibt"; auch Krapp, 1962, S. 82.

98 Bergdolt, 1966, S. 24, 26.

Eine solche Zentralstelle zur Beweissicherung und Informationsgewinnung wäre insbesondere über die Ländergrenzen hinaus unter dem Aspekt sinnvoll, dass Wirtschaftsdelikte oft einen länderbergreifenden Bezug haben.[99] Das Tatortprinzip basiert gerade auf der – für Wirtschaftsdelikte nicht zutreffenden – Annahme, dass ein Delikt einmalig geschieht, so dass sich die Tat am besten am Tatort aufklären lasse. Gerade dies ist bei Wirtschaftskriminalität nicht der Fall: Wirtschaftskriminalität ist durch einen überörtlichen Bezug gekennzeichnet. Dass eine länderübergreifend tätige Zentralstelle zur Bekämpfung der Wirtschaftskriminalität von Nutzen wäre, ist jedoch auch keine neue Erkenntnis. So stellte Tiedemann[100] bereits im Jahre 1976 die These auf, dass eine bundeseinheitliche Zentralisierung der Verfolgungsinstanzen für einzelne Wirtschaftsstraftaten unumgänglich sei. Das Ausmaß der kriminellen Energie lasse sich gerade bei Wirtschaftsdelikten nur in einer Gesamtschau erblicken. Aus vielen vermeintlichen Einzeldelikten ergebe sich oft ein Ganzes. Vor allem werde auch die Arbeitskraft der Staatsanwälte in den einzelnen Bundesländern nicht effizient genutzt, da ein Vergleich der aktenmäßigen Inhalte der Verfahren zeige, dass sich nicht nur oft die gleiche rechtliche Frage stelle, sondern auch die Einlassungen und Beweisanträge wiederholten. Dem könnte dadurch abgeholfen werden, dass eine länderübergreifende Beweissammelstelle nach dem Ludwigsburger Modell geschaffen würde.

6.) Bildung von Wirtschaftsstrafkammern bei den Landgerichten

Nachdem in einem ersten Schritt Schwerpunktstaatsanwaltschaften geschaffen wurden, folgte die Spezialisierung der Gerichtsorganisation. Mit dem Gesetz zur Änderung des Gerichtsverfassungsgesetzes vom 08. 09. 1971[101] wurden durch § 74c GVG auf der Ebene der Landgerichte „Wirtschaftsstrafkammern" gebildet.[102] Der Gesetzgeber ermächtigte in § 74c GVG a.F. die Landesregierungen,

99 Siehe in diesem Zusammenhang auch Wassermann, in: Schimmelpfeng GmbH (Hrsg.), Wirtschaftskriminalität, S. 35, der von einer Irregionalität von Wirtschaftskriminalität spricht, die Ländergrenzen überspringe; siehe auch Herrmann, ZStW 1973, 256; Feuerstein, 2007, S. 40; Martiny, in: Schilling/Dolata (Hrsg.), Korruption/Deutschland, S. 145; Schaupensteiner, in: Schilling/Dolata (Hrsg.), Korruption/Deutschland, S. 128; ebenso Bannenberg, 2002, S. 63.

100 Tiedemann, 1976b, S. 174; siehe auch zu der Forderung auf dem Juristentag 1972 für eine ähnliche Zentralstelle wie in Ludwigsburg für Wirtschaftsstrafverfahren NJW 1972, 2076 sowie Herrmann, ZStW 1973, 265.

101 Gesetz zur Änderung des GVGs v. 08.09.1971, BGBl. I 1971, 1513. Zu beachten ist, dass sich die Regelung des § 74c GVG a.F. mittlerweile in § 74c Abs. 3 GVG befindet.

102 Richter, GmbHR 1984, 114.

zur sachdienlichen Förderung oder schnelleren Erledigung der Verfahren durch Rechtsverordnung einem Landgericht für die Bezirke mehrerer Landgerichte ganz oder teilweise Strafsachen zuzuweisen, welche eine der in Abs. 1 benannten Katalogtaten zum Gegenstand haben.

7.) Regionale Verteilung von Schwerpunktstaatsanwaltschaften in Deutschland

Nach einem Abriss der historischen Entwicklung sowie einem Aufweis der gesetzlichen Grundlage von Schwerpunktstaatsanwaltschaften widmet sich der nachfolgende Teil einer Bestandsaufnahme der Schwerpunktstaatsanwaltschaft in Deutschland, wobei aktuelle Informationen der Justizministerien der Bundesländer zugrunde gelegt wurden. Die so gewonnenen Daten können Rückschlüsse v.a. hinsichtlich der Frage ergeben, ob sich Schwerpunktstaatsanwaltschaften als Institution zur Bekämpfung der Wirtschaftskriminalität bewährt haben.

Eine aktuelle Auseinandersetzung mit diesem Thema ist nicht zu finden. Die Literatur, die sich mit der Situation von Schwerpunktstaatsanwaltschaften in Deutschland auseinandersetzt, ist veraltet.[103] So beschreibt Berckhauer 1977[104], dass inzwischen in allen Bundesländern bei ausgewählten Staatsanwaltschaften zumindest Wirtschaftsabteilungen eingerichtet worden seien. Dies gelte auch in den Bundesländern Berlin, Bremen, Hamburg und Saarland, die jeweils nur eine Staatsanwaltschaft besäßen und deshalb innerbehördlich Wirtschaftsabteilungen geschaffen hätten. Liebl erwähnt 1987[105], dass als einziges Bundesland Hessen bisher darauf verzichtet habe, Wirtschaftsstrafsachen schwerpunktmäßig einzelnen Staatsanwaltschaften zuzuordnen.

a.) Auswertung der Informationen von den Justizministerien der einzelnen Bundesländer

Die Auswertung der Daten der jeweiligen Justizministerien ergab folgendes Bild:

In dem Bundesland **Nordrhein-Westfalen,** welches als erstes Schwerpunktstaatsanwaltschaften errichtet hat, sind 1968 vier Zentralstaatsanwaltschaften eingerichtet worden, nämlich bei den Staatsanwaltschaften Bielefeld, Bochum,

103 Entsprechend beziehen sich die meisten Abhandlungen auf die Situation der Schwerpunktstaatsanwaltschaften aus den 1970er/80er Jahren.

104 Berckhauer, 1977, S. 89.

105 Liebl, wistra 1987, 14.

Düsseldorf und Köln.[106] **Rheinland-Pfalz** hat 1988 zwei Zentralstellen für Wirtschaftsstrafsachen geschaffen. Diese befinden sich bei der Staatsanwaltschaft Koblenz und bei der Staatsanwaltschaft Kaiserslautern.[107] In **Baden-Württemberg** wurden 1970 in Mannheim und in Stuttgart Schwerpunktstaatsanwaltschaften eingerichtet.[108] Im Bundesland **Bayern** finden sich seit 1975 Schwerpunktstaatsanwaltschaften für Wirtschaftsstrafsachen bei den Staatsanwaltschaften Augsburg, Hof, Landshut, München II, Nürnberg-Fürth, Würzburg und seit Januar 2006 auch in Regensburg im Sinne der erweiterten Zuständigkeit des § 143 Abs. 4 GVG.[109] In **Niedersachsen** gibt es seit 1978 insgesamt vier Schwerpunktstaatsanwaltschaften. Diese befinden sich in Hannover, Braunschweig, Stade und Oldenburg.[110]

Als Stadtstaaten besitzen **Berlin**, **Hamburg**, **Bremen** nur eine Staatsanwaltschaft, so dass von der erweiterten Zuständigkeitsregel des § 143 Abs. 4 GVG kein Gebrauch gemacht werden musste. Hier übernehmen Wirtschaftsabteilungen der Staatsanwaltschaft die spezialisierte Bekämpfung der Wirtschaftskriminalität. **Berlin** hat allein sechs Abteilungen innerhalb der allgemeinen staatsanwaltschaftlichen Organisation mit der Bekämpfung der Wirtschaftskriminalität beauftragt.[111] Demgegenüber ist in **Bremen** und **Hamburg** nur eine Spezialabteilung für den Bereich Wirtschaftskriminalität eingerichtet.[112] Obwohl das **Saarland** kein Stadtstaat ist, gibt es hier aufgrund des kleinen Staatsgebietes nur eine Staatsanwaltschaft in Saarbrücken, in welcher zwei Spezialabteilungen zur Bekämpfung der Wirtschaftskriminalität vorhanden sind.[113]

Das **sächsische Staatsministerium** der Justiz hat vier Schwerpunktstaatsanwaltschaften zur Bekämpfung der Wirtschaftskriminalität eingerichtet. Sie befinden sich bei den Staatsanwaltschaften Dresden, Leipzig, Chemnitz und Görlitz.[114]

---

106 Gem. Auskunft des Justizministeriums Nordrhein-Westfalen vom 29.05.2008 sowie der RV des Justizministers vom 30.03.1968 (4100-III. A. 172), im Internet abrufbar unter: www.datenbanken.justiz.nrw.de, Tag des Abrufs: 21.07.2011.

107 Gem. Mitteilung des Ministeriums für Justiz Rheinland-Pfalz vom 26.01.2011, Daten bestätigt durch JBl. RP 1983, S. 14.

108 Gem. schriftlicher Auskunft des Landes Baden-Württembergs vom 05.03.2008, VwV vom 20.09.2004, Die Justiz, S. 455, geändert durch VwV vom 27.02.2006, Die Justiz S. 198.

109 Gem. schriftlicher Auskunft des bayerischen Staatsministeriums der Justiz vom 29.02.2008 sowie vom 22.08.2011; Information bestätigt durch § 40 der Verordnung über gerichtliche Zuständigkeiten im Bereich des Staatsministeriums der Justiz und für Verbraucherschutz GZVJu vom 16.11.2004, GVBl. 2004, 471.

110 Gem. Auskunft des Niedersächsischen Justizministeriums vom 07.07.2008; AV vom 28.12.1978, Nds.Rpfl., S. 186.

111 Gem. schriftlicher Auskunft des Leitenden Oberstaatsanwaltes Berlin vom 26.06.2008.

112 Gem. schriftlicher Mitteilung des Senators für Justiz und Verfassung Bremen vom 11.02.2008, sowie der Justizbehörde Hamburg vom 19.02.2008.

113 Gem. Schreiben des Ministeriums für Justiz des Saarlandes vom 10.03.2008.

114 Gem. schriftlicher Mitteilung des sächsischen Staatsministeriums der Justiz vom 08.07.2008.

Nach einer Auskunft des Justizministeriums des Freistaates **Thüringen** wurde im Jahre 1994 eine Schwerpunktstaatsanwaltschaft für Wirtschaftsstrafsachen bei der Staatsanwaltschaft Mühlhausen und im Jahre 2001 eine Schwerpunktstaatsanwaltschaft bei der Staatsanwaltschaft in Gera errichtet.[115] Demgegenüber gibt es in **Brandenburg** seit 1991 mit Potsdam nur eine Schwerpunktstaatsanwaltschaft zur Bekämpfung der Wirtschaftskriminalität.[116] In **Sachsen-Anhalt** sind seit 1993 die Staatsanwaltschaften Halle und Magdeburg als Schwerpunktstaatsanwaltschaften zur Bearbeitung von Wirtschaftsstrafsachen bestimmt worden.[117] In **Mecklenburg-Vorpommern** gibt es seit 1993 zwei Schwerpunktstaatsanwaltschaften zur Bekämpfung der Wirtschaftskriminalität. Es handelt sich dabei um die Staatsanwaltschaften Rostock und Schwerin.[118] **Schleswig-Holstein** hat 1979 in Lübeck und Kiel zwei Schwerpunktstaatsanwaltschaften eingerichtet.[119]

Hessen war bis 2010 das bisher einzige Flächenbundesland, das keine eigene Schwerpunktstaatsanwaltschaft im Sinne einer erweiterten örtlichen Zuständigkeit im Sinne des § 143 Abs. 4 GVG eingerichtet hatte.[120] Stattdessen bestand bei der Staatsanwaltschaft Frankfurt am Main ein aus verschiedenen Spezialabteilungen bestehendes Kompetenzzentrum für Wirtschaftskriminalität, das sich mit der Verfolgung aller Formen der Wirtschaftskriminalität befasste. Erst im Jahr 2009 hat der Generalstaatsanwalt durch Rundverfügung die Staatsanwaltschaft bei dem Landgericht Frankfurt am Main hessenweit mit der Verfolgung sogenannter „kapitalmarktbezogener Straftaten“ beauftragt.[121] Die hessenweite Zuständigkeitskonzentration besteht für Delikte im Bereich des Börsen-, Bank- und Flughafenwesens. Darüber hinaus kann jede landgerichtliche Staatsanwaltschaft über § 145 GVG beim Generalstaatsanwalt einen Verweisungsantrag stellen,

---

115 Gem. Mitteilung des Justizministeriums Thüringen vom 12.02.2008, die Informationen wurden durch die Verwaltungsvorschrift des Thüringer Justizministeriums vom 07.06.1994 (3262–3–13/91), JMBl. 1994, S. 87 sowie die Verwaltungsvorschrift des Thüringer Justizministeriums vom 24.10.2001 (3262/E–4/98), JMBl. 2001, S. 70 bestätigt.

116 Gem. Auskunft des Generalstaatsanwaltes Brandenburg vom 19.01.2011; die Informationen wurden durch JMBl. Bbg 1991, 70 f., geändert durch JMBl. Bbg 1997, 14 bestätigt.

117 Gem. Schreiben des Ministeriums der Justiz Sachsen-Anhalt vom 05.03.2008, Daten wurden bestätigt durch die AV des Ministeriums der Justiz vom 18.12.1992, MBl. LSA 1994, S. 456, geändert durch AV des Ministeriums der Justiz vom 81.01.1994, MBl. LSA 1994, S. 490.

118 Gem. schriftlicher Mitteilung des Justizministeriums Mecklenburg-Vorpommern vom 18.04.2008, die Informationen wurden durch die AV des Ministers für Justiz, Bundes- und Europaangelegenheiten des Landes Mecklenburg-Vorpommern vom 13.04.1993–III A 321/3262, AmtsBl. M-V 1993, S. 937, die mit Erlass vom 29.09.1994 geändert wurde, bestätigt.

119 Daten gem. Mitteilung des Ministeriums für Justiz, Arbeit und Europa vom 10.03.2008, bestätigt durch die AV des MJAE vom 23. Januar 2006, SchlHA 2006, S. 42.

120 Gem. Auskunft des hessischen Ministeriums der Justiz vom 07.02.2008.

121 Siehe die Rundverfügung der Generalstaatsanwaltschaft Frankfurt a. M. vom 01.09.2009, die im Anhang abgedruckt ist.

wenn das Verfahren ihrer Auffassung nach besondere wirtschaftsstrafrechtliche Bedeutung habe bzw. zu umfangreich sei. Für die Bekämpfung aller anderen Bereiche der Wirtschaftskriminalität bestehen darüber hinaus bei allen hessischen Staatsanwaltschaften spezielle Dezernate für Wirtschaftsstrafsachen, die jedoch keine Schwerpunktstaatsanwaltschaften im Sinn des § 143 Abs. 4 GVG darstellen. Die Verfolgung von Wirtschaftskriminalität durch die hessischen Staatsanwaltschaften wird ferner seit April 2000 durch eine bei dem Generalstaatsanwalt eingegliederte und bundesweit einmalige Eingreifreserve unterstützt.[122] Spezialisierte Dezernenten der Eingreifreserve werden abgeordnet, um gezielt in das ausgewählte Ermittlungsverfahren eingesetzt zu werden, so dass die örtliche Staatsanwaltschaft flexibel und schwerpunktorientiert unterstützt werden kann.

Abschließend folgt ein Überblick mit den Ergebnissen der Untersuchung.

Abbildung 1: Regionale Verteilung der Schwerpunktstaatsanwaltschaften in der Bundesrepublik Deutschland, Stand: Januar 2012[123]

122 Siehe hierzu die Homepage der Generalstaatsanwaltschaft Frankfurt a. M., im Internet abrufbar unter: http://www.gstafrankfurt.justiz.hessen.de/irj/GSTA_Internet?cid=4622bf3f15fd586585bb95894d8b5651, Tag des Abrufs: 30.03.2011.

123 Quelle: Eigene Darstellung nach Auswertung der Antworten der Justizministerien der einzelnen Länder auf wissenschaftliche Anfrage.

b.) Zusammenfassung

Im Rahmen einer zusammenfassenden Betrachtung fällt auf, dass mittlerweile alle Flächenbundesländer Deutschlands Schwerpunktstaatsanwaltschaften zur Bekämpfung der Wirtschaftskriminalität eingeführt haben. Diese Entwicklung vollzog sich in den alten Bundesländern v.a. in den 1970er und 1980er Jahren, während sie in den neuen Bundesländern Mitte der 1990er Jahre stattfand. Bei den Stadtstaaten Hamburg, Berlin und Bremen besteht die Besonderheit, dass eine überörtliche Zuständigkeitskonzentration nicht notwendig war.

Dass Hessen erst im Jahr 2010 seine erste Schwerpunktstaatsanwaltschaft einführte, lässt erkennen, dass man anscheinend bisher in diesem Bundesland der Meinung gewesen war, eine Spezialisierung in Form des in Frankfurt am Main bestehenden Kompetenzzentrums und der bundesweit einmaligen Eingreifreserve reiche aus. Die Eingreifreserve und das Kompetenzzentrum stellen jedoch nur eine personelle Spezialisierung dar und führen nicht zu einer überörtlichen Zuständigkeitskonzentration. Aufgrund des überörtlichen Bezugs von Wirtschaftskriminalität errichtete man für die am Finanzstandort Frankfurt am Main vorkommende Kriminalität schließlich eine Schwerpunktstaatsanwaltschaft im Sinn des § 143 Abs. 4 GVG.

Letztendlich bleibt abzuwarten, ob diese eine Schwerpunktstaatsanwaltschaft in Hessen genügen wird. Ihre Einführung könnte jedoch dafür sprechen, dass sich das System der Bündelung von Wissen in zentralen Staatsanwaltschaften mit überörtlichem Zuständigkeitsbereich bewährt hat. Diese These wird untermauert durch den Umstand, dass in den letzten Jahrzehnten keine Schließungen von Schwerpunktstaatsanwaltschaften stattfanden, sondern diese vielmehr weiter ausgebaut wurden.

8.) Bewährung von Schwerpunktstaatsanwaltschaften

Die vorliegende Arbeit hat sich bisher der zeitlichen Entwicklung von Zentralstaatsanwaltschaften in Deutschland sowie der Gründe für ihre Errichtung gewidmet. Im Nachfolgenden wird untersucht, ob sich die These, dass sich Schwerpunktstaatsanwaltschaften in Deutschland bewährt haben, durch entsprechende Literatur untermauern lässt. Dies soll auch dazu beitragen, eine Empfehlung über den weiteren Ausbau von Schwerpunktstaatsanwaltschaften aussprechen zu können.

In der strafrechtlichen Literatur ist zu diesem Thema zum einen die Untersuchung Berckhauers[124] aus dem Jahre 1981 zu nennen. In dieser wertete er 407

124 Berckhauer, 1981, S. 296.

Strafverfahren aus, in denen insgesamt 739 Personen der Begehung von Wirtschaftsdelikten beschuldigt worden waren. Untersucht wurden die Verfahrensinitiierung, die Durchführung der Ermittlungsverfahren und der Ausgang der Ermittlungsverfahren in Abhängigkeit von Merkmalen der Tat, der Tatverdächtigen, der Geschädigten sowie der Organisation der Strafverfolgung. Zu diesem Merkmal gehörte auch die Frage, wie sich die Struktur der Schwerpunktstaatsanwaltschaften auf den Ausgang der Ermittlungsverfahren auswirkt.

Zum anderen nahm Liebl[125] in der Untersuchung der „Bundesweiten Erfassung von Wirtschaftsstraftaten nach einheitlichen Gesichtspunkten" (BWE) u.a. einen Vergleich von Schwerpunktstaatsanwaltschaften mit allgemeinen staatsanwaltschaftlichen Dezernaten vor. Die BWE, die im Auftrag der Konferenz der Justizminister und -senatoren von der Forschungsgruppe Kriminologie des Max-Planck-Instituts für ausländisches und internationales Strafrecht in Freiburg erstellt wurde, sollte Aufschluss über abgeschlossene staatsanwaltschaftliche Ermittlungsverfahren in Wirtschaftsstraftaten geben. Es handelt sich hierbei um eine staatsanwaltschaftliche Anfall- und Erledigungsstatistik für schwere Wirtschaftsstrafsachen nach einem feststehenden Katalog, der in konkretisierenden Fallgruppen unterteilt wurde.[126] So wurden u.a. die Einstellungsquoten und die Verfahrensdauer von allgemeinen Staatsanwaltschaften mit denen der Schwerpunktstaatsanwaltschaften verglichen. Die Untersuchungsreihe wurde nur in den Jahren von 1974 bis 1985 geführt, bis die Justizministerkonferenz 1984 beschloss, die Statistik zum 31.12.1985 einzustellen.[127]

Ungeachtet der Tatsache, dass die beiden Untersuchungen bereits in den 1980er Jahren vorgenommen wurden, haben sie für die Gegenwart insoweit einen Aussagewert, als sich weder der Aufbau von Schwerpunktstaatsanwaltschaften noch die der allgemeinen staatsanwaltschaftlichen Dezernate verändert hat. Aus diesem Grund werden nachfolgend die wichtigsten Resultate beider Untersuchungen dargestellt.

125 Liebl, 1984.

126 Die Auswertungen der wichtigsten Ergebnisse sind nachzulesen bei Liebl, 1984, S. XXVII–XLVI; ders., wistra 1987, 13; ders., wistra 1982, 50. Zu beachten ist, dass die BWE nur rein staatsanwaltschaftliche Daten erfasst. Nicht untersucht wurden hingegen z.B. Delikte, die direkt von den Finanzbehörden bearbeitet wurden. Weiterhin finden bis 1980 nur Schäden mit einer Mindesthöhe von 1000 DM Berücksichtigung.

127 Berckhauer/Saverlsberg, Kriminalistik 1987, 242.

a.) Untersuchung Berckhauers über die Strafverfolgung bei schweren Wirtschaftsdelikten

Berckhauer[128] ist in seiner Untersuchung u.a. zu dem Ergebnis gekommen, dass der Erfolg einer Schwerpunktstaatsanwaltschaft von ihrer Organisationsform abhängt. So sei danach zu differenzieren, ob sie als eine kleine, mittlere oder große Staatsanwaltschaft strukturiert sei. Die Verurteilungsquote von Wirtschaftskriminalität sei umso höher, je größer die Staatsanwaltschaft und damit der Grad der Spezialisierung sei. Er differenziert hierbei die Staatsanwaltschaft anhand ihrer Personalstärke. Demgegenüber würde die Strafverfolgung mit der Schaffung von spezialisierten Schwerpunktstaatsanwaltschaften von kleiner und mittlerer Größe nicht bemerkenswert erfolgreicher werden.

Als Begründung führt Berckhauer an, dass sich große Staatsanwaltschaften – gemessen an ihrer Personalstärke – sehr stark spezialisieren können. Auf diese Weise gelange die konkrete Akte am schnellsten zu einem hoch spezialisierten Dezernenten, was eine effektive Bearbeitung ermögliche. Da kleinere und mittlere Schwerpunktstaatsanwaltschaften dies aufgrund eines geringeren Spezialisierungsgrades der einzelnen Mitarbeiter nicht leisten könnten, sei eine Bearbeitung durch sie weniger erfolgreich als bei großen Staatsanwaltschaften. Nach Berckhauer[129] wurden im Untersuchungszeitraum die Verfahren der schweren Wirtschaftskriminalität zu 90% von großen und sehr großen Staatsanwaltschaften erledigt, die auf die Verfolgung dieser Delikte spezialisiert waren. Als Ergebnis ist festzuhalten, dass ihm zufolge Schwerpunktstaatsanwaltschaften in geringer Anzahl mit hoher Personalstärke organisiert werden und dabei auch die Bearbeitung von Fällen kleinerer Wirtschaftskriminalität übernehmen sollten.

b.) Bundesweite Erfassung von Wirtschaftsstraftaten nach einheitlichen Gesichtspunkten bei Liebl

Liebl ist in seiner Untersuchung u.a. zu dem Ergebnis gekommen, dass ein Zusammenhang zwischen Art der Staatsanwaltschaft und Dauer des Ermittlungsverfahrens sowie der Einstellungsquote bestehe. Das Ermittlungsverfahren dauert bei Schwerpunktstaatsanwaltschaften wesentlich länger und die Einstellungsquote ist wesentlich höher als bei Allgemeinen Staatsanwaltschaften.[130] Zwar verkennt Liebl nicht, dass Schwerpunktstaatsanwaltschaften grundsätzlich umfangreichere Verfahren zu bearbeiten haben, die eine längere Bearbeitungsdauer bedingen;

128 Berckhauer, 1981, S. 296.
129 Berckhauer, 1981, S. 279.
130 Liebl, wistra 1987, 18.

jedoch erkläre dies alleine nicht die signifikant längere Dauer der Ermittlungsverfahren und die hohe Einstellungsquote. Grund sei hierfür neben der Überforderung der Dezernenten in den Schwerpunktstaatsanwaltschaften die durch die überörtliche Konzentration bedingte räumliche Entfernung vom Tatort, welche sich zum einen auf die Dauer der Ermittlungen sowie auf die Beweislage – als Beispiel nennt er das Erinnerungsvermögen von Zeugen – auswirke und so zu tendenziell mehr Einstellungen führe.[131]

Hieraus folgert Liebl, dass sich die Einrichtung von Schwerpunktstaatsanwaltschaften nur teilweise bewährt habe, ihre Ziele hätten sich nicht in ihrer Gesamtheit verwirklicht.[132] Das Ziel, die Ermittlungsdurchführung durch die Bündelung von Spezialwissen und technischen Fahndungsmöglichkeiten zu verbessern, sei zwar erreicht worden. Der Zweck einer kürzeren Verfahrenserledigung sei demgegenüber nicht umgesetzt worden, wie die lange Verfahrensdauer bei Schwerpunktstaatsanwaltschaften zeige.

Zur Untermauerung seiner These führt er das Bundesland Hessen an, das zum Zeitpunkt der Erstellung seiner Untersuchung das einzige Flächenbundesland ohne Schwerpunktstaatsanwaltschaft im Sinne einer überörtlichen Konzentration war. Seinen Ergebnissen zufolge erledigte Hessen die zweitgrößte Verfahrenszahl pro Jahr und wies u.a. die kürzeste Ermittlungsdauer auf. Dies spricht seiner Meinung nach dafür, dass die Staatsanwaltschaft des Tatorts die Ermittlungen vornehmen sollte. Er folgert daraus, dass es vorzuziehen sei, die örtlichen Wirtschaftsabteilungen der allgemeinen Staatsanwaltschaften auszubauen, als weitere Schwerpunktstaatsanwaltschaften mit einer überörtlichen Zuständigkeitskonzentration nach § 143 Abs. 4 GVG zu schaffen.

In der nachfolgenden Abbildung 2 hat Liebl u.a. gezeigt, dass die Ermittlungsverfahren von Allgemeinen Staatsanwaltschaften mehrheitlich in einer kürzeren Zeitspanne erledigt wurden als von Schwerpunktstaatsanwaltschaften. Besonders auffällig erschien ihm, dass Verfahren mit einer durchschnittlichen Ermittlungsdauer von mehr als 14 Monaten bei den Allgemeinen Staatsanwaltschaften ab-, bei den Schwerpunktstaatsanwaltschaften jedoch zunahmen.

---

131 Liebl, wistra 1987, 18; ders., wistra 1987, 325 f.

132 Liebl, wistra 1987, 15.

Dauer des Verfahrens	Staatsanwaltschaft			
	Allgemeine StA	Schwer-punkt-StA	reine Schwer-punkt-StA[134]	einzige StA[135]
1–15 Tage	13, 3%	5, 2%	8,3%	9,7%
16 Tage bis 2 Mon.	10,3%	12,3%	12,0%	13,8%
2–4 Mon.	10,0%	11,8%	11,1%	16,1%
4–6 Mon.	10,0%	9,2%	8,7%	12,2%
6–9 Mon.	12,5%	10,9%	10,7%	12,2%
9–14 Mon.	13,0%	12,1%	12,2%	11,4%
14–21 Mon.	11,6%	10,9%	11,3%	8,8%
21–35 Mon.	10,8%	12,2%	12,8%	8,8%
> 35 Mon.	8,5%	12,5%	13,0%	10,0%

Abbildung 2: Art der Staatsanwaltschaft (StA) / Dauer des Ermittlungsverfahrens[135]

	Allgemeine StA	Schwer-punkt-StA	reine Schwer-punkt-StA	einzige StA
Prozentsatz der nach § 170 Abs. 2 StPO ein-gestellten Verfahren	24,0%	38,5%	39,3%	33,0%

Abbildung 3: Art der Staatsanwaltschaft / Einstellungsquote[136]

133 Unter einer "reinen Schwerpunktstaatsanwaltschaft" ist eine Staatsanwaltschaft mit überörtlichen Zuständigkeitsbereich nach § 143 Abs. 4 GVG zu verstehen. Der Begriff "reine Schwerpunktstaatsanwaltschaft" bildet den Gegensatz zu dem Begriff "einzige Staatsanwaltschaft".

134 Lediglich eine einzige Staatsanwaltschaft ist in den Stadtstaaten Deutschlands eingerichtet, da diese aufgrund ihrer Stadtstaatensituation nur eine Staatsanwaltschaft haben sowie im Flächenbundesland Saarland. Diese mussten von der Ermächtigung in § 143 Abs. 4 GVG keinen Gebrauch machen.

135 Quelle: Liebl, wistra 1987, 17; die Ergebnisse der von ihm geführten Untersuchung des BWI aus den Jahren 1974–1981 stellt Liebl in dem Aufsatz dar.

136 Quelle: Liebl, wistra 1987, 17, Darstellung der Ergebnisse der BWE, wobei zu bemerken ist, dass sich die Quellentabelle nicht nur auf das Verhältnis Art der Staatsanwaltschaft und Ein-

Abbildung 3 zeigt u.a., dass die Einstellungsquote bei Schwerpunktstaatsanwaltschaften im Vergleich zu den Allgemeinen Staatsanwaltschaften signifikant höher ist.

c.) Stellungnahme

Die Ansätze von Berckhauer und Liebl überzeugen. Bemerkenswert ist, dass keiner der Autoren der Ansicht ist, dass sich Schwerpunktstaatsanwaltschaften überhaupt nicht bewährt hätten. Liebl befürwortet die Bündelung der technischen Fahndungsmöglichkeiten, während Berckhauer den großen Schwerpunktstaatsanwaltschaften besonderen Erfolg bei der Bekämpfung der Wirtschaftskriminalität zuspricht. Während Liebl der Ansicht ist, dass der überörtliche Zuständigkeitsbereich von Schwerpunktstaatsanwaltschaften einer zügigen Verfahrenserledigung im Wege steht, folgert Berckhauer aus seiner Untersuchung, dass sich nur große Zentralstaatsanwaltschaften in der Praxis bewährt hätten.

Große Schwerpunktstaatsanwaltschaften haben zwangsläufig einen großen überörtlichen Zuständigkeitsbereich, so dass sich beide Untersuchungsergebnisse zu widersprechen scheinen. Dieser vermeintliche Widerspruch wird jedoch aufgelöst, wenn man sich vergegenwärtigt, dass Liebl und Berckhauer in ihren empirischen Untersuchungen von unterschiedlichen Vergleichsmaßstäben ausgehen. Berckhauers Untersuchungsschwerpunkt liegt u.a. in einer Größendifferenzierung von Schwerpunktstaatsanwaltschaften und deren Auswirkungen auf die personelle Spezialisierung. Die Konsequenzen des überörtlichen Bezugs von Schwerpunktstaatsanwaltschaften berücksichtigt er nicht. Liebl hingegen stellt nur Schwerpunktstaatsanwaltschaften und Allgemeine Staatsanwaltschaften einander gegenüber und differenziert nicht, welche Auswirkungen die Organisation von kleinen, mittleren und großen Schwerpunktstaatsanwaltschaften hat. Aus diesem Grund stehen die Ergebnisse von Liebl und Berckhauer nicht im Widerspruch, sondern ergänzen sich. Fraglich ist, welche Schlussfolgerungen sich hieraus für die zukünftige Organisation von Schwerpunktstaatsanwaltschaften ableiten lassen.

Unstreitig sind Personalstärke und eine Spezialisierung des Personals für die Bekämpfung der Wirtschaftskriminalität notwendig. Dass sich die höchste Spezialisierung in großen Schwerpunktstaatsanwaltschaften erreichen lässt, ist nachvollziehbar, so dass der Ausbau großer Schwerpunktstaatsanwaltschaften mit entsprechender Spezialisierung gefördert werden sollte. Und das Argument, das Liebl gegen eine überörtliche Zuständigkeitskonzentration von Schwerpunkt-

---

stellungsquote beschränkt, sondern alle Formen der Erledigung aufführt. Da sich die signifikantesten Unterschiede hinsichtlich der Einstellung ergaben, wurde auf eine Darstellung der anderen Erledigungsarten verzichtet.

staatsanwaltschaften anführt, ist aufgrund der heutigen Tatsachenlage abzulehnen. Liebl sieht u.a. in der Tatsache, dass Hessen als einziges Flächenbundesland bislang darauf verzichtet hatte, Schwerpunktstaatsanwaltschaften im Sinne einer erweiterten Zuständigkeit nach § 143 Abs. 4 GVG zu gründen, den Grund für die erfolgreiche Bekämpfung der Wirtschaftskriminalität in Hessen durch die örtliche zuständige Staatsanwaltschaft. Jetzt muss man berücksichtigen, dass Hessen im Jahr 2010 eine Schwerpunktstaatsanwaltschaft mit Zuständigkeitsbereich für ganz Hessen gegründet hat. Dementsprechend hat Liebls Argumentation in dieser Hinsicht heutzutage keinen Bestand mehr. Im Übrigen ist aus dieser Entwicklung eine Indizwirkung dahingehend abzuleiten, dass es für die erfolgreiche Bekämpfung der Wirtschaftskriminalität nicht alleine ausreicht, bestehende Wirtschaftsabteilungen auszubauen, sondern die überörtlich auftretende Wirtschaftskriminalität auch durch überörtliche Ermittlungszuständigkeiten bekämpft werden muss. Deshalb sollten entgegen Liebls Ansicht zukünftig nicht nur die Wirtschaftsabteilungen der Staatsanwaltschaften weiter ausgebaut, sondern auch weitere bzw. bestehende Schwerpunktstaatsanwaltschaften im Sinne der erweiterten Zuständigkeitsregelung des § 143 Abs. 4 GVG geschaffen werden.

II. Rechtsvergleich

Nachdem sich die vorliegende Arbeit mit der Situation der eingerichteten Schwerpunktstaatsanwaltschaften in Deutschland auseinandergesetzt hat, folgt eine rechtsvergleichende Untersuchung mit dem Königreich der Niederlande, der Republik Österreich, der Republik Schweiz und den USA. Diese vier Staaten waren im Rahmen einer rechtsvergleichenden Untersuchung mit der Bundesrepublik von besonderem Interesse.

So waren die niederländischen Zentralstaatsanwaltschaften Vorbild für die Schaffung von Schwerpunktstaatsanwaltschaften in Deutschland. Wie die Erläuterungen zum Entwurf eines Bundesgesetzes, mit dem das Strafgesetzbuch geändert und eine Staatsanwaltschaft zur Korruptionsbekämpfung errichtet wird (Strafrechtsänderungsgesetz 2008)[137], explizit erwähnen, war das deutsche Modell der Schwerpunktstaatsanwaltschaften wiederum Vorreiter für die Errichtung der ersten Zentralstaatsanwaltschaft in Österreich. Bei der Schweiz hingegen war

137 Vgl. den Ministerialentwurf, Vorblatt und Erläuterungen zum Strafrechtsänderungsgesetz 2008, im folgenden StRÄG, S. 1 ff.; im Internet abrufbar unter: http://www.parlament.gv.at/PG/DE/XXIII/ME/ME_00092/pmh.shtml, Tag des Abrufs: 12.06.2008, sowie die Erläuterungen zum Entwurf des StRÄG 2008 auf der Homepage des Bundesministeriums für Justiz, im Internet abrufbar unter: http://www.bmj.gv.at/gesetzesentwuerfe/index.php?nav=13&id=95, Tag des Abrufs: 12.06.2008.

die Frage von Interesse, wie in einem relativ kleinen Staatsgebilde mit einer föderalen Struktur bestehend aus 26 selbständigen Kantone, die jeweils eigene Strafprozessordnungen hatten, eine interkantonale Zusammenarbeit bislang möglich war. Und angesichts des Inkrafttretens einer neuen, für alle Kantone geltenden Bundesstrafprozessordnung am 01.01.2011[138] stellt sich nunmehr die Frage, wie die Bekämpfung der Wirtschaftskriminalität geregelt ist. Der Vergleich mit den USA schließlich bietet sich insbesondere deshalb an, weil sich aus der vorhergehenden Untersuchung ergeben hat, dass eine Bekämpfung von Wirtschaftskriminalität ohne spezialisiertes Personal nicht erfolgreich ist. Insofern der Staatsanwalt in den USA im Gegensatz zu Deutschland in der Regel ein auf zwei bis vier Jahre gewählter politischer Beamter, stellt sich die Frage, wie bei diesem personellen Wechsel der für die Bekämpfung der Wirtschaftskriminalität notwendige Spezialisierungsgrad erreicht werden kann.

1.) Schwerpunktstaatsanwaltschaften in den Niederlanden

Staatsanwaltschaftliche Zentralstellen zur Bekämpfung der Wirtschaftskriminalität gibt es in den Niederlanden schon seit 1950. Hervorzuheben ist, dass die positiven Erfahrungen, welche die Niederlande mit der Einführung ihrer Zentralstellen zur Bekämpfung der Wirtschaftskriminalität gemacht haben, Mitte der 1960er Jahre bei der Schaffung von Schwerpunktstaatsanwaltschaften in Deutschland eine Initialwirkung hatten.[139] Insbesondere nachdem Mulder[140] auf einer Arbeitstagung des Bundeskriminalamts in Wiesbaden 1963 über die Grundfragen der Wirtschaftskriminalität von Erfolgen mit solchen Spezialbehörden berichtet hatte, wurden Forderungen nach Spezialsachbearbeitern auch für Deutschland erhoben.

In den Niederlanden klagen Wirtschaftsstaatsanwälte die Wirtschaftsdelikte vor speziellen Strafkammern der Bezirksgerichte (*arrondissements-rechtsbanken*) an. Im niederländischen Gesetz über Wirtschaftsdelikte[141] sind u.a. Zuständigkeitsregelungen darüber enthalten, welches weitere spezialisierte Personal die

138 Schweizerische Strafprozessordnung i.d.F. vom 05.10.2007, im Folgenden StPO Schweiz, im Internet abrufbar unter: www.admin.ch/ch/d/ff/2007/6977.pdf, Tag des Abrufs: 05.05.2011.

139 Tiedemann, GA 1969, 331.

140 Liebl, wistra 1987, 13; Mulder, in: BKA (Hrsg.), Grundfragen der Wirtschaftskriminalität, S. 255.

141 Wet op de economische delicten, im folgenden WED vom 22. Juni 1950, i.d.F. vom 22.01.2011, im Internet abrufbar unter: http://www.st-ab.nl/wetten/0653_Wet_op_de_economische_delicten_WED.htm, Tag des Abrufs: 02.05.2011. Das niederländische Original wurde von der Verfasserin ins Deutsche übersetzt.

Aufgabe hat, die Wirtschaftskriminalität zu bekämpfen.[142] Zu differenzieren ist hierbei zwischen Fahndungsdiensten nach Art. 17 Abs. 1 Ziff. 2, Abs. 2 WED (*Opsporingsambtenaren*)[143] und den sogenannten Verbindungsbeamten nach Art. 58 WED (*contact-ambtenaren*)[144]. Letztere stammen ursprünglich aus dem sogenannten niederländischen „*tutrecht*", dem wirtschaftlichem Disziplinarrecht der Ernährungswirtschaft.[145] Die Fahndungsdienste sind ebenso wie die Verbindungsbeamten bei den verschiedenen niederländischen Ministerien eingegliedert.[146] Die speziellen Fahndungsdienste nach Art. 17 Abs. 1 Ziff. 2, Abs. 2 WED haben neben den generellen niederländischen Ermittlungsbeamten die Aufgabe, wirtschaftskriminelle Handlungen eines bestimmten Straftatenkatalogs zu verfolgen.[147]

Demgegenüber sind die niederländischen Verbindungsbeamten öffentliche Bedienstete, denen im Rahmen der Verfolgung von Wirtschaftsdelikten ursprünglich lediglich die Funktion zukam und z.T. noch zukommt die Staatsanwaltschaften von Anfragen zu entlasten. Im Rahmen von bestimmten wirtschaftsstrafrechtlichen Ermittlungsverfahren sollen Dritte, u.a. auch die Verteidigung, bei Anfragen und Anzeigen zunächst mit den Verbindungsbeamten Kontakt aufnehmen. Der Verbindungsbeamte entscheidet dann, ob das Vorbringen so erheblich ist, dass es an die Staatsanwaltschaft weitergeleitet werden soll.

Während den Verbindungsbeamten folglich ursprünglich nur eine Mittelsmannfunktion zwischen der Öffentlichkeit, der Staatsanwaltschaft und der Verteidigung zukam[148], wird mittlerweile zwischen zwei Arten von Verbindungsbeamten unterschieden. Die ursprünglichen Verbindungsbeamten, die im wirtschaftlichen Disziplinarrecht der Ernährungswirtschaft arbeiten, haben wie

142 Siehe die Ausführungen bei Mulder, ZStW 1976, 52.

143 Art. 17 WED bestimmt, wer für das Erkennen und Verfolgen von Wirtschaftsdelikten verantwortlich ist. Übersetzung ins Deutsche von der Verfasserin.

144 Art. 58 WED ist am 01.05.1951 in Kraft getreten und seither nie geändert worden. Er lautet: „In overleg met Onze Minister van Justitie kunnen lichamen met een publieke taak belast, hiertoe bevoegd verklaard door een Onzer andere Ministers, wie het aangaat, ten dienste van de opsporing, vervolging en berechting van economische delicten ambtenaren benoemen, die het contact onderhouden met het openbaar ministerie." Im Internet abrufbar unter: http://lexius.nl/wet-op-de-economische-delicten/titel11, Tag des Abrufs: 17.11.2009. Art. 58 WED lautet in deutscher Übersetzung: „Die Verbindungsbeamten: Im Einvernehmen mit unserem Justizminister können Körperschaften, die mit einer öffentlichen Aufgabe betraut und von einem unserer anderen Minister, den es angeht, hierzu ermächtigt sind, im Dienste der Ermittlung, Verfolgung und Rechtsprechung von Wirtschaftsstraftaten Beamte benennen, die die Verbindung mit der Staatsanwaltschaft unterhalten." Übersetzung zitiert nach: Schaffmeister, 1978, S. 329.

145 Schaffmeister, ZStW 1973, 813.

146 Schaffmeister, ZStW 1973, 811; ders., 1978, S. 329.

147 Schaffmeister, ZStW 1973, 811.

148 Telefongespräch mit Machiel Lambooij, Rechtsanwalt bei Freshfields Bruckhaus Deringer LLP Amsterdam vom 21.10.2011.

bisher eine reine Mittelsmannfunktion. Demgegenüber haben die Verbindungsbeamten des Finanzministeriums auch die Aufgabe, rechtliche Gutachten vorzunehmen. Sie analysieren die wirtschaftlichen Verhältnisse, die einer Straftat zugrunde liegen. Hierbei beraten sie v.a. die Staatsanwaltschaft, sowohl bei der Vorbereitung eines Wirtschaftsstrafverfahrens als auch in der Hauptverhandlung.[149] Bemerkenswert ist, dass sich aber auch die Verteidigung für eine Beratung an die Verbindungsbeamten wenden kann.[150] Hierbei ist allerdings zu beachten, dass die Beratung der Staatsanwaltschaft meist schriftlich vorgenommen wird.

Die niederländischen Verbindungsbeamten sind mit den deutschen Wirtschaftsreferenten vergleichbar, wobei hervorzuheben ist, dass die Verbindungsbeamten im Gegensatz zu den deutschen Wirtschaftsreferenten nicht ermittelnd tätig werden. Anders als im deutschen Recht gibt es in den Niederlanden darüber hinaus meist keinen Sachverständigen, der in der Hauptverhandlung gehört wird. Ausreichend ist es deshalb grundsätzlich, wenn der Verbindungsbeamte im Vorfeld eine schriftliche Stellungnahme abgibt. Falls ausnahmsweise in einem Verfahren ein Sachverständiger in der Hauptverhandlung benötigt wird, wird bei ausreichender Fachkenntnis entweder der Verbindungsbeamte ernannt, oder dieser schlägt dem Gericht einen speziellen Sachverständigen vor. Hierbei ist zu bemerken, dass den Verbindungsbeamten die Aufgabe zugedacht ist, generelle Auskünfte über das Wirtschaftsleben geben zu können, so dass sie grundsätzlich nicht spezielle Sachkunde in technischen Einzelfragen besitzen. Falls Einzelfragen zu speziell sind, vermitteln die Verbindungsbeamten zu Spezialsachbearbeitern der einzelnen Fachabteilungen in den Ministerien.

Stellungnahme

Die Organisation der Verbindungsbeamten und Fahndungsdienste in den Niederlanden ist überzeugend. Dies liegt zum einen daran, dass das niederländische Wirtschaftsstrafrecht die Verbindungsbeamten im Gegensatz zu Deutschland nicht bei der Behörde Staatsanwaltschaft eingliedert, sondern bei den einzelnen Fachministerien. Zum anderen hat der niederländische Verbindungsbeamte – wiederum im Gegensatz zu den deutschen Wirtschaftsreferenten – nicht die

149 Schaffmeister, 1978, S. 104 f.; Mulder, ZStW 1976, 291 f., auch Hartmann, in: Cleiren/Nijboer (Hrsg.), 2006, S. 2011.

150 Schaffmeister, ZStW 1973, 813, der ausführt, dass Verbindungsbeamte im Ministerium für Landwirtschaft und Fischerei, im Ministerium für soziale Angelegenheiten, im Ministerium für Volksgesundheit und Umweltschutz, im Finanzministerium, im Ministerium für öffentlichen Wohnungsbau und Raumordnung, im Ministerium für Verkehr und Wasserbau und in der Niederländischen Bank AG angesiedelt sind.

Aufgabe, auch strafverfolgend tätig zu werden. Diese organisationsrechtliche Trennung von Aufgaben und sachlichen Zuständigkeitsfragen ist die bestmögliche Gewährleistung für die objektive, neutrale Arbeitsweise eines Verbindungsbeamten und gibt Anlass für Reformüberlegungen in Deutschland, auf die im letzten Teil der Arbeit näher eingegangen wird.

2.) Schwerpunktstaatsanwaltschaften in Österreich

a.) Vorbemerkung

Eine zentrale Staatsanwaltschaft zur Bekämpfung von Korruption ist in Österreich erst zum 1. Januar 2009[151] eingerichtet worden. Auffallend ist dabei, dass Österreich, welches sich in hohem Maße am deutschen Recht orientiert, erst 40 Jahre nach Schaffung der ersten Schwerpunktstaatsanwaltschaft in Deutschland selbst eine Zentralstaatsanwaltschaft gegründet hat. Obwohl die Korruptionsstaatsanwaltschaft nicht zur Bekämpfung der Wirtschaftskriminalität, sondern der Korruptionskriminalität[152] eingesetzt wird, soll sie für die Zwecke des vorliegenden Rechtsvergleiches herangezogen werden, da es die erste Staatsanwaltschaft mit überörtlichem Zuständigkeitsbereich in Österreich ist.

Bis zum 1. Januar 2009 gab es in Österreich lediglich einzelne Spezialabteilungen bei den allgemeinen Staatsanwaltschaften, um die organisierte Kriminalität sowie die Wirtschaftskriminalität zu bekämpfen. Flächendeckend war diese Spezialisierung nicht. Gab es in Wien noch eine Wirtschaftsabteilung, war bei anderen Landgerichten eine entsprechende Spezialisierung gar nicht vorhanden.[153] Erklären lässt sich dies damit, dass die Wirtschafts- und Korruptionskriminalität in Österreich bislang kaum Gegenstand der öffentlichen Diskussion war – der Sicherheitsbericht von Jahr 2006 erwähnt fast keine einschlägigen Ermittlungstätigkeiten.[154]

---

151 Siehe den Ministerialentwurf, Vorblatt und Erläuterungen zum Strafrechtsänderungsgesetz 2008 im folgenden StRÄG 2008, S. 1 ff.; im Internet abrufbar unter: http://www.parlament.gv.at/PG/DE/XXIII/ME/ME_00092/pmh.shtml, Tag des Abrufs: 12.06.2008.

152 Unter Korruption versteht man den Missbrauch einer Vertrauensstellung in einer Funktion in Verwaltung, Justiz, Wirtschaft, Politik oder auch nichtwirtschaftlichen Vereinigungen, um einen materiellen oder immateriellen Vorteil zu erlangen, auf den kein rechtlich begründeter Anspruch besteht, vgl. www.dreigliederung.de/korruption/glossar.html, Tag des Abrufs: 16.12.2011.

153 Siehe die Stellungnahme der Transparency International Organisation Österreich; im Internet abrufbar unter: http://www.ti-austria.at/news/news-detailansicht/browse/1/article/4/stellungnahm.html, Tag des Abrufs: 15.08.2011.

154 Sickinger, in: Bundesministerium der Justiz (Hrsg.), Korruption in Österreich, S. 118.

Indem Österreich das Übereinkommen der Vereinten Nationen gegen die Korruption (*United Nations Convention against Corruption – UNCAC*)[155] sowie das Europarat-Strafrechtsübereinkommen über Korruption (ER-Strafrechtsübereinkommen)[156] ratifizierte, war es laut Abkommen angehalten, die Bekämpfung der Korruption durch eine unabhängige Stelle zu spezialisieren.[157] Infolge der Umsetzung dieser Vorgaben sehen die durch das StRÄG 2008 vorgenommenen Änderungen der österreichischen Strafprozessordnung (StPO Österreich) in §§ 19, 20a StPO Österreich nun vor, dass eine Zentralstaatsanwaltschaft nach § 2a Staatsanwaltschaftsgesetz (StAG)[158] bundesweit für die Strafverfolgung von Korruptionsdelikten zuständig ist. Neben dem Hauptsitz in Wien sind Außenstellen in Graz, Linz und Innsbruck eingerichtet worden.[159] Die Korruptionsstaatsanwaltschaft ist für die in § 20a Abs. 1 Nr. 1 bis 5 StPO Österreich aufgeführten Straftaten zuständig. Hier sind Amtspflichtverletzungen, Untreue, Bestechungsdelikte, sowie wettbewerbsbeschränkende Absprachen und Geldwäsche genannt.

§ 28a StPO Österreich befasst sich mit Zuständigkeitsfragen der Korruptionsstaatsanwaltschaft, die zusammen hängende Straftaten betreffen. Gemäß Abs. 1 hat die Korruptionsstaatsanwaltschaft auch konnexe Strafverfahren zu leiten. Abs. 2 wiederum sieht unter bestimmten Voraussetzungen eine Trennung des Verfahrens vor. Abs. 3 bestimmt, dass der Generalprokurator[160] für den Fall eines Zuständigkeitskonflikts zwischen der Korruptionsstaatsanwaltschaft und der allgemeinen Staatsanwaltschaft zu entscheiden hat. § 100a Abs. 1 StPO Österreich bestimmt eine Berichtspflicht der Kriminalpolizei an die Korruptionsstaatsanwaltschaft, Abs. 2 besagt, dass andere Staatsanwaltschaften um Amtshilfe ersucht werden können.

---

155 Siehe hierzu das Übereinkommen der Vereinten Nationen gegen Korruption, im Internet abrufbar unter: www.un.org/Depts/german/uebereinkommen/ar58004-oebgbl.pdf, Tag des Abrufs: 16.12.2011.

156 Siehe hierzu das ER-Strafrechtsübereinkommen gegen Korruption, im Internet abrufbar unter: www.conventions.coe.int/Treaty/GER/Treaties/Html/173.htm, Tag des Abrufs: 16.12.2011.

157 Ministerialentwurf, Vorblatt und Erläuterungen zum Strafrechtsänderungsgesetz 2008, S. 1 ff.; im Internet abrufbar unter: http://www.parlament.gv.at/PG/DE/XXIII/ME/ME_00092/pmh.shtml, Tag des Abrufs: 12.06.2008.

158 StAG i.d.F. vom 01.12.2011, im Internet abrufbar unter: www.juline.at/Staatsanwaltschaftsgesetz_(StAG).html, Tag des Abrufs: 17.12.2011.

159 Auch die Außenstellen wurden erst nach heftiger Kritik in Lehre und Praxis eingeführt, siehe zur Kritik z.B. Wietrzyk, Stellungnahme des Präsidenten des Oberlandesgerichts Graz, im Internet abrufbar unter: http://www.parlament.gv.at/PG/DE/XXIII/ME/ME_00092/pmh.shtml, Tag des Abrufs: 12.06.2008; sowie Pleischl, Stellungnahme des Leiters der Oberstaatsanwaltschaft Wien zum Ministerialentwurf, im Internet abrufbar unter: http://www.parlament.gv.at/PG/DE/XXIII/ME/ME_00092/pmh.shtml, Tag des Abrufs: 12.06.2008.

160 Der Generalprokurator ist der höchste staatsanwaltschaftliche Verwaltungsbeamte beim Obersten Gerichtshof. Information im Internet abrufbar unter: www.ogh.gv.at, Tag des Abrufs: 13.04.2011.

b.) Kritik an der Einrichtung einer zentralen Staatsanwaltschaft zur Korruptionsbekämpfung

Zum Teil wird die Einrichtung einer Zentralstaatsanwaltschaft in Österreich bereits dem Grunde nach kritisiert. So äußern sich sowohl die österreichische Rechtsanwaltskammer[161] als auch die Bundesvertreter der Richter und Staatsanwälte[162] dahingehend, dass weder das UN-Übereinkommen gegen Korruption[163] noch das ER-Strafrechtsübereinkommen[164] die Schaffung einer Staatsanwaltschaft außerhalb der bisherigen Organisation erforderlich gemacht hätten, da die internationalen Vorgaben in Art. 36 des UN-Übereinkommens und Art. 20 des ER-Strafrechtsübereinkommens nur eine Spezialisierung, nicht aber eine Zentralisierung verlangen würden. Deshalb hätte man statt einer Zentralstaatsanwaltschaft die bestehenden Abteilungen ausbauen sollen. Darüber hinaus wird eingewandt, dass die Einrichtung einer Sonderstaatsanwaltschaft im Rang einer Oberstaatsanwaltschaft systemwidrig sei und der föderalen Struktur der staatsanwaltschaftlichen Organisation widerspreche, die nicht Bundes-, sondern Ländersache sei.[165]

Andere Vertreter wenden sich auch gegen die Regelung in § 28a Abs. 1 StPO Österreich. Hiernach sollen die allgemeinen Staatsanwaltschaften den Ermittlungsvorgang an die zentrale Staatsanwaltschaft abgeben, wenn sie Wissen von einer Tat nach dem Deliktskatalog haben. Wegen der damit zu befürchtenden Überlastung der Dezernenten wird vorgeschlagen, dass stattdessen die Korruptionsstaatsanwaltschaft selbst über die Übernahme eines Korruptionsfalles entscheiden solle.[166] Aber auch der umgekehrte Fall, nämlich die Abgabe eines Falles

---

161 Moringer, Stellungnahme der Oberösterreichischen Rechtsanwaltskammer, im Internet abrufbar unter: http://www.parlament.gv.at/PG/DE/XXIII/ME/ME_00092/pmh.shtml, Tag des Abrufs: 12.06.2008.

162 Herrnhofer/Schröder, Stellungnahme der Bundesvertretung Richter und Staatsanwälte, im Internet abrufbar unter: http://www.parlament.gv.at/PG/DE/XXIII/ME/ME_00092/pmh.shtml, Tag des Abrufs: 12.06.2008.

163 Vgl. Fn. 156.

164 Vgl. Fn. 157.

165 Stellungnahme der Vereinigung der österreichischen Richterinnen und Richter, im Internet abrufbar unter: http://www.richtervereinigung.at/content/view/243/41, Tag des Abrufs: 16.06.2009; sowie Pürstl, Stellungnahme des Generalprokurators beim Obersten Gerichtshof, im Internet abrufbar unter: http://www.parlament.gv.at/PG/DE/XXIII/ME/ME_00092/pmh.shtml, Tag des Abrufs: 12.06.2008; sowie Schmoliner, Stellungnahme des Landgerichts Klagenfurt, Im Internet abrufbar unter: http://www.parlament.gv.at/PG/DE/XXIII/ME/ME_00092/pmh.shtml, Tag des Abrufs: 12.06.2008.

166 Rainer/Spitzer/Pilz, Stellungnahme der Staatsanwaltschaft Innsbruck, im Internet abrufbar unter: http://www.parlament.gv.at/PG/DE/XXIII/ME/ME_00092/pmh.shtml, Tag des Abrufs: 12.06.2008; zu beachten ist, dass die Zuständigkeit einer anderen Staatsanwaltschaft auch dann

der Korruptionsstaatsanwaltschaft an die allgemeinen Staatsanwaltschaften nach § 28a Abs. 2 StPO Österreich, stößt auf prozessökonomische Bedenken, da sich der neue Dezernent im Falle der Abgabe des Falles erst in die oft komplizierte Materie einarbeiten müsse.[167] Zuletzt begründe die in § 100a Abs. 2 StPO Österreich normierte Amtshilfe die Gefahr einer übermäßigen Inanspruchnahme, indem die örtliche Staatsanwaltschaft z.B. Zeugen zu vernehmen und somit die Ermittlungstätigkeiten und den Aufwand praktisch durchzuführen hätten.[168]

c.) Auseinandersetzung mit den Kritikpunkten

Die Schaffung einer ersten zentralen Staatsanwaltschaft ist ein notwendiger Schritt in Richtung einer effektiven strafrechtlichen Korruptionsbekämpfung in Österreich. Eine Reform der organisatorischen Maßnahmen war notwendig, da es mangels spezialisierten Personals Defizite in der Bekämpfung der Korruptionskriminalität in Österreich gab.

Ob die bundesweit tätige Anklagebehörde einen Verstoß gegen das österreichische Föderalismusprinzip darstellt, ist nicht Gegenstand der vorliegenden Arbeit, da eine umfassende Auseinandersetzung mit dem österreichischen Staatsrecht den Forschungsumfang übersteigen würde. Anzumerken ist jedoch, dass ein Verstoß dann ausgeschlossen wäre, wenn man der zentralen Staatsanwaltschaft in Wien statt einer Anklagebefugnis nur eine zentrale Beweissammel- und Informationsfunktion nach dem Vorbild Ludwigsburgs zuerkannt hätte.

Dem Einwand, dass der Ausbau der allgemeinen staatsanwaltschaftlichen Abteilungen ausgereicht hätte, um den Anforderungen des UN- und ER-Übereinkommens gerecht zu werden, ist entgegenzuhalten, dass auf diesem Wege

nicht durchbrochen wird, wenn der Zusammenhang mit einer Straftat besteht, für die das Landesgericht als Geschworenen- oder Schöffengericht im Hauptverfahren zuständig wäre (§ 31 StPO Österreich).

167 Vereinigung Österreichischer Staatsanwälte, Stellungnahme zum Ministerialentwurf, im Internet abrufbar unter: http://www.parlament.gv.at/PG/DE/XXIII/ME/ME_00092/pmh.shtml, Tag des Abrufs: 12.06.2008, ebenso Pürstl, Stellungnahme des Generalprokurators beim Obersten Gerichtshof, im Internet abrufbar unter: http://www.parlament.gv.at/PG/DE/XXIII/ME/ME_00092/pmh.shtml, Tag des Abrufs: 12.06.2008; Oberstaatsanwaltschaft Graz, Stellungnahme des Leiters zum Ministerialentwurf, im Internet abrufbar unter: http://www.parlament.gv.at/PG/DE/XXIII/ME/ME_00092/pmh.shtml, Tag des Abrufs: 12.06.2008; sowie die Gewerkschaft öffentlicher Dienst, Stellungnahme des Vorsitzenden zum Ministerialentwurf, im Internet abrufbar unter: http://www.parlament.gv.at/PG/DE/XXIII/ME/ME_00092/pmh.shtml, Tag des Abrufs: 12.06.2008.

168 Hödl, Stellungnahme des Leiters der Oberstaatsanwaltschaft Sigl, im Internet abrufbar unter: http://www.parlament.gv.at/PG/DE/XXIII/ME/ME_00092/pmh.shtml, Tag des Abrufs: 12.06.2008.

nicht derselbe Spezialisierungseffekt erreicht worden wäre. Die Korruptionskriminalität hat ebenso wie die Wirtschaftskriminalität oft einen überörtlichen Bezug. Daher kann es gerade von Vorteil sein, Wissen bei einer Behörde mit bundesweitem Zuständigkeitsbereich zu sammeln. Hingegen ist der Kritik, es sei unökonomisch, dass sich zunächst die allgemeine Staatsanwaltschaft mit dem Korruptionsfall befasse, bevor eine Abgabe an die Korruptionsstaatsanwaltschaft erfolge und umgekehrt, zuzustimmen. Diese Art der Einzelzuweisung ist auch in Deutschland zu kritisieren, wobei hier auf die entsprechende Argumentation zu verweisen ist.[169]

Demgegenüber ist die in § 100a StPO Österreich normierte Amtshilfe unter dem Gesichtspunkt oftmaliger Inanspruchnahme der allgemeinen Staatsanwaltschaften zu begrüßen. Denn es würde ansonsten zu zeitlichen Verzögerungen und unwirtschaftlicher Inanspruchnahme von spezialisiertem Personal führen, wenn die Zentralstaatsanwaltschaft in Wien bzw. ihre wenigen Außenstellen alle Ermittlungen in ganz Österreich örtlich selbst durchführen müssten. Eine Delegation ist ökonomisch sinnvoll.

3.) Schwerpunktstaatsanwaltschaften in der Schweiz

In der Schweiz sind die ersten Spezialabteilungen für Wirtschaftsdelikte bei den kantonalen Untersuchungsbehörden in den späten 1960er Jahren geschaffen worden. Im Jahre 1966 richtete als Erster der Kanton Basel-Stadt eine Spezialabteilung für Wirtschaftsdelikte ein, die jedoch nicht auf einem Gesetz, sondern auf dem Geschäftsverteilungsplan der Staatsanwaltschaft gründete. Der Kanton Zürich[170] folgte sodann im Jahr 1967 mit der Einrichtung einer Spezialabteilung zur Bekämpfung der Wirtschaftskriminalität bei ihrer Bezirksanwaltschaft.[171] 1992 gliederte der Regierungsrat des Kantons die Spezialabteilung aus, um zusammen mit drei weiteren neu geschaffenen kantonalen Untersuchungsrichterämtern die Bezirksanwaltschaft III zu gründen. In dieser werden die Wirtschaftsdelikte als eigenständiges Amt mit Zuständigkeitsbereich für den gesamten Kanton geführt.[172] Eine flächendeckende Ausstattung mit Spezialabteilungen und Fachpersonal fand in der Schweiz in den darauf folgenden Jahren aber nicht

169 Siehe S. 39 ff. der vorliegenden Arbeit.
170 Vgl. zu dem Spezialdienst im Kanton Zürich im Jahre 1972 Rimann, 1973, S. 183.
171 Bezirksanwaltschaften sind im wesentlichen Untersuchungs- und Anklagebehörden; vgl. Rimann, 1973, S. 214, der dort ausführt, dass die Staatsanwaltschaft der Bezirksanwaltschaft übergeordnet und das höchste kantonale Strafverfolgungsorgan sei.
172 Suter, 2001, S. 25 ff.

statt.[173] Wie Antognazza[174] berichtet, hat eine 1991 in der Schweiz vorgenommene Umfrage ergeben, dass lediglich 11 von 23 Auskunft erteilenden Kantonen über organisierte Einrichtungen zur Bekämpfung von Wirtschaftsdelikten verfügten. Dies waren die Kantone Aargau, Basel-Stadt, Freiburg, Genf, Jura, Luzern, St. Gallen, Waadtland, Zug, Bern und Zürich, wobei hervorzuheben ist, dass sich die Spezialisierung vornehmlich auf die Polizei und die Gerichte beschränkte. Nur die drei Kantone Bern, Basel-Stadt und Zürich beschäftigten spezialisierte Staatsanwälte. Revisoren, sogenannte Bücherexperten, die den Staatsanwälten zuarbeiten und mit den bei deutschen Staatsanwaltschaften angestellten Wirtschaftsreferenten vergleichbar sind, bestanden nur in den Kantonen Basel-Stadt, Zug, Zürich und Genf. Das Fehlen einer kantonübergreifenden Spezialisierung wird offensichtlich, wenn man berücksichtigt, dass die kleineren Kantone Schwierigkeiten haben, die zur wirksamen Bekämpfung der Wirtschaftskriminalität notwendige Spezialisierung zu erreichen. Als Beispiel sei der kleinste Kanton Appenzell-Innerrhoden genannt, der im Jahre 2011 15.500 Einwohner[175] zählte. Der mit einer Spezialisierung einhergehende finanzielle Aufwand wurde von einigen Finanzdirektoren der Schweiz, vor allem in kleineren Kantonen, als nicht tragfähig angesehen.[176]

Eine interkantonale Spezialisierung fand vermehrt ab dem Jahr 1999 statt, als in mehreren Kantonen „Besondere Untersuchungsrichterämter" (BUR), vor allem für bestimmte Wirtschaftsdelikte und für Delikte im Zusammenhang mit der organisierten Kriminalität, eingeführt wurden. Diese „Besonderen Untersuchungsrichterämter" sind mit spezialisierten Mitarbeitern besetzt, die u.a. qualifizierte Buchhaltungskenntnisse aufweisen. Die Zuständigkeit der Untersuchungsrichterämter erstreckt sich – ähnlich der deutschen Schwerpunktstaatsanwaltschaften – auf das gesamte Kantonsgebiet,[177] wobei zu beachten ist, dass die einzelnen Kantone ein erheblich kleineres Territorium aufweisen als die meisten deutschen Bundesländer.

Bereits in den 1980er Jahren wurde aber schon teilweise erkannt, dass selbst eine interkantonale Spezialisierung für eine erfolgreiche Bekämpfung der Wirtschaftskriminalität nicht ausreichend ist, denn die starke territoriale Aufgliederung des kleinen Staatsgebietes in 26 selbständige Kantone beeinträchtigte die Bekämpfung der überörtlich auftretenden Wirtschaftskriminalität sehr. Wäh-

---

173 Rimann, 1973, S. 185; Schmid, in: Baer (Mitarb.), Wirtschaftskriminalität, S. 55.

174 Antognazza, in: Gauthier u.a., (Hrsg.), FS SKG, S. 274.

175 Zahlen im Internet abrufbar unter: http://www.ai.ch/de/portrait/portraitmain, Tag des Abrufs: 04.05.2011.

176 Rothenfluh, ZStrR 1983, 376.

177 Informationen zu den Besonderen Untersuchungsrichterämter (BUR) in den einzelnen Kantonen finden sich im Internet z.B. unter: http://baselland.ch Tag des Abrufs: 16.07.2008 oder http://www.stvb.lu.ch/index/ura_geschichte.htm, Tag des Abrufs: 16.07.2008.

rend deshalb auf der einen Seite Forderungen nach spezialisierten Organen auf überkantonaler Ebene aufkamen[178], stieß auf der anderen Seite eine Spezialisierung der Strafverfolgungsorgane verbunden mit einer Kompetenzverschiebung zugunsten des Bundes in der kantonorientierten Schweiz auf weit verbreiteten Widerstand[179]. Erschwerend kam darüber hinaus hinzu, dass es in der Schweiz bislang kein einheitliches Strafverfahrensrecht gab, so dass die Strafverfolgung auch angesichts der kleinräumig geltenden Strafprozessordnungen in den jeweiligen Kantonen erheblich erschwert war. Strafverfahren waren bislang grundsätzlich eine Angelegenheit der Kantone und wurden von diesen selbst durchgesetzt. In der Schweiz galten bisher 29 Strafprozessordnungen – 26 kantonale, eine Militär-StPO, eine Bundes-StPO sowie eine StPO über das Verwaltungsstrafrecht.[180] Die Bundes-StPO war hierbei nicht für alle Kantone umfassend anzuwenden, sondern regelte lediglich das Verfahren für die Straftaten, für die nach Art. 336 und 337 Strafgesetzbuch Schweiz (StGB Schweiz) eine Bundesgerichtsbarkeit bestand.

Um die Strafverfolgung effektiver zu gestalten wurde am 5. November 1992 ein Konkordat über die Rechtshilfe und interkantonale Zusammenarbeit in Strafsachen verabschiedet, dem alle 26 Kantone der Schweiz beitraten.[181] Das Konkordat legte v.a. fest, dass Verfahrenshandlungen direkt in einem anderen Kanton angeordnet werden konnten, wobei die jeweilige Behörde allerdings ihr eigenes Prozessrecht anzuwenden hatte. Die hiermit erteilte Befugnis, Ermittlungstätigkeit ohne bürokratischen Aufwand auch kantonübergreifend vorzunehmen, hatte eine erfolgreichere Bekämpfung der Wirtschaftskriminalität und des organisierten Verbrechens zum Ziel. Hinderlich für die Effektivität der Bekämpfung war jedoch weiterhin, dass der jeweils ermittelnde Kanton sein eigenes Prozessrecht anwendete. Dieser Umstand steigerte wiederum das Bedürfnis nach einer Harmonisierung der Verfahrensregelungen.[182]

178 Schmid, 1980, S. 195; auch Schubarth, ZStR 1974, 398 f., der schon in den 1970er Jahren erkannte, dass eine dezentralisierte Zuständigkeitsordnung nur bei kleineren, einfachen Delikten effektiv sei; bei der Aufklärung von Wirtschaftsdelikten sei ein zu stark betriebener Föderalismus jedoch hinderlich.

179 Siehe zu der genauen organisatorischen Entwicklung der einzelnen Kantone Schmid, 1980, S. 102 ff.

180 Hierzu ausführlicher Schmid, 1980, S. 198.

181 Das Konkordat über die Rechtshilfe und die interkantonale Zusammenarbeit in Strafsachen ist im Internet abrufbar unter: www.rechtsbuch.tg.ch/pdf/300/352e8.pdf, Tag des Abrufs: 04.05.2011.

182 Vgl. zu den Harmonisierungsentwicklungen in der Schweiz den Begleitbericht zum Vorentwurf für eine Schweizerische Strafprozessordnung vom Bundesamt für Justiz, Bern, Juni 2001, S. 4 (Eidgenössisches Justiz- und Polizeidepartement), im Internet abrufbar unter: http://www.ejpd.admin.ch/content/dam/data/sicherheit/gesetzgebung/strafprozess/vn-ber-1-d.pdf, Tag des Abrufs: 04.05.2011.

Diesem Kritikpunkt trägt die daraufhin eingeführte nationale Schweizerische Strafprozessordnung[183] Rechnung, welche am 1. Januar 2011 in Kraft trat und in der das soeben genannte Konkordat über die Rechtshilfe aufgeht. Die 26 kantonalen Strafprozessordnungen sowie die Bundes-StPO wurden mit Inkrafttreten des Gesetzes abgeschafft, während die Militär-StPO abgewandelt weiterbesteht.

Regelungen in Bezug auf überörtliche Ermittlungstätigkeiten finden sich in Art. 24 und 25 der neuen StPO Schweiz. Art. 24 Abs. 1b) der neuen StPO Schweiz bestimmt, dass die Bundesgerichtsbarkeit im ganzen Bundesgebiet für die Kriminalität im wirtschaftlichen Bereich zuständig ist, wenn der Kriminalitätsakt in mehreren Kantonen begangen wurde und kein eindeutiger Schwerpunkt in einem Kanton feststellbar ist. Nach Art. 24 Abs. 2b) der neuen StPO Schweiz kann die Staatsanwaltschaft des Bundes für ausgewählte Delikte eine Untersuchung eröffnen, wenn keine kantonale Strafverfolgungsbehörde mit der Strafsache befasst ist oder die zuständige kantonale Strafverfolgungsbehörde die Staatsanwaltschaft des Bundes um Übernahme des Verfahrens ersucht. Art. 25 der neuen StPO Schweiz befasst sich mit der Möglichkeit einer Delegation an die kantonalen Strafverfolgungsbehörden.

Stellungnahme

Es ist zu begrüßen, dass die Schweiz nach über 60 Jahren Debatte im Jahr 2011 eine Vereinheitlichung ihres Verfahrensrechts vorgenommen hat. Bisher galt eine gesamtschweizerische StPO nur für die Militärjustiz und für ausgewählte Delikte der Justiz des Bundes. Die Harmonisierung geht v.a. auf die tatsächlichen Probleme bei der Bekämpfung der Wirtschaftskriminalität zurück, sollte doch im Vorfeld eine Expertengruppe prüfen, „ob im Interesse einer wirksamen Strafverfolgung, insbesondere in den Bereichen der Wirtschaftskriminalität und des organisierten Verbrechens, eine vollständige oder teilweise Vereinheitlichung des Strafprozessrechts [...] angezeigt sei."[184] Letztendlich hat sich die extrem föderal aufgebaute Schweiz den Problemen der Strafverfolgung in der Praxis angepasst und eine Bundesgerichtsbarkeit als Untersuchungsbehörde mit Zuständigkeit im ganzen Staatsgebiet geschaffen. Wie die vorhergehende Untersuchung gezeigt hat, ist dies in Deutschland nicht der Fall. Obwohl eine bundesweit tätige Ankla-

183 Schweizerische Strafprozessordnung, im Folgenden StPO Schweiz, i.d.F. vom 05.10.2007, im Internet abrufbar unter: www.admin.ch/ch/d/ff/2007/6977.pdf, Tag des Abrufs: 05.05.2011.

184 Zitiert nach: Begleitbericht zum Vorentwurf für eine Schweizerische Strafprozessordnung vom Bundesamt für Justiz, Bern, Juni 2001, S. 6 (Eidgenössisches Justiz- und Polizeidepartement), im Internet abrufbar unter: http://www.ejpd.admin.ch/content/dam/data/sicherheit/gesetzgebung/strafprozess/vn-ber-1-d.pdf, Tag des Abrufs: 04.05.2011.

gebehörde in Deutschland zwar rechtlich unzulässig ist[185], wäre auch in Deutschland zumindest eine bundesweit tätige Vorermittlungsstelle zu begrüßen.

Sind in der Schweiz nun die verfahrensrechtlichen Gegebenheiten zur Bekämpfung der Wirtschaftskriminalität vorhanden, bestehen Defizite noch bei der Spezialisierung des Personals. Ein flächendeckender Einsatz der den Wirtschaftsreferenten vergleichbaren Revisoren ist in der Schweiz auch heute noch nicht gegeben. Hier besteht Handlungsbedarf.

4.) Schwerpunktstaatsanwaltschaften in den USA

In den USA fand sich in der Vergangenheit eine fragmentarische Entsprechung der deutschen Schwerpunktstaatsanwaltschaften in den einzelnen US-amerikanischen Modellversuchen der Betrugsabteilung (*Fraud Division*) in San Diego, Bundesstaat Kalifornien und King County, Bundesstaat Seattle wieder, die in den 1970er Jahren gebildet wurden.[186] Darüber hinaus beschäftigen vor allem größere städtische Staatsanwaltschaften einen eigenen Stab von fachlich ausgebildeten Ermittlungsbeamten (*Investigators)*, die spezielle Deliktsgruppen, wie das „*white–collar-crime*“[187], verfolgen.[188] Ein nationales organisiertes und systematisches Netz an spezialisierten überörtlich tätigen Staatsanwaltschaften existiert in den USA nicht. In Fällen schwerer Wirtschaftsverbrechen übernimmt häufig das *Federal Bureau of Investigation* (FBI) den Fall.[189]

Um verstehen zu können, warum die Vereinigten Staaten von Amerika noch keine echten staatsanwaltschaftlichen Zentralstellen mit Anklagebefugnis zur Bekämpfung der Wirtschaftskriminalität geschaffen haben und wahrscheinlich auch nicht schaffen werden, muss man sich die Besonderheiten des US-amerikanischen Strafprozessrechts vergegenwärtigen. Staatsanwälte in den USA sind Politiker, und die große Mehrzahl von ihnen wird nur für eine Amtszeit von zwei bis vier Jahren gewählt.[190] In diesem Zeitraum ist zum einen eine Spezialisierung nur schwer möglich, zum anderen hängt es grundsätzlich von der Initiative der jeweiligen, meist unter politischen Gesichtspunkten gewählten und unabhängigen, von jeder bürokratischen Organisation losgelösten[191] Staatsanwälte sowie von den teilweise eingesetzten Sonderkommissionen (z.B. *Special Prosecution*

185 Siehe hierzu die Ausführungen auf S. 43 ff. der vorliegenden Arbeit.

186 Tiedemann, 1978, S. 28.

187 Der Begriff „white-collar-crime“ steht stellvertretend für den Begriff Wirtschaftskriminalität; Schwind, 2011, § 21 Rn. 14.

188 Weigend, 1978, S. 109.

189 Baer, in: Baer (Mitarb), Wirtschaftskriminalität, S. 85.

190 Weigend, 1978, S. 98.

191 Weigend, 1978, S. 95.

Forces, Strike Forces) ab, ob und mit welcher Gründlichkeit und mit welchem Erfolg in Wirtschaftsstrafsachen ermittelt wird[192].

Eine nationale zentrale Spezialisierungsgruppe zur Bekämpfung von Wirtschaftskriminalität außerhalb einer staatsanwaltschaftlichen Organisation, die *Corporate Fraud Task Force* (CFTF), wurde erst im Jahre 2002 gegründet. Ausschlaggebend waren Bilanzskandale, vor allem der Enron-Skandal[193], den die „*Enron Task Force*" erfolgreich verfolgte[194]. Die CFTF hat keinerlei Anklagebefugnisse und besteht aus insgesamt neun Untergruppierungen[195], die dem Justizministerium unter der Leitung des stellvertretenden Generalstaatsanwaltes (*Deputy Attorney General*) angehören. Eine Untergruppe, die Justizministeriumsgruppe (*Department of Justice group*), konzentriert sich auf die Verfolgung von Wirtschaftsdelikten und gibt in Zusammenarbeit mit der zuständigen Staatsanwaltschaft die Richtung für Untersuchungen vor. Die andere Untergruppe, die sogenannte *Inter-Agency-group*, bemüht sich auf dem Wege von Gesetzesverbesserungen um die präventive Bekämpfung der Wirtschaftskriminalität.[196]

Stellungnahme

Obschon in den USA keine spezialisierten, überörtlichen Staatsanwaltschaften mit Anklagebefugnis zu finden sind, ist mit der Einführung der CFTF im Jahr 2002 als Beweissammelstelle der notwendige Spezialisierungsgrad mit ausgebildetem Personal gegeben. Vergleichbar ist die CFTF mit der Informationssammelstelle in Ludwigsburg für nationalsozialistische Verbrechen, da sie Anklagen und Untersuchungen von größeren wirtschaftsstrafrechtlichen Delikten koordiniert bzw. verteilt, ohne selbst Anklagebehörde zu sein. Insofern Staatsanwälte in der Regel nur für eine Amtszeit von zwei bis vier Jahren gewählt werden, somit Politiker sind, wäre es in den USA auch aufgrund des personellen Wechsels wenig sinnvoll, die Staatsanwaltschaften entsprechend auszubilden, da eine Spezialisierung die längere Bearbeitung eines Fachgebietes verlangt. Aus

192 Tiedemann, 1978, S. 28.

193 Der Energiekonzern Enron wurde im Jahre 2001 fortgesetzter Bilanzfälschungen überführt, hatte er doch in den Jahren zuvor die Gewinne um insgesamt 1,2 Milliarden Dollar zu hoch ausgewiesen. Information im Internet abrufbar unter: www.spiegel.de/wirtschaft/0,5118,176509,00.html, Tag des Abrufs: 16.12.2011.

194 Die wichtigsten Delikte, die verfolgt wurden, sind in dem Corporate-Fraud-Task-Force (CFTF) Bericht 2008 genannt, im Internet abrufbar unter: http://www.usddoj.gov/dag/cftf/corporatefraud2008.pdf, Tag des Abrufs: 24.03.2009.

195 Informationen über die CFTF sind im Internet abrufbar unter: http://www.law.com/jsp/ihc/PubArticleIHC.jsp?id=1193821429242, Tag des Abrufs: 24.03.2009.

196 Information im Internet abrufbar unter: http://www.usdoj.gov/dag/cftf/, Tag des Abrufs: 23.03.2009; siehe darüber hinaus Kreklau, 2008, S. 60.

diesem Grund ist die Einrichtung der *task force* zu begrüßen. Darüber hinaus ist auch im Hinblick auf das große Staatsgebiet der USA mit 50 Bundesstaaten die Einrichtung einer nationalen Beweissammelstelle unumgänglich, da sich anderenfalls Probleme beim Informationsaustausch zwischen Bundesstaaten ergeben könnten.

Die Einrichtung einer solchen national tätigen Beweissammelstelle ist wie bereits gezeigt auch in Deutschland zu empfehlen, da hier zwar Schwerpunktstaatsanwaltschaften innerhalb eines Bundeslandes existieren, es jedoch Lücken bei der Bekämpfung auf nationaler Ebene gibt.

III. Zusammenfassung der wichtigsten Ergebnisse des ersten Teils

Abschließend ist festzustellen, dass die Institution Schwerpunktstaatsanwaltschaft in Deutschland mittlerweile in allen Bundesländern vorzufinden ist. Sie haben sich durch spezialisiertes Personal in Form von Wirtschaftsstaatsanwälten und Wirtschaftsreferenten sowie im Hinblick auf ihren überörtlichen Zuständigkeitsbereich nach § 143 Abs. 4 GVG bewährt. In der geschichtlichen Entwicklung von Zentralstaatsanwaltschaften in Deutschland ist vor allem die in ihrer Organisation immer noch aktuelle Beweissammelstelle in Ludwigsburg hervorzuheben, die Vorbild für die Errichtung von vergleichbaren Beweissammelstellen im Rahmen der Bekämpfung der Wirtschaftskriminalität sein könnte, hat doch die bisherige Untersuchung gezeigt, dass eine Schaffung von länderübergreifender Schwerpunktstaatsanwaltschaften v.a. wegen Eingriffs in den Kernbereich der Länderverwaltung unzulässig wäre. Darüber hinaus wurde deutlich, dass weiterhin Reformbedarf für eine gesetzliche Klärung des Verhältnisses der örtlichen Zuständigkeitsregelungen von § 143 Abs. 1 und § 143 Abs. 4 GVG zugunsten einer ausschließlichen Zuständigkeit von Schwerpunktstaatsanwaltschaften für den Bereich der Wirtschaftskriminalität besteht. Zuletzt hat die rechtsvergleichende Untersuchung deutlich gemacht, dass auch die Tatsache der Einrichtung von spezialisiertem Personal in den Vergleichsländern sowie die dortigen Bemühungen, Schwerpunktstaatsanwaltschaften bzw. andere Ermittlungsorgane mit überörtlichem Zuständigkeitsbereich zu schaffen, dafür sprechen, dass sich diese Zentralstaatsanwaltschaften zur Bekämpfung der Wirtschaftskriminalität bewährt haben.

2. Teil: Die Staatsanwaltschaft als Instanz der wirtschaftsstrafrechtlichen Kontrolle

Der zweite Teil der Untersuchung wird die Aufgaben und Funktionen der staatsanwaltschaftlichen Arbeit darstellen und hierbei insbesondere der Frage nachgehen, ob die Staatsanwaltschaft eine Behörde ist, die der Objektivität verpflichtet ist. Hierbei soll zunächst aufgeführt werden, aus welchen gesetzlichen Vorschriften sich eine Pflicht der Staatsanwaltschaft zur Unabhängigkeit ergeben könnte, um dann in einem nächsten Schritt zu untersuchen, ob und wie dieses gesetzliche Leitbild eingeschränkt wird.

Ob die Staatsanwaltschaft eine von allen Seiten unabhängige Behörde darstellt, ist im Hinblick auf die Stellung des Wirtschaftsreferenten bedeutsam, weil dieser in die Behördenorganisation Staatsanwaltschaft eingegliedert ist und von ihr oft als Sachverständiger im Ermittlungsverfahren ausgewählt wird. Hinzu kommt, dass der Sachverständige oft auch durch den Richter als Sachverständiger der Hauptverhandlung übernommen wird. Dies wird von Teilen der Literatur kritisch betrachtet, da sie die Unparteilichkeit eines Wirtschaftsreferenten, der gleichzeitig für die Staatsanwaltschaft arbeitet, in Frage stellen.[197] Auf der anderen Seiten wird als Hauptargument für die Bestellung des Wirtschaftsreferenten als Sachverständiger eingewandt, dass der Staatsanwaltschaft im Ermittlungsverfahren die Pflicht zur Neutralität obliege[198] und damit auch der Sachverständige der Staatsanwaltschaft[199] als neutral anzusehen sei.

I. Staatsanwaltschaft als objektive Behörde

Anders als mitunter in der Öffentlichkeit wahrgenommen, ist die Staatsanwaltschaft in Deutschland nicht der „Anwalt des Opfers und der Allgemeinheit“. Während eine solche Stellung den Staatsanwälten in den Vereinigten Staaten von Amerika zukommt[200], wird der deutsche Staatsanwalt mitunter als die „objek-

197 Zwiehoff, 2000, S. 272; kritisch auch Müller, 1988, S. 43 Rn. 86; Döhring, 1964, S. 271 ff.; Zainhofer, ZSW 1982, 266; ders., ZSW 1982, 222; Krauß, ZStW 1973, 331 m.w.N.

198 Toepel, 2001, S. 300.

199 Karpinski, NJW 1968, 1173; Toepel, 2001, S. 300.

200 Vgl. Weigend, 1978, S. 108, der den amerikanischen Staatsanwalt als Anwalt des Staates beschreibt.

tivste Behörde der Welt“[201] gewertet. Angesichts dessen ist es erforderlich, den Begriff der Objektivität in diesem Zusammenhang näher zu untersuchen.

1.) Objektivitätspflicht der Staatsanwaltschaft

Unter Objektivität versteht man im Allgemeinen eine strenge Sachlichkeit.[202] Daraus folgt, dass subjektive Präferenzen nicht berücksichtigt werden dürfen. In der StPO findet sich dieser Gedanke wieder in § 160 Abs. 2, 1. Hs. StPO. Hiernach hat die Staatsanwaltschaft sowohl die zur Belastung als auch die zur Entlastung dienenden Umstände zu ermitteln, womit ausdrücklich die Objektivitätspflicht der Staatsanwaltschaft im Ermittlungsverfahren statuiert wird.

Beweise dafür, dass dem Staatsanwalt eine neutrale Stellung im Strafverfahren zukommt, sind darüber hinaus in § 296 Abs. 2 StPO sowie in §§ 365, 301 i.V.m. § 296 Abs. 2 StPO, Nr. 147 Abs. 3 RiStBV zu finden. Hiernach kann die Staatsanwaltschaft auch zugunsten des Beschuldigten Rechtsmittel einlegen sowie die Wiederaufnahme eines mit rechtskräftigem Urteil abgeschlossenen Verfahrens mit dem Ziel eines Freispruchs betreiben. Dasselbe Ergebnis lässt sich aus dem in §§ 152 Abs. 2, 160 Abs. 1, 163 Abs. 1 StPO normierten Legalitäts- und Offizialprinzip ableiten, insofern die Staatsanwaltschaft aufgrund fehlenden Ermessens alle Straftaten dem Grunde nach gleich zu behandeln hat. Der Staatsanwaltschaft ist das Anklagemonopol des Staates zugesprochen, und sie hat prinzipiell jede Straftat zu verfolgen, wenn zureichende Anhaltspunkte gegeben sind. Das Gesetz sieht folglich vor, dass die Staatsanwaltschaft eine objektive Behörde ist.[203]

2.) Reichweite der Objektivitätspflicht

Es muss weiter untersucht werden, welche Reichweite diese Verpflichtung zur Objektivität der Staatsanwaltschaft hat.

Im Rahmen einer Betrachtung von § 254 Abs. 1 StPO fällt auf, dass die verfahrensrechtliche Anerkennung eines staatsanwaltschaftlichen Vernehmungsprotokolls geringer ist als die eines richterlichen Vernehmungsprotokolls. Denn nach § 254 Abs. 1 StPO kann nur das richterliche Vernehmungsprotokoll – als

---

201 Der Ausdruck „die Staatsanwaltschaft sei die objektivste Behörde der Welt“ wird dem Berliner Oberstaatsanwalt Isenbiel zugeschrieben, zit. bei Kurzrock, 2003, S. 88; diese Formulierung benutzen auch Krey, JA 1985, 66 sowie Roxin, DRiZ 1997, 113.

202 Duden, Fremdwörterbuch 2010, S. 727.

203 Siehe hierzu auch Meyer-Goßner, in: Schwarz (Begr.), § 160 StPO Rn. 14 m.w.N.; Griesbaum, in: Hannich (Hrsg.), KK, § 160 StPO Rn. 1; Eisenberg, 2011, Rn. 1020.

Ausnahme vom Grundsatz der Unmittelbarkeit in der Hauptverhandlung – verlesen werden. Eine Verlesung des Vernehmungsprotokolls der Staatsanwaltschaft ist hingegen nicht vorgesehen. Aus dem Vergleich der verfahrensrechtlichen Stellungen kann geschlossen werden, dass das Gesetz dem Richteramt einen höheren Objektivitätsgrad zuspricht.

Weiter ist in diesem Zusammenhang die Rechtsprechung des Bundesgerichtshofs zu § 252 StPO für den Fall zu beachten, dass der Zeuge im Ermittlungsverfahren von einem Ermittlungsrichter vernommen wurde und erst in der Hauptverhandlung von seinem Zeugnisverweigerungsrecht Gebrauch macht.[204] Der Bundesgerichtshof stellte diesbezüglich klar, dass über den Wortlaut von § 252 StPO hinaus im Falle berechtigter Zeugnisverweigerung in der Hauptverhandlung eine Beweiserhebung über frühere Aussagen des Zeugen insbesondere im Rahmen der Vernehmung von einer Verhörsperson grundsätzlich ausgeschlossen sein soll. Von diesem Grundsatz besteht nach ständiger Rechtsprechung jedoch eine wichtige Ausnahme: Frühere Angaben eines Zeugen dürfen durch Vernehmung der **richterlichen** Verhörsperson in die Verhandlung eingeführt werden.[205] Nur die Vernehmung der richterlichen Verhörsperson und nicht der staatsanwaltschaftlichen ist in diesem Fall in der Hauptverhandlung zulässig und stellt keinen Verstoß gegen § 252 StPO dar. Diesbezüglich führt der Bundesgerichtshof aus, dass dem Richter bei Vernehmungen ein größeres Vertrauen zukomme, was sich auch anhand von § 254 StPO zeige. Dieses dem Richter entgegengebrachte größere Vertrauen ist das Resultat, der uneingeschränkten Objektivitätsverpflichtung des Richteramtes. Als Ergebnis ist festzuhalten, dass das Gesetz der Staatsanwaltschaft nicht denselben Objektivitätsgrad zuerkennt wie dem Richter. Im Folgenden ist zu untersuchen, wie diese Pflicht zur Objektivität weiter eingeschränkt wird.

---

204 Std. Rspr. BGHSt 7, 195; 11, 338; 13, 394; 17, 324; 18, 146; zu beachten sind aber die Neuerungen des 1. JuMoG v. 24.08.2004 (BGBl. I, S. 2198), § 256 Abs. 1 Nr. 5 StPO sieht nunmehr vor, dass auch Protokolle und schriftliche Erklärungen der Strafverfolgungsbehörden über Ermittlungshandlungen verlesen werden dürfen, jedoch ist die Verlesung von Vernehmungen weiter ausgenommen.

205 BGHSt 36, 384 f.; Meyer-Goßner, in: Schwarz (Begr.), § 252 StPO Rn. 13, 14 m.w.N.; beachte, dass die Vernehmung der richterlichen Verhörsperson in Ausnahme zu § 252 StPO nur dann zulässig ist, wenn die betroffene Person damals schon als Zeuge vernommen wurde, ihr zu diesem Zeitpunkt schon ein Zeugnisverweigerungsrecht zustand und sie über dieses auch ordnungsgemäß belehrt wurde, a.A. ist Roxin, 2009, § 46 Rn. 29.

3.) Einschränkungen der Objektivität

a.) Allgemeines Strafverfahren vs. Wirtschaftsstrafverfahren

Im Folgenden soll unter dem Gesichtspunkt der Objektivität die Arbeitsweise eines Staatsanwaltes in einem wirtschaftsstrafrechtlichen Sonderdezernat mit der eines allgemeinen Dezernates verglichen werden. Hierzu wird die Meinung vertreten, dass der Objektivitätsgrad des allgemeinen Strafverfahrens größer sei als der in Wirtschaftsstrafsachen.[206] Dies liege vor allen Dingen an der staatsanwaltschaftlichen Inaktivität bei Ermittlungen, denn nur so bliebe die von der Staatsanwaltschaft zu treffende Entscheidung darüber, ob Anklage zu erheben sei, vom Zweckmäßigkeitsstreben der ermittelnden Behörden weitgehend unberührt. Die Polizei ermittle gesondert und setze die Staatsanwaltschaft in der Regel erst nach Abschluss ihrer Ermittlungen von der Existenz des Verfahrens in Kenntnis.[207] Aus diesem Grund sei die Trennung von Staatsanwaltschaft und Polizei die erfolgreichste Garantie der Unbeeinflussbarkeit durch außerjuristische Kriterien.

Demgegenüber sei die Arbeitsweise des Staatsanwaltes in Wirtschaftssachen in der Praxis anders ausgestaltet. Er solle weniger Fälle bearbeiten und meist selbst die Ermittlungen durchführen.[208] Eine zeitintensive Bearbeitung desselben Sachverhalts, die erhebliches Fachwissen in Bezug auf wirtschaftsstrafrechtliche Vorfragen verlangt, ist für ein solches Verfahren charakteristisch. Entsprechend sei der Staatsanwalt im Wirtschaftsstrafverfahren zwar sachkundiger, aber auch weniger unbefangen als der Staatsanwalt eines allgemeinen Dezernates.[209] Denn die Gefahr der Identifikation mit einer bestimmten Sicht des Falles vergrößere sich, je länger man sich mit diesem befasse. Es wird kritisiert, durch die Einrichtung von Sonderdezernaten – wie dies z.B. in Wirtschaftsstrafsachen der Fall ist – neigten spezialisierte Staatsanwälte dazu, das eigene Arbeitsgebiet überzubewerten.[210] Deliktsbezogene Spezialisierung mache den Staatsanwalt sowohl

---

206 Blankenburg, ZRP 1978, 263; Gössel, GA 1980, 349 f.

207 Sessar, in: BKA (Hrsg.), Polizei und Justiz, S. 25 f.; Berckhauer, 1977, S. 82 m.w.N. in Fn. 222; Schlüchter, 1983, Rn. 71; Kühne, 2010, Rn. 135; Rüping, ZStW 1983, 897; Lilie, ZStW 1994, 627; Kelker, ZStW 2006, 406; Montenbruck u.a., JuS 1987, 803; Blankenburg, ZRP 1978, 263; Gössel, GA 1980, 347; Albrecht, in: ders./Eser (Hrsg.), Drittes deutsch-chinesisches Kolloquium über Strafrecht und Kriminologie, S. 27.

208 Stypmann, wistra 1982, 11; Montenbruck u.a., JuS 1987, 803; Herrmann, ZStW 1973, 269: Kubica, in: Kube u.a. (Hrsg.), 1994, S. 455, der sich auf die BWE-Auswertung von 1985 bezieht, nach der es z.B. nur in 10% der Verfahren Vorermittlungen der Polizei ohne Beteiligung der Staatsanwaltschaft gegeben habe.

209 Montenbruck u.a., JuS 1987, 803.

210 Zuberbier, DRiZ 1988, 336; Gipp, 1997, S. 5; auch Wessing II, in: Volk (Hrsg.), Verteidigung, § 11 Rn. 21, der behauptet, dass sich Staatsanwälte – entgegen § 160 Abs. 2 StPO in der Verfahrenswirklichkeit als Strafverfolger begreifen.

in seinem Selbstverständnis als auch in den Augen der Öffentlichkeit zum einseitigen Interessenvertreter der Opfer.[211] Dies habe zur Folge, dass er nicht mehr eine tatbezogene, sondern eine täterbezogene Betrachtungsweise annehme.[212] Der Staatsanwalt identifiziere sich immer mehr mit der Verfolgerrolle und konzentriere sich auf die Verdachtsmomente gegen den Beschuldigten.[213] Gerade den Staatsanwälten in Wirtschaftsstrafverfahren wird ein Überengagement nachgesagt, das im Hinblick auf die gebotene Neutralität problematisch sei.[214] Unterstellt wird hier ein Verhalten, das der Theorie der kognitiven Dissonanz entspricht. Ihr zufolge wird ein Spannungszustand durch Informationen, die den bisherigen eigenen Informationen widersprechen, hervorgerufen.[215] Dies führt dazu, dass man erstrangig unbewusst nach solchen Informationen sucht, die mit den eigenen Überlegungen übereinstimmen, und widersprechende Informationen vermeidet.

Eine andere Ansicht vertritt Combe[216], der zu dem Ergebnis kommt, dass die Staatsanwaltschaft objektiver arbeite, je mehr sie Eigenermittlungen, wie z.B. in Wirtschaftsstrafsachen, vornehme. Die Ermittlungstätigkeit der Staatsanwaltschaft sei den Ermittlungen der Polizei vorzuziehen. Als Begründung gibt er an, dass die Polizei von einer anderen, der objektiven Wahrheitsfindung entgegenstehenden Prämisse ausgehe. Sie gerate durch ihre Doppelfunktion in Form von Präventiv- und Repressivaufgaben in einen der Neutralität ihrer Handlungen zuwiderlaufenden Interessenkonflikt, weil sie auf der einen Seite die Gesellschaft vor strafbaren Handlungen schützen und auf der andere Seite die Rechte des Beschuldigten berücksichtigen müsse. Dabei liefen die Polizeibeamten leichter Gefahr, sich „zu irren“, weil die Trennung beider Aufgaben nicht immer gelinge. Aus Combes Sicht lässt sich schließen, dass dem Wirtschaftsstrafverfahren ein höherer Objektivitätsgrad zukomme als dem allgemeinen Strafverfahren.

Stellungnahme

Im Rahmen einer Zusammenschau der vorstehenden Ansichten zur Objektivität fällt auf, dass sich die Staatsanwaltschaft im Wirtschaftsstrafverfahren durch Eigenermittlungen, die über das Maß einer allgemeinen Staatsanwaltschaft hinausgehen, leichter mit einer bestimmten Sichtweise des Falles identifiziert und damit in ihrer objektiven Arbeit gefährdet wird. Darüber hinaus ist dem Ansatz von Combe auch entgegenzuhalten, dass seine Forderung, Eigenermittlungen des

211 Zuberbier, 1991, S. 18.
212 Gipp, 1997, S. 5.
213 Zuberbier, 1991, S. 18; Geerds, Kriminalistik 1968, 358; Herrmann, ZStW 1973, 266.
214 Tiedemann, 1976a, S. 50.
215 Köhnken, MSchrKrim 1997, 294 m.w.N.
216 Combe, 2007, S. 117.

Staatsanwaltes auszubauen und die der Polizei zu verringern, nicht dazu geeignet ist, das Maß der Neutralität der Ermittlungstätigkeit im Bereich der Wirtschaftskriminalität zu erhöhen. Gerade die Verteilung der Ermittlungstätigkeit auf mehrere Personen ist tendenziell geeignet, eine objektive Arbeitsweise zu gewährleisten. Denn hierdurch verringert sich die Gefahr, dass ein „Irrtum" aus dem Ermittlungsverfahren ohne Aufklärung bis in die Hauptverhandlung hinein bestehen bleibt. Dafür spricht im Übrigen auch das Gewaltenteilungsprinzip[217], nach dem die Konzentration von Macht in einer Hand kein geeignetes System für eine Demokratie ist. Eine Aufteilung auf verschiedene Kontrollinstanzen ist unverzichtbar, weil Objektivität vor allem durch Meinungsvielfalt entsteht. Bezogen auf die Arbeitsteilung zwischen Polizei und Staatsanwaltschaft bedeutet dies, dass auch die Polizei bis zu einem gewissen Grad unabhängig von der Staatsanwaltschaft ermitteln muss. Nur diese doppelte Kontrolle gewährleistet, dass subjektive Eindrücke nicht unkontrolliert übernommen werden. Als Konsequenz wäre an dieser Stelle festzuhalten, dass Wirtschaftsstrafverfahren geeignet sind, die Objektivität der staatsanwaltschaftlichen Arbeit noch weiter einzuschränken.

b.) Weisungsbindung nach §§ 146, 147 GVG

In diesem Zusammenhang gilt es, die Weisungsgebundenheit der Staatsanwälte einer näheren Betrachtung zu unterziehen. Schließlich bietet auch sie Anlass zu der Frage, ob sie mit der Objektivität einer Behörde vereinbar ist. Staatsanwälte sind im Gegensatz zu den Richtern[218] nicht weisungsunabhängig, sondern Bestandteil einer hierarchischen Ordnung. Sie stehen unter der Aufsicht und der Leitung der Landesjustizverwaltung nach den §§ 146, 147 GVG. Man unterscheidet zwischen den internen Weisungen eines Vorgesetzten gemäß § 146 GVG und den externen Weisungen des Justizministeriums nach § 147 GVG in Form von Richtlinien, Erlassen oder auch Verfügungen sowie konkreten Weisungen im Einzelfall.

Das externe Weisungsrecht wird größtenteils als für eine neutrale Arbeit der Staatsanwaltschaft hinderlich angesehen, weil der Einfluss des Justizministers als politisch und daher als sachfremd eingestuft wird.[219] Wer den Anordnungen eines Regierungsmitglieds Folge leisten müsse, könne denselben Sachverhalt nicht

217 Die Gewaltentrennung (*check and balance system*) ist ein auf die Lehre von Montesquieu zurückgehendes Organisationsprinzip einer demokratischen Verfassung und konstitutives Merkmal eines Rechtsstaats. Durch die gegenseitige Kontrolle der Gewalten soll eine Mäßigung der Staatsgewalt erreicht werden. Vgl. Creifelds, 2011, S. 528.

218 Die richterliche Unabhängigkeit ist in Art. 91 Abs. 1 GG normiert.

219 Combe, 2007, S. 58; sowie Pförtner, in: Dihm/Piazolo (Hrsg.), Staatsanwälte zwischen allen Stühlen?, S. 14.

gleichzeitig objektiv beurteilen.[220] Auch wenn sich einzelne Justizministerien darauf berufen, von ihrem Weisungsrecht grundsätzlich keinen Gebrauch zu machen,[221] sei immer noch eine abstrakte psychische Abhängigkeit gegeben. Gerade diese Abhängigkeit verhindere, dass der Staatsanwalt nach bestem Wissen und Gewissen die Rechts- und Sachlage eigenverantwortlich und objektiv beurteilen könne.[222] Schließlich könne bereits der Anschein, dass sich die politisch beeinflusste Exekutive der Justiz bediene, das Vertrauen der Bevölkerung in die Strafrechtspflege beeinträchtigen. Entgegen der Auffassung vieler Justizministerien wird darüber hinaus z.B. von Roxin[223] vertreten, dass dem Weisungsrecht auch in der Gegenwart noch erhebliche Bedeutung zukomme. Denn selbst wenn es nur in einem Prozent der Verfahren Weisungen gäbe, wären dies doch gerade die entscheidenden Verfahren, die das Bild der Öffentlichkeit von der Staatsanwaltschaft prägten.

Hüls[224] dokumentiert in diesem Zusammenhang, dass das Weisungsrecht alles andere als bedeutungslos ist. Anhand zahlreicher Beispiele sei zu sehen, wann und wie die Justizministerien durch Weisungen in die Ermittlungsarbeit der Staatsanwälte in der Vergangenheit eingegriffen hätten. Zu nennen sei etwa die Parteispendenaffäre um den ehemaligen Bundeskanzler Helmut Kohl[225], die Glykol-Weinaffäre um den CDU-Politiker Elmar Pieroth[226] oder auch die Ermittlungen gegen den ehemaligen Außenminister Joschka Fischer[227].

Stimmen in der Literatur kritisieren unter dem Gesichtspunkt der Gefährdung der Neutralität der Strafverfolgungsorgane darüber hinaus auch die innerbehördliche Weisungsbindung eines Staatsanwaltes nach § 146 GVG[228] sowie Recht-

220 Combe, 2007, S. 58.

221 Lanzenauer, DRiZ 1991, 133; Deppe, in: Dihm/Piazolo (Hrsg.), Staatsanwälte zwischen allen Stühlen?, S. 15; Maier, ZRP 2003, 387; Merten, ZRP 2002, 336; Diekmann, DRiZ 2002, 44; Hüls, 2007, S. 175.

222 Roxin, DRiZ 1969, 386, Gipp, 1997, S. 7.

223 Roxin, DRiZ 1997, 109 ff., 117 f.

224 Hüls, 2007, S. 176.

225 Gegen den ehemaligen Bundeskanzler Helmut Kohl wurde wegen Verdachts der Untreue zum Nachteil der CDU-Bundespartei ermittelt, da er Spenden in Höhe von zwei Millionen Mark angenommen hatte, ohne die Herkunft zu deklarieren; weitere Informationen im Internet abrufbar unter: www.handelsblatt.com/archiv/helmut-kohl-und-die-cdu-parteispendenaffäre/2045790.html, Tag des Abrufs: 17.12.2011.

226 In den Weinen des Winzers Elmar Pieroth wurden Mitte der 1980er Jahre Weinverfälschungen nachgewiesen; weitere Informationen im Internet abrufbar unter: www.spiegel.de/spiegel/print/d-13497290.html, Tag des Abrufs: 17.12.2011.

227 Der ehemalige Außenminister Joschka Fischer war bis 1975 Mitglied der linksradikalen Gruppe Revolutionärer Kamp und hat sich in den 1970er Jahren an mehreren Straßenschlachten mit der Polizei beteiligt; weitere Informationen im Internet abrufbar unter: www.spiegel.de/politik/deutschland/0,1518,112664,00.html, Tag des Abrufs: 17.12.2011.

228 § 146 GVG gibt dem Vorgesetzten das Recht, Weisungen zu erteilen, § 145 GVG gibt das Recht der eigenen Übernahme (Devolution) und die Ersetzung (Substitution) des Sachbearbeiters.

fertigungspflichten gegenüber Dienstvorgesetzten.[229] So hat der Vorgesetzte des Dezernenten nach § 146 GVG ein Weisungsrecht, weil der Dezernent nicht kraft eigenen Rechts handelt, sondern nach § 144 GVG als Vertreter des jeweiligen ersten Beamten dieser Behörde.[230] Diese bestehenden Weisungsrechte werden mit dem Ziel einer gleichmäßigen Sachbearbeitung gerechtfertigt.[231]

Gössel[232] zufolge gibt es Fälle von internen Anweisungen, unabhängig vom Ergebnis der Hauptverhandlung in bestimmter Weise zu reagieren, z.B. das öffentliche Interesse zu bejahen, Freiheitsstrafen zu beantragen oder einer Einstellung nicht mehr zuzustimmen. Als Beispiel führt er Delikte gegen das Waffengesetz an. Die Einflussnahme durch Weisungen sei vielschichtiger Natur und reiche von offenen bis zu verdeckten internen Weisungen.[233] Besonders öffentlichkeitswirksame Verfahren, bei denen die Staatsanwälte die Pflicht hätten, an die vorgesetzte Behörde und das Ministerium über den Verdacht und geplante Ermittlungsmaßnahmen zu berichten, würden, so Maier[234], die Unabhängigkeit der staatsanwaltschaftlichen Arbeit beeinträchtigen. So bestimmt beispielweise die „Anordnung über Berichtspflichten in Straf- und Bußgeldsachen" des nordrhein-westfälischen Justizministeriums, dass diesem frühzeitig zu berichten ist, wenn einem Verfahren wegen der Art oder des Umfangs der Beschuldigung, wegen der Person oder der Stellung eines Beteiligten oder aus sonstigen Gründen eine besondere Bedeutung zukommt, und dies insbesondere dann, wenn es voraussichtlich parlamentarische, sonstige politische Gremien oder die Öffentlichkeit beschäftige.[235]

Im Rahmen einer Zusammenschau der Meinungen lässt sich feststellen, dass sowohl das externe als auch das interne Weisungsrecht eine Beeinträchtigung für die neutrale und unparteiliche Arbeitsweise der Staatsanwaltschaft darstellt.[236] Dem Argument, dass die Weisungsgebundenheit der Staatsanwaltschaft helfe, den staatlichen Willen der materiellen Gerechtigkeit umzusetzen[237], ist entgegen-

229 Roxin, DRiZ 1969, 387; Gössel, GA 1980, 337, der auf Fehlentwicklungen des Weisungsrechts hinweist; siehe darüber hinaus zu dem umstrittenen Umfang und den umstrittenen Grenzen des Weisungsrechts ausführlich m.w.N. Maier, ZRP 2003, 388 sowie Combe, 2007, S. 59 ff.

230 Krey/Pöhler, NStZ 1985, 146; Combe, 2007, S. 63.

231 Pförtner, in: Diehm/Piazolo (Hrsg.), Staatsanwälte zwischen allen Stühlen?, S. 10; in diesem Sinne auch Gössel, GA 1980, 337, der einwendet, dass die Weisungsgebundenheit der Staatsanwaltschaft helfe, den staatlichen Willen der materiellen Gerechtigkeit umzusetzen.

232 Gössel, GA 1980, 337.

233 Maier, ZRP 2003, 387; Hüls, 2007, S. 177.

234 Maier, ZRP 2003, 388.

235 Siehe die Anordnung über Berichtspflichten in Strafsachen, AV des JM vom 27.11.2005 (4107–III.3)–JMBl. NRW, 2006, S. 3; hierzu weiterhin auch Maier, ZRP 2003, 388; kritisch Mackenroth/Teetzmann, ZRP 2002, 342.

236 Knobloch, 2003, S. 45.

237 Gössel, GA 1980, 337.

zusetzen, dass die Auffassung der mitunter politisch motivierten Staatsorgane nicht unbedingt für die Objektivität und Gerechtigkeit steht, die das Gesetz z.B. in § 160 StPO vorsieht. Weiterhin erscheint es verfehlt, interne Weisungsrechte mit der Einheitlichkeit der Rechtsordnung zu rechtfertigen. Denn es kann nicht im Sinne der Rechtsordnung sein, informell richtungsweisenden Druck auf den staatsanwaltschaftlichen Dezernenten auszuüben oder diesen eine seiner Meinung nach rechtswidrige Weisung befolgen zu lassen, wenn dessen Aufgabe darin besteht, eine objektive Entscheidung zu treffen.[238] Die Befugnis des staatsanwaltschaftlichen Vorgesetzten, Verfahren einzusehen, Informationen zu fordern und Absichtsberichte zu erhalten, stellt eine Beeinträchtigung der objektiven Arbeit des Staatsanwaltes dar. Dem kann auch nicht entgegnet werden, dass den Staatsanwalt im Vergleich mit der Gesamtzahl seiner Ermittlungen die Pflicht zu Berichterstattung nur in wenigen, öffentlichkeitswirksamen Verfahren trifft. Denn Roxin[239] ist richtigerweise darin zuzustimmen, dass gerade die Einflussnahme in öffentlichkeitswirksamen Verfahren den Eindruck der Beeinflussung hervorrufen kann.

Die Diskussion um Weisungsrechte und ihren Einfluss auf die Objektivität der Staatsanwaltschaft ist jedoch nicht neu. So gab es in der Vergangenheit zahlreiche Reformvorschläge, die sowohl das interne als auch das externe Weisungsrecht differenziert erneuern wollten, um der Staatsanwaltschaft eine von Gesetzes wegen unabhängigere, neutralere Position zukommen zu lassen. Diese Vorschläge sind bisher jedoch noch nicht umgesetzt wurden. So schlug Schmidt[240] schon im Jahre 1964 vor, dass der Behördenleiter dann kein Weisungsrecht haben solle, wenn der Staatsanwalt eine gerichtliche Entscheidung, z.B. eine Anklageerhebung, treffen möchte. Nachfolgend hat die Staatsanwaltskommission des Deutschen Richterbunds (DRB) im Jahre 1971 den Entwurf einer Neufassung des Zehnten Titels des Gerichtsverfassungsgesetzes erarbeitet, in welchem das Weisungsrecht und die Geschäftsverteilung reformiert werden sollten. Diesen legte das Bundesjustizministerium 1976 als Referentenentwurf eines Gesetzes zur Änderung des Rechts der Staatsanwaltschaft (StAÄG) vor, ohne dass es jedoch zu einer Neuregelung der Weisungsrechte kam.[241]

Wie das Weisungsrecht eventuell reformiert werden könnte, soll an dieser Stelle aber nicht weiter diskutiert werden, da eine Wiederaufnahme der Diskussion und die Erarbeitung von Reformvorschlägen den Umfang und Forschungsauftrag

238 So auch Bannenberg, 2002, S. 444.

239 Roxin, DRiZ 1997, 109 ff., 117 f.

240 Schmidt, MDR 1964, 716.

241 Siehe zu der Darstellung der Änderungsvorschläge im Referentenentwurf StAÄG 1976 Franke, in: Erb u.a. (Hrsg.), LR, Vorb. § 145 GVG Rn. 19 unter Verweis auf Vorb. § 141 GVG Rn. 27, der wiederum auf die eingehende Darstellung in der 23. Aufl., Vorb. § 141 GVG Rn. 17 ff. verweist.

der vorliegenden Arbeit übersteigen würde.[242] Als Ergebnis ist jedoch festzuhalten, dass es der Staatsanwaltschaft durch ihre Weisungsbindung fast unmöglich ist, die gesetzlich zugedachte neutrale Rolle nach § 160 Abs. 2 StPO zu erfüllen.

II. Zusammenfassung der wichtigsten Ergebnisse des zweiten Teils

Die Untersuchung hat gezeigt, dass die Staatsanwaltschaft grundsätzlich eine der Objektivität verpflichtete Behörde ist. Sie hat jedoch auch deutlich gemacht, dass die staatsanwaltschaftliche Objektivität im Vergleich zum Richter schwächer ist. Zudem erschweren bestehende interne und externe Weisungsrechte es dem Staatsanwalt in der Praxis, seiner Verpflichtung zu einer neutralen Arbeit nachzukommen. Darüber hinaus konnte aufgezeigt werden, dass im Rahmen der staatsanwaltschaftlichen Arbeit in Sonderdezernaten zur Bekämpfung der Wirtschaftskriminalität die Gefahr, Partei einer Seite zu sein, v.a. durch die Eigenermittlungen des Staatsanwaltes noch erhöht ist.

Fraglich bleibt, ob sich hieraus die Notwendigkeit ergibt, die eigene Ermittlungstätigkeit der Staatsanwaltschaft bei Schwerpunktstaatsanwaltschaften einzuschränken. Letztlich wird man dies wohl ablehnen müssen. Denn aufgrund der komplexen und komplizierten Sachverhalte im Rahmen der Wirtschaftskriminalität wird man hier an dem selbst ermittelnden Staatsanwalt festhalten müssen.[243] Die damit einhergehende Gefahr einer Verletzung des Gebotes der Waffengleichheit[244] zwischen Beschuldigten und Staatsanwaltschaft muss jedoch erkannt, berücksichtigt und gegebenenfalls kompensiert werden.

Für die weitere Untersuchung bedeutet dies, im Hinblick auf die Auswahl des Wirtschaftsreferenten als Sachverständiger durch die Staatsanwaltschaft berücksichtigen zu müssen, dass der Gutachter von einer nicht uneingeschränkt neutralen Stelle ernannt wird. Der Wirtschaftsreferent ist sogar räumlich als „Kollege" dem Strafverfolgungsorgan Staatsanwaltschaft eingegliedert. Welche Konsequenzen dies in Bezug auf die Rechtsstellung des Wirtschaftsreferenten und für die Frage hat, unter welchen Voraussetzungen er wegen Besorgnis der Befangen-

242 Ausführlich zu Umfang, Grenzen und Reformvorschlägen in Bezug auf das Weisungsrecht Combe, 2007, S. 58–86 sowie Knobloch, 2003, S. 198 ff., 471 ff., 480 ff. und Maier, ZRP 2003, 390 f.

243 Vgl. auch Kramer, 1987, S. 15.

244 Der Gedanke der Waffengleichheit lässt sich aus Art. 6 Abs. 1 MRK ableiten. Hiernach hat jedermann einen Anspruch darauf, dass seine Sache billigerweise gehört wird. Waffengleichheit bedeutet im Strafprozess keine streng formale Gleichheit, sondern das Ausbalancieren der Rechte zwischen dem Beschuldigten und der Staatsanwaltschaft, vgl. Toepel, 2001, S. 291.

heit abgelehnt werden kann, wird Gegenstand des dritten Teils der vorliegenden Untersuchung sein.

3. Teil: Die Rechtsstellung des Wirtschaftsreferenten

Der dritte Teil der Arbeit wird die strafprozessuale Stellung eines Wirtschaftsreferenten bei einer Schwerpunktstaatsanwaltschaft zur Bekämpfung der Wirtschaftskriminalität umfassend würdigen.

Anlass hierfür ist die Frage, ob der Wirtschaftsreferent die Eigenschaften eines Sachverständigen erfüllt. Dabei beschäftigt sich die Arbeit vor allem mit den rechtlichen Auswirkungen der Eigenschaft der Ermittlungsperson des Wirtschaftsreferenten, seiner dienstrechtlichen Eingliederung bei der Behörde Staatsanwaltschaft sowie seiner Doppelaufgabe als Ermittlungsgehilfe und Sachverständiger. Diese bereits im zweiten Teil der Untersuchung angesprochene Doppelrolle führt zu der Frage, ob ein Wirtschaftsreferent, der Straftaten erforscht, die für einen Sachverständigen notwendige Unabhängigkeit besitzt. Der nun folgende Teil soll die Antwort darauf geben, ob beide Funktionen vereinbar sind. Im weiteren Verlauf der Untersuchung werden unter diesem Gesichtspunkt die Möglichkeiten untersucht, einen Wirtschaftsreferenten in der Hauptverhandlung wegen Besorgnis der Befangenheit abzulehnen, wobei auch auf Reformüberlegungen zur Organisation des Wirtschaftsreferenten eingegangen wird. Hierzu muss die Rechtsstellung des Wirtschaftsreferenten umfassend dargestellt werden.

In diesem Sinne wird zunächst das Berufsbild des Wirtschaftsreferenten in den einzelnen Bundesländern vorgestellt. Zu diesem Zweck werden die Aufgabenbereichsregelungen eines Wirtschaftsreferenten auf der Basis von aktuellen Informationen der 16 Justizministerien der Bundesländer miteinander verglichen.

I. Das Berufsbild des Wirtschaftsreferenten

Eine Erhebung zur Verbreitung des aktuellen Berufsbildes Wirtschaftsreferent zeigt, dass sich mittlerweile alle Bundesländer des Einsatzes von Wirtschaftsreferenten zur Bekämpfung der Wirtschaftskriminalität bedienen. Es lässt sich jedoch auch erkennen, dass bis heute kein einheitliches geregeltes Anforderungsprofil in den einzelnen Bundesländern vorzufinden ist, obwohl die Einführung des Wirtschaftsreferenten bei einer Schwerpunktstaatsanwaltschaft schon 1968 in Nordrhein-Westfalen erfolgte.[245]

245 Da sich die Wirtschaftsreferenten bei den Schwerpunktstaatsanwaltschaften bewährten, begann auch die Polizei Fachwissen mit sogenannten Wirtschaftsprüfdiensten zu konzentrieren;

1.) Anforderungsprofil

Den einzelnen Regelungen der Mehrzahl der Bundesländer ist zu entnehmen, dass Wirtschaftsreferenten grundsätzlich über ein abgeschlossenes Hochschulstudium im wirtschaftlichen Bereich verfügen müssen.[246] In manchen Bundesländern hingegen, wie z.B. Bayern, ist eine universitäre Ausbildung nicht zwingend. Hier werden Steuerbeamte des gehobenen Dienstes vom „Bayerischen Landesamt für Steuern" für einen begrenzten Zeitraum zur Arbeit als Wirtschaftsreferent bei der Schwerpunktstaatsanwaltschaft versetzt.[247] Als Beispiel werden im Folgenden die Einstellungsvoraussetzungen für Wirtschaftsreferenten in Nordrhein-Westfalen aufgeführt.

Anforderung für die Einstellung eines Wirtschaftsreferenten in Nordrhein-Westfalen ist ein abgeschlossenes Universitätsstudium als Kaufmann, Volkswirt oder Betriebswirt und eine mindestens 3½-jährige hauptberuflich ausgeübte Tätigkeit in diesem Bereich. Wirtschaftsreferenten müssen über besondere Kenntnisse in der kaufmännischen Buchhaltung und im Bilanzwesen sowie über Erfahrungen in der Bearbeitung von Vergleichs- bzw. Insolvenzverfahren verfügen.[248] Wirtschaftsreferenten werden in Nordrhein-Westfalen in der Regel in ein Beamtenverhältnis auf Probe als Regierungsrat eingestellt (vgl. auch § 44 Abs. 1 LVO NRW). Nach erfolgreicher Ableistung der Probezeit von drei Jahren erfolgt die Ernennung zum Beamten auf Lebenszeit nach § 44 Abs. 2 LVO NRW.[249]

2.) Entwicklung der Beschäftigtenzahlen

Die Untersuchung zur Entwicklung der Beschäftigtenzahlen von Wirtschaftsreferenten in den einzelnen Bundesländern ergab für die Vergleichsjahre 2008 und 2010, dass in sechs Bundesländern die Anzahl der im Land beschäftigten Wirtschaftsreferenten von 2008 bis Ende 2010 abgenommen hat. In vier Bundesländern wurden im Erhebungszeitraum mehr Wirtschaftsreferenten eingestellt,

vgl. Kramer, 1987, S. 18; Teufel, 1981, S. 120 ff.; Grunst/Volk, in: Volk (Hrsg.), Verteidigung, § 1 Rn. 90.

246 Laut schriftlicher Mitteilungen der einzelnen Justizministerien in Fn. 251.

247 Laut Auskunft des Bayerischen Staatsministeriums der Justiz und für Verbraucherschutz vom 16.06.2009.

248 AV des JM vom 16.08.2011 (4100–III A.172) – JMBl. NRW, S. 262, welche die bis zum 01.09.2011 geltende AV des JM vom 13.08.1970 (4100–III A.172.1) – JMBl. NRW, S. 218 abänderte.

249 Ausweislich der Homepage des Justizministeriums NRW, im Internet abrufbar unter: http://www.justiz.nrw.de/Stellen/einstellung/berufsbilder/wirtschaftsreferenten/index.php Tag des Abrufs: 01.09.2008.

wobei in sechs Bundesländern die Zahl der beschäftigten Wirtschaftsreferenten gleichbleibend hoch ist. Die Daten verweisen auf keinen einheitlichen Trend. Immerhin zeigt sich aber, dass auch in Zeiten angespannter Haushalte keine allgemeinen Einschnitte in der Beschäftigung von Wirtschaftsreferenten zu erkennen sind.

Die nachfolgende Abbildung gibt einen zusammenfassenden Überblick über die Anzahl der bei den Schwerpunktstaatsanwaltschaften beschäftigten Wirtschaftsreferenten in den einzelnen Bundesländern in den Vergleichsjahren 2008 und 2010.[250]

250 Quelle: Eigene Darstellung nach Informationen der Justizministerien der einzelnen Bundesländer. NRW: Schreiben der Leitenden Oberstaatsanwaltschaft Düsseldorf vom 08.07.2008 und vom 02.02.2011; Hessen: Schreiben des hessischen Ministeriums der Justiz vom 07.02.2008 und vom 03.03.2011; Rheinland-Pfalz: schriftliche Auskunft des Ministeriums der Justiz Rheinland-Pfalz vom 27.06.2008 und vom 26.01.2011; Baden-Württemberg: schriftliche Auskunft der Staatsanwaltschaft Stuttgart vom 08.08.2008, wobei zu beachten ist, dass zum Auskunftszeitpunkt mangels qualifizierter Bewerber nur zwei Stellen besetzt waren, sowie schriftliche Mitteilung des Justizministeriums Baden-Württemberg vom 10.02.2011; Bayern: schriftliche Auskunft des bayerischen Staatsministeriums der Justiz und für Verbraucherschutz vom 16.06.2009 und vom 27.01.2011; Hamburg: Schreiben der Justizbehörde Hamburg vom 19.02.2008 und vom 28.01.2011; Saarland: Schreiben des Saarländischen Ministeriums für Justiz, Arbeit, Gesundheit und Soziales vom 10.03.2008 und vom 01.02.2011; Niedersachsen: Schreiben des Niedersächsischen Justizministeriums vom 07.07.2008 und vom 10.02.2011; Schleswig-Holstein: schriftliche Auskunft des Ministeriums für Justiz, Arbeit und Europa vom 10.03.2008 und vom 31.01.2011; Bremen: Schreiben der Staatsanwaltschaft Bremen vom 20.08.2008 und vom 14.01.2011; Brandenburg: Schreiben der Generalstaatsanwaltschaft des Landes Brandenburg vom 25.02.2008 und vom 19.01.2011; Sachsen: Schreiben des Sächsischen Staatsministeriums der Justiz vom 08.07.2008 und vom 26.01.2011; Mecklenburg-Vorpommern: schriftliche Auskunft des Justizministeriums Mecklenburg-Vorpommern vom 14.07.2008 und vom 07.03.2011; Sachsen-Anhalt: Schreiben des Ministeriums der Justiz Sachsen-Anhalt vom 05.03.2008 und vom 27.01.2011; Thüringen: telefonische Auskunft der Generalstaatsanwaltschaft Thüringen vom 05.09.2011 und Schreiben des Thüringer Justizministeriums vom 16.03.2011; Berlin: Schreiben des Leitenden Oberstaatsanwaltes in Berlin vom 26.06.2008 und vom 21.01.2011.

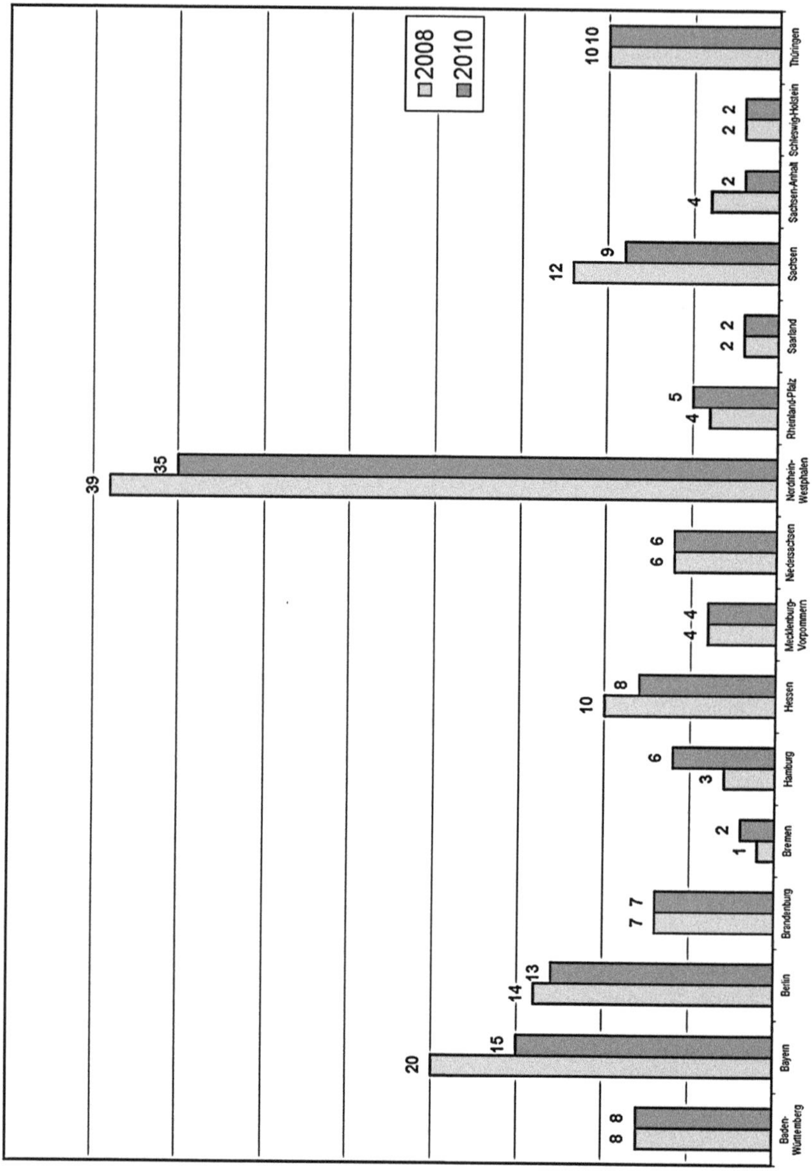

Abbildung 4: Anzahl der beschäftigten Wirtschaftsreferenten[251]

251 Quelle: Eigene Darstellung nach Auswertung der Antworten der Justizministerien der einzelnen Länder auf wissenschaftliche Anfrage.

3.) Aufgabenbefugnisse des Wirtschaftsreferenten

Bevor ein Vergleich der heutigen Aufgabenregelungen vorgenommen wird, ist zunächst zu betrachten, welche Intention der Einführung des Wirtschaftsreferenten 1968 in Nordrhein-Westfalen zugrunde lag. Betrachtet man das entsprechende Hintergrundmaterial, so fällt auf, dass er grundsätzlich nur als Ermittlungshelfer der Staatsanwaltschaft eingesetzt werden sollte, nicht auch als Sachverständiger.[252] In der Literatur wird hierzu ausgeführt, dass der Wirtschaftsreferent zum damaligen Zeitpunkt vor allen Dingen eingeführt worden sei, um die Ermittlungstätigkeit zu unterstützen und den Dezernenten zu beraten.[253] Auch Römer[254] kommentierte diese Einführung des Berufsbildes des Wirtschaftsreferenten in Nordrhein-Westfalen auf einer Tagung des Bundeskriminalamtes dahingehend, „dass der Einsatz des Wirtschaftsreferenten als Sachverständiger mit der Zielsetzung seiner Einführung in Nordrhein-Westfalen nicht nur nicht bedacht, sondern ausdrücklich unerwünscht gewesen war. [...] Sie seien Gehilfen der Staatsanwaltschaft.“ Dies bestätigt, dass bei der Einführung des Berufsbildes in Nordrhein-Westfalen eine Sachverständigentätigkeit des Wirtschaftsreferenten nicht intendiert war.

Fraglich ist, inwieweit die heutigen Regelungen dem noch entsprechen oder möglicherweise davon abweichen. Eine Auswertung der aktuellen Aufgabenbereichsregelungen der Wirtschaftsreferenten in den einzelnen Bundesländern ergibt zunächst, dass das Berufsbild des Wirtschaftsreferenten in den einzelnen Ländern nicht einheitlich geregelt ist. Es sind entweder Regelungen durch Allgemeinverfügung des Justizministeriums, Rundverfügungen des Generalstaatsanwaltes oder durch interne Hausverfügungen des Behördenleiters der örtlichen Staatsanwaltschaft getroffen worden. In acht Bundesländern ist der Aufgabenbereich des Wirtschaftsreferenten durch interne Hausverfügungen der jeweiligen Staatsanwaltschaften geregelt. Vier Bundesländer haben eine Regelung durch eine Rundverfügung der Generalstaatsanwaltschaft vorgenommen, während in zwei Bundesländern Allgemeinverfügungen über den Aufgabenbereich des Wirtschaftsreferenten existieren. Die Bundesländer Bayern und Saarland haben den Aufgabenbereich des Wirtschaftsreferenten gar nicht geregelt.

Eines haben die Regelungen gemeinsam: Sowohl die Allgemeinverfügung als auch die Rundverfügung oder die hausinterne Regelung stellen eine Regelung durch Innenrecht dar, d.h., dass sie kein subjektiv einklagbares Recht geben. Der Unterschied in den Regelungen liegt demgegenüber in ihrem Geltungsbe-

252 Wiegmann, StV 1996, 572.

253 Kny, in: Polizeiinstitut Hiltrup (Hrsg.), Schlußbericht der Arbeitstagung, S. 119; Liebl, wistra 1987, 15; Weyand/Diversy, 2010, S. 184.

254 Römer, in: Polizeiinstitut Hiltrup (Hrsg.), Schlußbericht der Arbeitstagung, S. 102, 119.

reich. Ministeriell angeordnete Allgemeinverfügungen sind für alle Staatsanwaltschaften eines Bundeslandes verbindlich, Rundverfügungen des Generalstaatsanwaltes gelten hingegen nur für den jeweiligen Zuständigkeitsbereich des Generalstaatsanwaltes, während Hausverfügungen lediglich Innenrecht für die betroffene Staatsanwaltschaft und deren Zuständigkeitsbereich darstellen. Eine inhaltliche Auswertung dieser Regelungen ergibt Folgendes:

Nordrhein-Westfalen hat die Aufgabenbereichsregelung des Wirtschaftsreferenten im August 2011 inhaltlich neu gefasst, nachdem die Vorgängerregelung über 40 Jahre Gültigkeit hatte. In der neuen Verfügung ist nun ausdrücklich geregelt, dass Wirtschaftsreferenten sowohl als Ermittlungsgehilfe als auch als Sachverständiger tätig werden können.[255] Bis zu diesem Zeitpunkt hatte der Wirtschaftsreferent nach der alten Fassung der nordrheinwestfälischen Allgemeinen Verfügung[256] sowie nach dem Aufgabenprofil des Wirtschaftsreferenten[257] nur die Befugnis, den Staatsanwalt bei seiner Ermittlungstätigkeit zu unterstützen. Bemerkenswert ist, dass eine ähnliche Regelung aktuell noch in *Brandenburg* vorzufinden ist. In der dortigen Rundverfügung ist lediglich geregelt, es sei Aufgabe der Wirtschaftsreferenten, „dem Dezernenten unter dessen Anleitung zuzuarbeiten."[258] Eine Auslegung der Formulierung „unter dessen Anleitung zuzuarbeiten" ergibt, dass die Rundverfügung den Wirtschaftsreferenten nur dazu ermächtigt, als Ermittlungsgehilfe, nicht aber, als Sachverständiger tätig zu werden. Denn eine Tätigkeit des Wirtschaftsreferenten als Sachverständiger würde voraussetzen, dass er sein Gutachten unabhängig, d.h. frei von jeglichen Weisungen, erstatten könnte. Dieses Ergebnis entspricht den Informationen des brandenburgischen Justizministeriums über das Berufsbild der Wirtschaftsreferenten. Danach unterstützen sie „mit ihrem kaufmännischen und betriebs- bzw. volkswirtschaftlichen Fachwissen die staatsanwaltschaftlichen Ermittlungen zur Aufdeckung von Wirtschaftsstraftaten […]."[259] Eine Sachverständigentätigkeit des Wirtschaftsreferenten ist ausdrücklich nicht erwähnt.

255 AV des Justizministers vom 16.08.2011 (4100–III A.172) – JMBl. NRW, S. 262, welche die bis zum 01.09.2011 geltende AV des Justizministers vom 13.08.1970 (4100–IIIA. 172.1) – JMBl. NRW, S. 218 abänderte.

256 AV des Justizministers vom 13.08.1970 (4100–IIIA. 172.1) – JMBl. NRW, S. 218.

257 Laut Homepage des Justizministeriums NRW, im Internet abrufbar unter: http://www.justiz.nrw.de/Stellen/einstellung/berufsbilder/wirtschaftsreferenten/index.php Tag des Abrufs: 01.09.2008.

258 Rundverfügung vom 19.07.1991, JMBl. Bbg, 1991, 70 f. i.d.F. vom 27.02.1997, JMBl. Bbg, 1997, 14, sowie die Auskunft des brandenburgischen Justizministeriums vom 19.01.2011.

259 Informationen im Internet abrufbar unter: http://www.mdj.brandenburg.de/sixcms/detail.php/lbm1.c.271923.de, Tag des Abrufs: 12.05.2011.

In *Berlin*[260] sind die Wirtschaftsreferenten zuständig für die Erstellung von Gutachten und Prüfvermerken, für die begleitende Ermittlungstätigkeit in Wirtschaftsstrafverfahren sowie für die Vorbereitung der Abschlussverfügungen in Prüfvorgängen bei Unternehmensinsolvenzen. Sowohl Ermittlungs- als auch Gutachtertätigkeit werden ausdrücklich als Aufgaben genannt.

In *Niedersachsen* wurde in der 2005 geänderten Allgemeinverfügung[261] ausdrücklich klargestellt, dass zu den Aufgaben des Wirtschaftsreferenten die Sichtung und Auswertung von Geschäftsunterlagen, die Beurteilung der sich daraus ergebenden wirtschaftlichen Fragen und eine Ermittlungstätigkeit gehören.

In *Sachsen-Anhalt* sind die Aufgaben des Wirtschaftsreferenten durch Regelungen der Leitenden Oberstaatsanwälte auf der Ebene der Staatsanwaltschaften bestimmt.[262] Die Hausverfügungen der Schwerpunktstaatsanwaltschaften Halle und Magdeburg sehen hierbei vor, dass der Wirtschaftsreferent sowohl ermittelnd als auch gutachterlich tätig werden kann.

In *Sachsen* ist der Aufgabenbereich des Wirtschaftsreferenten in den Geschäftsverteilungsplänen der Staatsanwaltschaften[263] geregelt. Eine Auswertung der Generalstaatsanwaltschaft Dresden und der Staatsanwaltschaften Leipzig, Chemnitz und Görlitz ergab, dass sein Aufgabenbereich hier sowohl Ermittlungs- als auch Gutachtertätigkeiten umfasst.

Auch in *Bremen* sind die Aufgaben in dem Geschäftsverteilungsplan der Staatsanwaltschaft[264] geregelt. Den Wirtschaftsreferenten obliegt hiernach sowohl Ermittlungs- als auch die Gutachtertätigkeit.

In *Rheinland-Pfalz* sind die Aufgaben des Wirtschaftsreferenten wiederum in einem Rundschreiben des Ministeriums der Justiz[265] geregelt. Es wird ausdrücklich hervorgehoben, dass der Wirtschaftsreferent sowohl Ermittlungsgehilfe als auch Sachverständiger sein kann.

In *Bayern* sind die Aufgaben der Wirtschaftsreferenten nicht gesondert geregelt. Nach Auskunft des Bayerischen Staatsministeriums der Justiz und für Verbraucherschutz[266] besteht hierfür kein Bedarf, denn in Bayern würden keine

---

260 Schriftliche Mitteilung des Leitenden Oberstaatsanwaltes vom 21.01.2011.

261 AV des Justizministers vom 31.7.1972 – (7036.302.26) i.d.F. vom 28.04.1977, geändert durch die AV des Justizministers vom 21.06.2005 (WiRefStAAV), (7036.S 2.20), Nds. Rpfl., S. 221.

262 Information laut schriftlicher Mitteilung der Leitenden Oberstaatsanwaltschaft Halle vom 23.01.2011 und Magdeburg vom 08.12.2011.

263 Information laut Schreiben des Sächsischen Staatsministeriums der Justiz und für Europa vom 26.01.2011 und 12.05.2011.

264 Mitteilung des Senators für Justiz und Verfassung vom 25.01.2011.

265 Vgl. Ziffer 4 des Rundschreibens des Ministeriums der Justiz vom 30.12.1982 (3262-1-17/82) – JBl. RP, 1983, S. 14.

266 Mitteilung des Bayerischen Staatsministeriums der Justiz und für Verbraucherschutz vom 27.01.2011 und 23.05.2011.

Wirtschaftsreferenten im klassischen Sinne als Einstieg in die 4. Qualifikationsebene, den ehemals höheren Dienst, beschäftigt.

Im *Saarland* gibt es keine Allgemeinverfügung zu den Wirtschaftsreferenten, aber auch keine anderweitige Aufgabenregelung.[267]

Baden-Württemberg hat in seiner Verwaltungsvorschrift zur Einrichtung der Schwerpunktstaatsanwaltschaften[268] bestimmt, dass der Sachbearbeiter über besondere Kenntnisse unter anderem im Buchführungs- und Bilanzwesen und auf betriebswirtschaftlichem Gebiet verfügen sollte. Ergänzend hierzu finden sich Regelungen in den Geschäftsverteilungsplänen der jeweiligen Schwerpunktstaatsanwaltschaften.[269] In den Geschäftsverteilungsplänen der Schwerpunktstaatsanwaltschaften Stuttgart und Mannheim ist ausdrücklich vorgesehen, dass der Wirtschaftsreferent Ermittlungs- und Sachverständigenfunktionen ausüben kann.[270]

In *Hamburg* ist der Aufgabenbereich des Wirtschaftsreferenten in einer Hausverfügung der Staatsanwaltschaft dahingehend geregelt, dass ihm sowohl Ermittlungs- als auch Gutachtertätigkeiten zugewiesen werden.[271]

Mecklenburg-Vorpommern hat laut Auskunft des dortigen Justizministeriums den Aufgabenbereich des Wirtschaftsreferenten in Hausverfügungen der jeweiligen Staatsanwaltschaften dahingehend normiert, dass den Wirtschaftsreferenten sowohl Ermittlungs- als auch Gutachtertätigkeit zukommt.[272]

Im Bundesland *Thüringen* ist die Aufgabenregelung des Wirtschaftsreferenten nach Auskunft des dortigen Justizministeriums in Hausverfügungen der Leitenden Oberstaatsanwälte vorgenommen worden.[273] Nach Auskünften der Schwerpunktstaatsanwaltschaft Mühlhausen[274] und Gera[275] wird der Wirtschaftsreferent sowohl zur Ermittlungsarbeit als auch zu Gutachtertätigkeiten herangezogen.

Schleswig-Holstein hat in seiner Rundverfügung über den Aufgabenbereich des Wirtschaftsreferenten geregelt, dass zu seinen Befugnissen insbesondere die

---

267 Information laut schriftlicher Mitteilung des Saarländischen Ministeriums der Justiz vom 01.02.2011 und 09.06.2011.

268 VwV vom 20. September 2004, Die Justiz, S. 455, geändert durch die VwV vom 25.02.2006, Die Justiz, S. 198, sowie das Schreiben des Justizministeriums Baden-Württemberg vom 10.02.2011.

269 Information laut Schreiben des Justizministeriums Baden-Württemberg vom 26.05.2011.

270 Schriftliche Auskunft der Schwerpunktstaatsanwaltschaft Mannheim vom 05.12.2011 und der Schwerpunktstaatsanwaltschaft Stuttgart vom 28.11.2011.

271 Laut Schreiben der Justizbehörde der Freien und Hansestadt Hamburg vom 10.02.2011.

272 Auskunft des Justizministeriums Mecklenburg-Vorpommern vom 07.03.2011.

273 Auskunft des Justizministeriums Thüringen vom 05.04.2011.

274 Auskunft des Leitenden Oberstaatsanwaltes der Schwerpunktstaatsanwaltschaft Mühlhausen vom 06.12.2011.

275 Auskunft des Leitenden Oberstaatsanwaltes Gera vom 04.01.2012.

Sichtung und Auswertung von Geschäftsunterlagen sowie die Erstattung von Gutachten gehört.[276]

In *Hessen* schließlich ähnelt die Rundverfügung ihrem Inhalt nach der Regelung in Schleswig-Holstein. Neben der Ermittlungstätigkeit ist Hauptaufgabe des Wirtschaftsreferenten die Erstellung von Sachverständigengutachten.[277]

Zusammenfassung der Ergebnisse aus den Bundesländern

Nach einer Auswertung der Regelungen ist festzustellen, dass in 13 Bundesländern dem Wirtschaftsreferenten die Befugnis zukommt, sowohl als Ermittlungsgehilfe als auch als Sachverständiger tätig zu werden. Demgegenüber sind in zwei Bundesländern die Aufgaben des Wirtschaftsreferenten in keiner Rechtsnorm niedergelegt. Die sicherlich differenzierteste Regelung war in Halle vorzufinden. In dieser ist detailliert aufgelistet, unter welchen Gesichtspunkten der Wirtschaftsreferent die Funktion als Ermittlungsgehilfe und Gutachter ausüben kann. Zu beachten ist, dass die Regelung in Nordrhein-Westfalen bis zum 16. August 2011 ausdrücklich nur die Ermittlungstätigkeit des Wirtschaftsreferenten als Aufgabe umfasste. Dass Nordrhein-Westfalen seine 40 Jahre gleichbleibende Regelung erst im Jahre 2011 reformiert hat, ist besonders bemerkenswert und zeigt die Aktualität des Themas. Hiermit wurde endlich der lange geübten Praxis, den Wirtschaftsreferenten als Ermittlungshelfer und Gutachter einzusetzen, eine rechtliche Grundlage gegeben. Eine solche Grundlage für die Ausübung von Sachverständigentätigkeit des Wirtschaftsreferenten fehlt jedoch aktuell noch in Brandenburg, so dass hier weiterhin ein Reformbedarf gegeben ist.

Aus der Auswertung ergeben sich für die Untersuchung folgende Fragstellungen: Zum einen betrifft dies die festgestellte Doppelrolle des Wirtschaftsreferenten. Denn es hat sich gezeigt, dass er in den meisten Bundesländern sowohl in der Praxis als auch in der Theorie als Ermittlungsgehilfe *und* Sachverständiger eingesetzt wird. Dies war bei der Einführung seines Berufsbildes nicht intendiert gewesen. Mittlerweile ist es jedoch gängige Praxis, dass die Staatsanwaltschaft den Wirtschaftsreferenten neben seiner generellen Funktion als Ermittlungsgehilfe auch als Sachverständiger im Ermittlungsverfahren bestellt und er in der Hauptverhandlung als solcher übernommen wird.[278] Fraglich ist daher, welche Konsequenzen sich aus diesen beiden Tätigkeiten ergeben. Zum anderen ist in

---

276 Rundverfügung des Generalstaatsanwaltes vom 29.12.1980, SchlHA 1981, S. 1, sowie die schriftliche Mitteilung des Ministeriums der Justiz vom 12.05.2011.

277 Der in Hessen zunächst geltende Runderlass des Hessischen Ministeriums der Justiz vom 20.09.1989 trat am 31.12.1999 – JMBl., S. 591 außer Kraft. Seitdem ist Grundlage für die Tätigkeit der Wirtschaftsreferenten bei den Staatsanwaltschaften die Rundverfügung der Generalstaatsanwaltschaft vom 29.10.1999, abgedruckt im Anhang.

278 So auch Lemme, wistra 2002, 281.

Bezug auf Brandenburg zu klären, wie es sich im Rahmen der praktischen Arbeit des Wirtschaftsreferenten als Ermittlungsgehilfe und Sachverständiger auswirkt, dass die dortige Regelung nur zu Ermittlungstätigkeiten des Wirtschaftsreferenten ermächtigt. Dies ist v.a. im Zusammenhang mit der Frage der Ablehnungsmöglichkeiten eines Wirtschaftsreferenten wegen Besorgnis der Befangenheit zu untersuchen.

Abbildung 5: Art der Aufgabenbereiche des Wirtschaftsreferenten in den einzelnen Bundesländern im Jahr 2011[279]

II. Die Bedeutung des Sachverständigenbeweises

Um die Tragweite einer etwaigen Unvereinbarkeit beider Tätigkeiten des Wirtschaftsreferenten feststellen zu können, muss zunächst die Vorfrage entschieden werden, welcher Bedeutungsgehalt dem Sachverständigenbeweis gerade im

279 Eigene Darstellung nach Auswertung der Informationen der einzelnen Bundesländer aufgrund wissenschaftlicher Anfrage.

Wirtschaftsstrafverfahren zukommt. Ist er hier von großer Bedeutung, gilt es noch kritischer die Frage zu prüfen, ob ein ermittelnder Wirtschaftsreferent eine Sachverständigentätigkeit im Ermittlungsverfahren ausführt und als Sachverständiger für die Hauptverhandlung übernommen wird.[280]

Wirtschaftsstrafverfahren weisen sich durch komplexe Sachverhalte aus, so dass der Richter bei seiner Entscheidungsfindung oft maßgebend auf ein Sachverständigengutachten zurückgreifen muss.[281] Unter einem Sachverständigen versteht man jemanden, der im Auftrag über Tatsachen berichtet, für deren Wahrnehmung eine besondere Sachkunde erforderlich ist.[282] Zwar ist allein das Gericht befugt, eine abschließende Entscheidung zu treffen. Der Richter übernimmt das Ergebnis aber nicht selten ohne eigene Überprüfung[283], da eine vollumfängliche Untersuchung aufgrund mangelnder Fachkenntnisse nicht realisierbar ist[284]. Im Extremfall beschränkt sich die Überprüfungspflicht des Gerichts darauf, ob der Sachverständige erprobt, zuverlässig und das Gutachten plausibel ist.[285] Aus diesem Grund wird sogar zum Teil behauptet, dass der Sachverständige letztendlich die verantwortliche Entscheidungsperson sei, die z.T. auch unerlaubte Wertungen treffen könne.[286] Dies habe zur Konsequenz, dass eine außerhalb der Justiz stehende Person entscheide.[287] Bedenklich ist dies, wenn man sich die Aussage Dippels[288] vergegenwärtigt, die Gutachter sähen es als Selbstverständlichkeit an, sowohl den Sachverhalt zu erforschen als auch Personenbefragungen vorzunehmen. Dass dies ermittelnde Tätigkeiten seien, würden sie grundsätzlich nicht sehen.

Vor diesem Hintergrund ist festzuhalten, dass dem Sachverständigenbeweis und somit auch der Tätigkeit des Wirtschaftsreferenten als Sachverständiger gerade in Wirtschaftsstrafverfahren eine erhebliche Bedeutung zukommt. Dies wirft die grundlegende Frage auf, ob es überhaupt zulässig ist, den Wirtschaftsreferenten als Sachverständigen einzusetzen.

---

280 Hierzu ausführlich Toepel, 2001, S. 57 ff.; Zwiehoff, 2000, S. 35 f.; Dippel, 1986, S. 22 f.; Detter, NStZ 1998, 57 ff.

281 Detter, NStZ 1998, 57; Baumann, 1999, S. 68; Zirpins, in: BKA (Hrsg.), Wirtschaftsdelikte, S. 99.

282 Pawlak, 1999, S. 33, der ausführt, dass man diese Schlussfolgerung ziehen könne, wenn man sich § 244 Abs. 4 S. 1 StPO näher betrachte. Hiernach sei die Vernehmung des Sachverständigen dann nicht erforderlich, wenn das Gericht selbst die erforderliche Sachkunde besitze.

283 Zwiehoff, 2000, S. 36.

284 Rüping, 1997, Rn. 196; Combe, 2007, S. 191.

285 BGHSt 7, 239; Combe, 2007, S. 191; Zwiehoff, 2000, S. 43; Baumann, 1999, S. 68.

286 Eisenberg, NStZ 2006, 369; Lehmann, GA 2005, 639; Zainhofer ZSW 1982, 222.

287 Detter, NStZ 1998, 57; Combe, 2007, S. 191; Rüping, 1997, Rn. 196; Baumann, 1999, S. 68; Krauß, ZStW 1973, 320; Zwiehoff, 2000, S. 2; Dölp, ZRP 2004, 235; Zirpins/Terstegen, 1963, S. 335; Reitberger, Kriminalistik 1964, 218; Zainhofer, ZSW 1982, 223; Roxin, 2009, § 27 Rn. 9.

288 Dippel, 1986, S. 179.

III. Die Zulässigkeit des Einsatzes des Wirtschaftsreferenten als Sachverständiger

Der Wirtschaftsreferent wird als Sachverständiger eingesetzt. Fraglich ist aber, ob dies überhaupt möglich und gewünscht ist. Die Rechtsprechung und Literatur haben sich mit der Zulässigkeit dieser Praxis bislang nur vereinzelt auseinandergesetzt. Es gilt daher zu klären, ob der Wirtschaftsreferent die notwendigen Eigenschaften eines Sachverständigen zu erfüllen vermag und daher überhaupt als Sachverständiger eingesetzt werden darf.

Der Bundesgerichtshof hat die Zulässigkeit des Wirtschaftsreferenten als Sachverständiger in seinem Urteil vom 10.04.1979 – 4 StR 127/79[289] bei der Prüfung der Frage, ob die Verjährung nach § 78c Abs. 1 S. 1 Nr. 3 StGB durch die Beauftragung eines Wirtschaftsreferenten unterbrochen werde, thematisiert. Eine Aussage über die grundsätzliche Vereinbarkeit der Tätigkeit eines Wirtschaftsreferenten mit der eines Sachverständigen hat er zwar mangels Entscheidungserheblichkeit nicht getroffen. Er hat jedoch klargestellt, dass allein die Zugehörigkeit des Wirtschaftsreferenten zur Staatsanwaltschaft einer Sachverständigenbestellung nicht grundsätzlich entgegenstehe, wenn er persönlich beauftragt wurde, sein Gutachten eigenverantwortlich und frei von jeder Beeinflussung zu erstatten.[290]

In einer weiteren Entscheidung ließ es der Bundesgerichtshof[291] erneut offen, ob die Stellung des Wirtschaftsreferenten grundsätzlich mit den Aufgaben eines Sachverständigen vereinbar ist. Später erkannte er[292] in einem Fall ohne tiefergehende Argumentation den Wirtschaftsreferenten als Sachverständigen an, weil dieser trotz seiner Einbindung in die Ermittlungstätigkeit der Staatsanwaltschaft losgelöst von dieser beauftragt worden war. Dies kann nur so verstanden werden, dass die Aufnahme einer Ermittlungstätigkeit einer Sachverständigenbestellung des Wirtschaftsreferenten dann nicht entgegensteht, wenn die Beweisfrage auf eine freie und unabhängige Gutachtenerstattung zielt. Auch das OLG Zweibrücken[293] hat in einem Verfahren die Stellung des Wirtschaftsreferenten als Sachverständiger vor allem auch mit der Begründung anerkannt, dass Sichtung und Überprüfung von wirtschaftsstrafrechtlichen Unterlagen im Rahmen einer Durchsuchung typische Sachverständigentätigkeiten seien.

Allen diesen Entscheidungen ist gemeinsam, dass sie nicht ausreichend begründen, warum der Wirtschaftsreferent die Eigenschaften eines Sachverständi-

289 BGHSt 28, 381 ff.

290 BGHSt 28, 384; in diesem Sinne auch BGH-Beschluss vom 20.12.1983, 5 StR 763/82.

291 BGH, NStZ 1984, 215 = BGH, wistra 1984, 62.

292 BGH, wistra 1986, 257.

293 OLG Zweibrücken, NJW 1979, 1995 = MDR 1979, 425.

gen erfüllen kann. So ist zweifelhaft, warum allein der Umstand, dass der Wirtschaftsreferent als Sachverständiger beauftragt wurde, diesem den notwendigen Abstand geben soll, beide Tätigkeiten voneinander losgelöst ausüben zu können.[294] Ein solcher Rückschluss von der Einsetzung als Sachverständiger auf die Zulässigkeit der Sachverständigentätigkeit überzeugt nicht. Offen bleibt, warum die organisatorische Eingliederung des Wirtschaftsreferenten in die Behördenstruktur der Staatsanwaltschaft unschädlich sein soll.[295] Schließlich ist auch die Tatsache, dass der Wirtschaftsreferent typische Sachverständigentätigkeiten ausübt, kein Argument dafür, dass er auch die Voraussetzungen erfüllt, die an einen Sachverständigen zu stellen sind.[296]

Der Rechtsprechung hat sich die weitere strafrechtliche Literatur zumeist ohne oder unter Angabe nur unzureichender Begründungen angeschlossen. Ein häufig angeführtes Argument ist dabei, dass für eine Beauftragung des Wirtschaftsreferenten als Sachverständiger es ausreichend sei, wenn der Wirtschaftsreferent den Auftrag erhalte, sein Gutachten eigenverantwortlich und frei zu erstatten.[297] Dass der Wirtschaftsreferent als Sachverständiger das Gutachten eigenverantwortlich und frei erstatten muss, ist jedoch eine allgemeine Voraussetzung, die jeder Sachverständige erfüllen sollte. Sie hat keinen Bezug zu der spezifischen Stellung des Wirtschaftsreferenten und seiner Doppelfunktion als Ermittlungsgehilfe und Sachverständiger.

Lediglich einzelne Stimmen in der Literatur[298] deuten gerade diesen Konflikt an, ohne sich jedoch in ausreichendem Maße argumentativ mit der konkreten Stellung des Wirtschaftsreferenten und der Zulässigkeit seines Einsatzes auseinanderzusetzen. Überwiegend wird lediglich verlautbart, dass sowohl seiner Doppelrolle als auch seiner dienstrechtlichen Eingliederung bei der Staatsanwaltschaft keine Bedenken entgegenstünden. Warum dies der Fall sein soll, wird grundsätzlich nicht weiter erläutert.

---

294 BGH, wistra 1986, 257.

295 So aber BGHSt 28, 384.

296 So OLG Zweibrücken, NJW 1979, 1995 = MDR 1979, 425.

297 Senge, in: Hannich (Hrsg.), KK, § 74 StPO Rn. 5 f.; Sternberg-Lieben/Bosch, in: Schönke/Schröder (Begr.), § 78c StGB Rn. 11; Rudolphi/Wolter, in: dies. (Hrsg.), SK, § 78c StGB Rn. 18; Lackner/Kühl, in: Dreher/Maassen (Begr.), § 78c StGB Rn. 5; Saliger, in: Kindhäuser/Naumann/Paeffgen (Hrsg.), § 78c StGB Rn. 51; ebenso Jähnke, in: Erb u.a. (Hrsg.), LK, § 78c StGB Rn. 23; Weller, in: Senge (Hrsg.), KK, § 33 OWiG Rn. 41; ohne weitere Begründung Krause, in: Erb u.a. (Hrsg.), LR, § 74 StPO Rn. 7; Meyer-Goßner, in: Schwarz (Begr.), § 74 StPO Rn. 5, der von einer zulässigen Sachverständigentätigkeit des Wirtschaftsreferenten ausgeht, wenn dieser das Gutachten ersichtlich eigenverantwortlich erstatte; Rosenau, in: Satzger/Schmitt/Widmaier, (Hrsg.), § 78c StGB Rn. 12; Schäfer, in: Hannack (Hrsg.), FS für Dünnebier, S. 557; Eidam, 2008, S. 744, Montenbruck u.a., JuS 1987, 804; Köhler, in: Wabnitz/Janovsky (Hrsg.), 2007, Kapitel 7 Rn. 396; Lemme, wistra 2002, 286.

298 Dippel, 1986, S. 132; Gössel, DRiZ 1980, 371; Kubica, in: Kube u.a. (Hrsg.), 1994, S. 450. Siehe hierzu auch S. 128 f. der vorliegenden Arbeit.

Eine Antwort auf die Frage der Zulässigkeit des Einsatzes des Wirtschaftsreferenten als Sachverständiger soll im Folgenden anhand einer genauen Untersuchung der vom Bundesgerichtshof aufgestellten Voraussetzungen erfolgen. Der Bundesgerichtshof hat in einem Urteil vom 10.04.1979 – 4 StR 127/79 ausgeführt, dass ein Wirtschaftsreferent dann als Sachverständiger tätig werden kann, wenn er persönlich beauftragt wurde, das Gutachten eigenverantwortlich und frei von jeder Beeinflussung zu erstatten.[299] Der Bundesgerichtshof hat damit zwei Voraussetzungen definiert, die im Folgenden getrennt voneinander dargestellt werden. Die von ihm nicht geklärte Frage, unter welchen Umständen der Wirtschaftsreferent diese einzelnen Voraussetzungen auch tatsächlich erfüllt, wird im Folgenden untersucht.

1.) Voraussetzung der „persönlichen Beauftragung zur Erstellung eines Gutachtens"

Der Wirtschaftsreferent muss persönlich mit der Erstattung eines Gutachtens beauftragt werden. Hierbei hat das Gericht oder die Staatsanwaltschaft nach Nr. 72 Abs. 2 RiStBV dem Sachverständigen einen „genau umgrenzten Auftrag zu erteilen", wobei „nach Möglichkeit bestimmte Fragen zu stellen sind". Unter einem solchen Auftrag versteht man die für andere Verfahrensbeteiligte erkennbare Aufforderung an einen Sachverständigen, ein Gutachten zu einem bestimmten Beweisthema zu erstatten.[300] In Bezug auf den Wirtschaftsreferenten ist die persönliche Beauftragung hierbei von der Beauftragung einer Behörde, ein Gutachten zu erstatten, abzugrenzen.

a.) Abgrenzung des persönlichen Gutachtens vom Behördengutachten

Für eine persönliche Beauftragung des Wirtschaftsreferenten könnte auf der einen Seite sprechen, dass die jeweiligen Aufgabenbereichsregelungen[301] des Wirtschaftsreferenten Weisungsfreiheit vorsehen. Der vorgesetzte staatsanwaltschaftliche Dezernent kann dem Wirtschaftsreferenten in Bezug auf seine Gutachtertätigkeit keine Weisungen erteilen. Auf der anderen Seite können sich Zweifel an der persönlichen Beauftragung des Wirtschaftsreferenten daraus ergeben, dass er im Schriftverkehr unter der Behördenbezeichnung „Staatsanwaltschaft gezeichnet Wirtschaftsreferent" auftritt[302]. Hiermit stellt sich die Frage,

---

299 BGHSt 28, 384.

300 BGHSt 27, 78; BGHSt 28, 382; BGH, NStZ 84, 215; BGH, NStZ 1990, 436.

301 Die jeweiligen Regelungen über den Aufgabenbereich des Wirtschaftsreferenten werden auf S. 96 der Arbeit aufgeführt.

302 Siehe hierzu beispielhaft die AV NRW, des Justizministers vom 16.08.2011 (4100–III A. 172) – JMBl. NRW, S. 262, welche die bis zum 01.09.2011 geltende AV des Justizministers vom

ob er ein persönliches Gutachten oder ein Behördengutachten erstattet. Diese Abgrenzung ist auch für die später zu entscheidende Frage, ob der Wirtschaftsreferent wegen der Besorgnis der Befangenheit abgelehnt werden kann, von Bedeutung. Denn Behörden können zwar nach § 83 Abs. 3 und § 256 StPO sowie § 1 Abs. 2 JVEG Gutachten erstatten, sie sind aber grundsätzlich nicht wegen Befangenheit ablehnbar.[303]

Die Abgrenzung eines Behördengutachtens von einem Sachverständigengutachten bestimmt sich nach Leineweber[304] danach, ob sich die Gutachtertätigkeit im Rahmen der Dienstaufgabe hält. Deshalb würden Dienstvorschriften darüber entscheiden, ob ein Behörden- oder ein Privatgutachten vorliegt. Abgrenzungskriterium sei, ob der Wirtschaftsreferent seine Sachverständigentätigkeit als Dienstaufgabe oder als Nebentätigkeit wahrnehme. Liege eine Dienstaufgabe vor, so handle es sich um ein behördliches Gutachten. Sei die Gutachtenerstattung des Wirtschaftsreferenten jedoch eine Nebentätigkeit, dann sei der Wirtschaftsreferent nicht durch seine Dienstvorschriften zu der Erstattung eines Gutachtens verpflichtet. In diesem Fall liegt Leinewebers Ansicht zufolge ein persönliches Gutachten vor.

Die meisten Bundesländer[305] nennen in ihren jeweiligen Regelungen als Aufgabenbereich des Wirtschaftsreferenten ausdrücklich sowohl Ermittlungs- als auch Gutachtertätigkeiten, so dass hier von einer Dienstaufgabe auszugehen wäre. Mithin würde in diesen Bundesländern das Gutachten einer Behörde vorliegen. Lediglich in Brandenburg[306], Bayern[307] und im Saarland[308] existieren keine Normen, die dem Wirtschaftsreferenten die Ermittlungs- und Gutachtertätigkeit als Aufgabe zuweisen. Während in Bayern und im Saarland gar keine Regelung über den Aufgabenbereich des Wirtschaftsreferenten getroffen wurde, umfasst die Aufgabenzuweisung in Brandenburg nur die Ermittlungstätigkeit und nicht die Sachverständigentätigkeit. Fraglich ist, ob sich aus den fehlenden Aufgabenbereichsregelung ergibt, dass eine Nebentätigkeit und folglich ein persönliches Gutachten vorliegt. Zur Beantwortung dieser Frage sollen im Rahmen der vorlie-

---

13.08.1970 (4100–III A. 172.1) – JMBl. NRW, S. 218 abänderte. Eine vergleichbare Regelung findet sich auch in den übrigen Bundesländern.

303 H.M. (str.), Meyer-Goßner, in: Schwarz (Begr.), § 74 StPO Rn. 1; Senge, in: Hannich (Hrsg.), KK, § 74 StPO Rn. 1 m.w.N.; Krause, in: Erb u.a. (Hrsg.), LR, § 74 StPO Rn. 3; Gössel, DRiZ 1980, 375; anderer Ansicht ist Seyler, GA 1989, 566.

304 Leineweber, MDR 1980, 8.

305 Siehe hierzu die Ausführungen auf S. 96 der Arbeit.

306 Rundverfügung vom 19.07.1991, JMBl. Bbg, 1991, S. 70 f. i.d.F. vom 27.02.1997, JMBl. Bbg, 1997, S. 14, sowie die Auskunft des brandenburgischen Justizministeriums vom 19.01.2011.

307 Schriftliche Mitteilung des Bayerischen Staatsministeriums der Justiz und für Verbraucherschutz vom 27.01.2011 und 23.05.2011.

308 Schriftliche Mitteilung des Saarländischen Ministeriums der Justiz vom 01.02.2011 und 09.06.2011.

genden Untersuchung einige oberlandesgerichtliche Entscheidungen zur persönlichen Vergütung des Wirtschaftsreferenten als Sachverständiger herangezogen werden, um weitere Abgrenzungskriterien für Dienstaufgaben und Nebentätigkeiten des Wirtschaftsreferenten zu gewinnen.

Eine Auswertung der hierzu ergangenen Entscheidungen lässt erkennen, dass eine Dienstaufgabe nicht dann zwangsläufig ausgeschlossen ist, wenn eine Vorschrift, die hierzu ermächtigt, fehlt. Vielmehr könne eine Dienstaufgabe auch dann vorliegen, wenn die Tätigkeit der Gutachtenerstellung eng mit den normierten dienstlichen Aufgaben verknüpft sei. Denn dann stelle sich die nicht geregelte Aufgabe als eine „Fortsetzung und Ergänzung einer allgemeinen dienstlichen Tätigkeit“ dar.[309] In diesem Sinne entschied das OLG München[310], dass ein Wirtschaftsreferent, der ein im Ermittlungsverfahren erstelltes Gutachten in der Hauptverhandlung mündlich erläutert, ergänzt oder modifiziert, eine dienstliche Aufgabe ausübe. Unschädlich sei es, wenn keine ausdrückliche Vorschrift bestehe, die dieses anordne. Denn die Wiederholung und Ergänzung des Gutachtens im Hauptverfahren sei nur eine Fortsetzung der allgemeinen dienstlich geregelten Erstellung von Gutachten im Vorverfahren und keine grundlegend neue Aufgabe.

Es stellt sich mithin speziell für Brandenburg die Frage, ob die Ermittlungstätigkeit eines Wirtschaftsreferenten derart eng mit einer Sachverständigentätigkeit verknüpft ist, dass sich die Sachverständigentätigkeit bei natürlicher Betrachtung als eine Fortsetzung und Ergänzung der allgemeinen dienstlichen Ermittlungstätigkeit darstellt. Dies ist in Brandenburg gerade nicht der Fall. Ermittlungs- und Gutachtertätigkeit sind zwei unterschiedliche Aufgabengebiete, so dass die Tätigkeit eines Wirtschaftsreferenten als Sachverständiger in Brandenburg nicht unter den Begriff der Dienstaufgabe zu subsumieren ist. Folglich würde in Brandenburg nach Leineweber ein persönliches Gutachten des Wirtschaftsreferenten vorliegen.

In Bayern und im Saarland gibt es gar keine Regelungen über den Aufgabenbereich des Wirtschaftsreferenten. Die Aufgaben des Wirtschaftsreferenten werden hier durch mündliche Beauftragung im Einzelfall bestimmt. Aus der Nichtregelung kann man nicht zwingend argumentieren, dass es immer ein persönliches Gutachten des Wirtschaftsreferenten sein muss. Vielmehr ist auch die Alternative in Erwägung zu ziehen, dass im Einzelfall Dienstaufgaben durch mündliche Beauftragung festgelegt werden. Entsprechend würde der Wirtschaftsreferent in Bayern und im Saarland ein Gutachten der Behörde Staatsanwaltschaft erstatten.

309 Vgl. OLG Bamberg, RPfleger 1965, 151; OLG München, JurBüro 1973, 571; OLG München, RPfleger1983, 181 f.; Bach/Oberlack, in: Meyer (Begr.), JVEG, S. 106 f.

310 Vgl. OLG München, RPfleger 1983, 181 f.

Demgegenüber ist nach der h.M.[311] für die Frage, wann ein persönliches Gutachten oder ein Behördengutachten vorliegt, das entscheidende Abgrenzungskriterium, ob die natürliche Person nur für sich in eigener Verantwortung spreche oder ob sie die Erklärung mit behördlicher Autorität abgebe. Diese Ansicht unterscheidet sich von der Meinung Leinwebers dahingehend, dass nicht Dienstvorschriften, sondern nur der Inhalt des Gutachtens als Abgrenzungskriterium entscheidend sein soll. Hierbei spreche das Fehlen eines Zusatzes „i.V." oder „i.A." als Indiz für eine persönliche Gutachtenerstattung. Dass der Wirtschaftsreferent nicht im Wege der Nebentätigkeit als Sachverständiger beauftragt worden ist, stehe einer persönlichen Beauftragung nicht entgegen. Es sei ausreichend, wenn die Beweisfrage deutlich mache, dass der Wirtschaftsreferent sein Gutachten frei und unabhängig erstatten solle.

Für eine persönliche Gutachtenerstattung des Wirtschaftsreferenten sprechen nach dieser Ansicht folgende Argumente. Zum einen sehen – soweit vorhanden – die jeweiligen Aufgabenbereichsregelungen[312] des Wirtschaftsreferenten Weisungsfreiheit vor. Der vorgesetzte staatsanwaltschaftliche Dezernent kann dem Wirtschaftsreferenten in Bezug auf seine Gutachtertätigkeit keine Weisungen erteilen. Dass der Wirtschaftsreferent im Schriftverkehr unter der Behördenbezeichnung „Staatsanwaltschaft gezeichnet Wirtschaftsreferent" auftritt, sei auch nicht als Argument gegen eine persönliche Beauftragung anzusehen. Denn hierin sei kein Auftragsverhältnis zu sehen, sondern lediglich die Klarstellung, dass der Wirtschaftsreferent bei der Behörde Staatsanwaltschaft eingegliedert ist. Insofern der Wirtschaftsreferent persönlich mit seinem Namen unter Angabe seiner Dienstbezeichnung im Schriftverkehr auftritt, übernehme er die persönliche Verantwortung für das Gutachten. Mithin erstattet der Wirtschaftsreferent dieser Meinung nach zumindest in der Mehrzahl der Bundesländer ein persönliches Gutachten. Da die Bundesländer Brandenburg, Bayern und Saarland die Sachverständigentätigkeit des Wirtschaftsreferenten gesetzlich nicht normiert haben, können etwaige Aufgabenbereichsregelungen nicht als Auslegungshilfe für die Beantwortung der Frage, wer die persönliche Verantwortung für das Gutachten des Wirtschaftsreferenten übernimmt, herangezogen werden. Folglich lässt sich für diese Bundesländer kein allgemeiner Grundsatz aufstellen.

---

311 BGH, NStZ 1984, 231; BGH, NStZ 1985; BGH, StV 1986, 465 = BGH, wistra 1986, 257; BGH, StV 1987, 285; BGH, NStZ 1988, 283; OLG Zweibrücken, NJW 1979, 1995; OLG Köln, StV 1995, 630; Meyer-Goßner, in: Schwarz (Begr.), § 256 StPO Rn. 15; Diemer, in: Hannich (Hrsg.), KK, § 256 StPO Rn. 3 m.w.N.; Gössel, DRiZ 1980, 369.

312 Die jeweiligen Regelungen über den Aufgabenbereich des Wirtschaftsreferenten werden auf S. 96 der Arbeit aufgeführt.

Die zweite der aufgeführten Meinungen ist in sich logisch und konsequent. Ob der Wirtschaftsreferent ein persönliches Gutachten erstattet, lässt sich sinnvollerweise nur anhand des Kriteriums der persönlichen Verantwortung beurteilen. Darüber hinaus sind keine Argumente dafür ersichtlich, aus dem Vorliegen einer Dienstaufgabe zwangsläufig auf ein behördliches Gutachten und umgekehrt aus dem Vorliegen einer Nebentätigkeit auf ein persönliches Gutachten schließen zu müssen. Letztendlich darf aus Rechtssicherheitserwägungen nur der Inhalt des Gutachtens mit der Übernahme der persönlichen Verantwortung entscheidend sein. Vor diesem Hintergrund ist der Ansicht zu folgen, dass die Übernahme der persönlichen Verantwortung darüber entscheidet, ob ein persönliches Gutachten oder ein Behördengutachten vorliegt. Folglich ist in der Regel davon auszugehen, dass der Wirtschaftsreferent zumindest in den Bundesländern, die auch seinen gutachterlichen Aufgabenbereich gesetzlich normiert haben, im Rahmen seiner Sachverständigentätigkeit ein persönliches Gutachten erstattet. Hierfür spricht, dass er seine Gutachten ohne Hinweis auf ein Auftragsverhältnis erarbeitet. Ein solches Auftragsverhältnis kann auch nicht darin gesehen werden, dass der Wirtschaftsreferent mit dem Zusatz „gezeichnet Staatsanwaltschaft" unterschreibt. Denn hierdurch wird lediglich seine allgemeine dienstrechtliche Eingliederung in die Behördenstruktur der Staatsanwaltschaft deutlich gemacht. Weiterhin spricht für eine persönliche Gutachtenerstattung, dass die Aufgabenbereichsregelungen vorsehen, der Wirtschaftsreferent solle im Rahmen seiner Gutachtenerstattung weisungsfrei arbeiten. Ob der Wirtschaftsreferent in den übrigen drei Bundesländern (Brandenburg, Bayern und das Saarland) ein persönliches Gutachten erstattet, hängt vom jeweiligen Inhalt seines Gutachtens im Einzelfall ab; eine Regel kann hieraus nicht abgeleitet werden.

b.) Form der Beauftragung

Nachdem die Untersuchung gezeigt hat, dass der Wirtschaftsreferent im Regelfall ein persönliches Gutachten erstattet, ist im Folgenden der Frage nachzugehen, welche Formanforderungen an eine zulässige Beauftragung eines Wirtschaftsreferenten als Sachverständiger zu stellen sind. Diese Frage hat einen praxisrelevanten Bezug. Denn ein häufig anzutreffendes Problem sei, dass der finale Gutachtenauftrag erst dann konkret benannt würde, nachdem die gutachterlichen Ergebnisse bereits feststünden.[313] Dies geschehe, obschon gemeinhin vertreten

313 Krekeler, wistra 1989, 53; Ulsenheimer, in: Frank/Harrer (Hrsg.), Der Sachverständige im Strafrecht, S. 8; Zainhofer, ZSW 1982, 266, der die Praxis folgendermaßen beschreibt: „Auf-

wird, dass eine nachträgliche Beauftragung des Sachverständigen aus Gründen der Rechtssicherheit unzulässig sei.[314] Dieses Problem der Praxis könnte umgangen werden, wenn der Auftrag vor der Ernennung des Wirtschaftsreferenten als Sachverständiger schriftlich fixiert werden würde. Nach h.M.[315] soll es ausreichen, wenn die Beauftragung des Sachverständigen sowohl mündlich als auch konkludent bzw. behördenintern erfolge. Als Begründung wird hierbei auf den Gesetzeswortlaut des § 78c Abs. 1 S. 1 Nr. 3 StGB verwiesen, der bei der Frage, wann die Beauftragung eines Sachverständigen die Verjährung unterbricht, ausdrücklich auch nicht formgebundene Unterbrechungshandlungen zulässt.[316] Als Voraussetzung für eine ordnungsgemäße Beauftragung des Sachverständigen wird deshalb nur gefordert, dass die Verfahrensbeteiligten den Inhalt und den Zeitpunkt der Beauftragung erkennen und von ihnen der Einfluss auf das Verfahren abgeschätzt werden könne. Hierfür soll nach der Rechtsprechung des Bundesgerichtshofs[317] ausreichend sein, dass der Gutachtenauftrag sowie das Beweisthema innerhalb der Verjährungsfrist aus den Akten ersichtlich seien. Der Aktenvermerk beweise dann durch konkrete Anhaltspunkte zur Bekanntgabe, zum Zeitpunkt und zum Inhalt die Unterbrechungshandlung.

---

grund einer Anzeige oder routinemäßigen Vorlage gewisser Dokumente, z.B. Konkursakten, leitet der Staatsanwalt, wenn hinreichender Tatverdacht besteht, das Ermittlungsverfahren ein und bestimmt in den meisten Fällen sofort einen Sachverständigen, der ihn bei der in diesem Stadium regelmäßig erforderlichen Beschlagnahmung von Geschäftsunterlagen berät. Anschließend erteilt er einen vorläufigen Gutachtenauftrag, weil man ja nie weiß, wie sich die Sache im Verlauf der Untersuchungen durch den Sachverständigen entpuppen könnte. Nachdem die Akten, die der Staatsanwalt meist nicht gesichtet hat, unmittelbar nach deren Beschlagnahmung durch die Polizei an den Sachverständigen ausgeliefert wurden, beginnen die eigentlichen Gutachtensarbeiten. Dabei ist natürlich der vorläufige Auftrag als Rahmen zugrunde zu legen, man erwartet aber ebenso selbstverständlich Recherchen zu weiteren Straftaten oder -tätern. Erst aufgrund des hierbei entstandenen notwendigen gegenseitigen Informationsaustausches und der dadurch möglich gewordenen weiteren Ermittlungen wird, meistens nachdem die gutachtlichen Ergebnisse längst feststehen, der endgültige Auftrag formuliert, nicht selten durch den Sachverständigen selbst. Dann präsentiert die Staatsanwaltschaft ihren Sachverständigen."

314 Saliger, in: Kindhäuser/Neumann/Paeffgen (Hrsg.), § 78c StGB Rn. 52 m.w.N.

315 BGHSt 28, 382; BGH, NJW 1982, 291; BGH, NStZ 1984, 215; BGH bei Holtz, MDR 1986, 976; BGH, StV 1986, 465; BGH, NStZ 1990, 436; OLG Zweibrücken, NJW 1979, 1995; Saliger, in: Kindhäuser/Naumann/Paeffgen (Hrsg.), § 78c StGB Rn. 52; Kühl, in: Lackner/Kühl (Hrsg.), § 78c StGB Rn. 5; Sternberg-Lieben/Bosch in: Schönke/Schröder (Begr.), § 78c StGB Rn. 11; Rudolphi/Wolter in: dies. (Hrsg.), SK, § 78c StGB Rn. 18; Jähnke, in: Laufhütte u.a. (Hrsg.), LK, § 78c StGB Rn. 26; Schäfer, in Hanack (Hrsg.), FS Dünnebier, S. 551.

316 Nach § 78c Abs. 1 Nr. 3 StGB reicht als Unterbrechungshandlung die Bekanntgabe der Einleitung des Ermittlungsverfahrens und die erste Vernehmung aus.

317 BGHSt 28, 382; 30, 219; BGH, NJW 1982, 291; BGH bei Holtz, MDR 1978, 986; Schäfer, in: Hanack (Hrsg.), FS Dünnebier, S. 558.

Demgegenüber vertritt Fischer[318] die Auffassung, dass die „interne Beauftragung eines in die Organisation der Staatsanwaltschaft eingegliederten Wirtschaftsreferenten" in der Regel nicht genüge, um die Verjährung durch Beauftragung eines Sachverständigen zu unterbrechen, und stellt sich damit jedenfalls zum Teil gegen die Auffassung der h.M. Unklar bleibt, ob er damit die Sachverständigenfähigkeit des Wirtschaftsreferenten generell in Frage stellt oder sich lediglich zu den Formanforderungen einer Beauftragung äußert. Allerdings lassen sich aus seiner weiteren Kommentierung entsprechende Rückschlüsse ziehen. So schreibt Fischer im Folgenden, dass „auch" die Beauftragung eines sachverständigen Zeugen durch die Staatsanwaltschaft keine ausreichende Beauftragung sei. Hiermit nimmt er Bezug zu der internen Beauftragung des Wirtschaftsreferenten als Sachverständiger, und es wird deutlich, dass er nicht generell die Sachverständigenfähigkeit des Wirtschaftsreferenten in Frage stellt. Fischer sieht vielmehr eine interne Beauftragung des Wirtschaftsreferenten als Sachverständigen als nicht zulässig an.

Stellungnahme

Gegen die Zulässigkeit einer nur mündlichen, konkludenten und internen Beauftragung eines Wirtschaftsreferenten als Sachverständiger sprechen Missbrauchsgefahren. Denn der Inhalt von internen, mündlichen und konkludenten Beauftragungen lässt sich nur schwer nachweisen. Hiermit würde die fragwürdige Praxis unterstützt, den endgültigen Gutachtenauftrag z.T. erst im Nachhinein zu formulieren. Anders wäre es, wenn die Beauftragung des Wirtschaftsreferenten als Sachverständiger der Schriftform unterläge. Dann wäre es aufgrund der schriftlichen Dokumentation in der Praxis erschwert, Gutachtenaufträge in unerkannter Weise unzulässig zu erweitern bzw. final erst im Nachhinein zu formulieren. Dies könnte das Ausmaß der Rechtssicherheit erhöhen.

Für die Zulässigkeit einer mündlichen, internen und konkludenten Beauftragung eines Sachverständigen spricht jedoch der Wortlaut des Gesetzes. Der Gesetzgeber stellt in § 78c Abs. 1 S. 1 Nr. 3 StGB klar, dass im Rahmen der Beauftragung eines Sachverständigen auch nicht formgebundene Tätigkeitsakte für die Verjährungsunterbrechung ausreichend sein sollen. Dass auch eine formfreie Beauftragung des Sachverständigen zulässig ist, ergibt sich folglich aus dem Sinn und Zweck von § 78c Abs. 1 S. 1 Nr. 3 StGB. Hiernach ist es allein entscheidend, dass keine Verjährungsunterbrechung eintritt, obwohl der Beschuldigte keine Kenntnis von einem Ermittlungsverfahren gegen ihn hat.[319] Dieser Sinn

318 Fischer, in: Schwarz (Begr.), § 78c StGB Rn. 13.

319 Siehe hierzu z.B. auch Sternberg-Lieben/Bosch, in: Schönke/Schröder (Begr.), § 78c Nr. 3 StGB Rn. 11.

und Zweck wäre auch dann erfüllt, wenn der Beschuldigte auf konkludente Art und Weise hierüber in Kenntnis gesetzt würde.

Hieraus lässt sich schließen, dass das Gesetz die formfreie Beauftragung eines Sachverständigen zulässt, so dass auch entgegen der Meinung Fischers eine interne Beauftragung eines Wirtschaftsreferenten als Sachverständiger zulässig ist. Es ist folglich der h.M. zuzustimmen, die eine mündliche, konkludente und interne Beauftragung eines Wirtschaftsreferenten als Sachverständiger zulässt, wenn der Gutachtenauftrag und das Beweisthema aus den Akten ersichtlich sind. Um die angesprochenen Probleme der Praxis zu vermeiden, wäre es jedoch aus Gründen der Rechtssicherheit sinnvoll, wenn zumindest in den einzelnen Aufgabenbereichsregelungen der Bundesländer eine schriftliche Auftragserteilung für Gutachten des Wirtschaftsreferenten fixiert würde.

2.) Voraussetzung des „eigenverantwortlichen und freien Erstattens"

Als weitere Zulässigkeitsvoraussetzung für die Tätigkeit des Wirtschaftsreferenten als Sachverständiger fordert die Rechtsprechung, dass er seine Gutachten „eigenverantwortlich und frei" erstatten kann.[320]

Ein Sachverständiger kann ein Gutachten dann eigenverantwortlich und frei erstatten, wenn es ihm ermöglicht wird, unabhängig, d.h. weisungsungebunden zu arbeiten. Zu untersuchen ist im Folgenden, welche rechtlichen Erwägungen einer unabhängigen Arbeit des Wirtschaftsreferenten konkret entgegenstehen könnten. Hierbei ist von Interesse, wie sich ein bestehender Ermittlungspersonenstatus nach § 152 Abs. 1 GVG i.V.m. der jeweiligen Rechtsverordnung des einzelnen Bundeslandes – sofern überhaupt vorhanden –, seine Doppelrolle sowie die organisatorische Eingliederung bei der Staatsanwaltschaft auf das Unabhängigkeitspostulat eines Sachverständigen auswirken.

a.) Das Spannungsfeld von § 152 Abs. 1 GVG zur Sachverständigentätigkeit

Sachverständige müssen ihre Gutachten unabhängig erstatten. Demgegenüber sind Ermittlungspersonen nach § 152 Abs. 1 GVG weisungsabhängig. Fraglich ist, ob das ihrer Tätigkeit als Sachverständige entgegensteht. GVG und StPO verwenden neben dem Begriff der Polizei auch den Begriff der Ermittlungsperson

320 BGHSt 28, 384.

der Staatsanwaltschaft.[321] Den Ermittlungspersonen der Staatsanwaltschaft kommen nach der StPO weitreichende Befugnisse zu. Sie sind aber dafür weisungsgebunden, d.h., sie müssen den Anordnungen der Staatsanwaltschaft Folge leisten. Bestellt werden die Ermittlungspersonen nach Gruppen, nicht einzeln.[322] Wer Ermittlungsperson ist, ergibt sich aus den Ausführungsverordnungen der Länder zu § 152 Abs. 2 S. 1 GVG. Während in den neuen Bundesländern auch Angestellte des öffentlichen Dienstes zu Ermittlungspersonen der Staatsanwaltschaft bestellt werden können, ist dies in den alten Bundesländern nur bei Beamten möglich.[323] Der Begriff der Ermittlungsperson geht teilweise über den Bereich der Polizei im materiellen Sinne hinaus, teilweise bleibt sie dahinter zurück. So sind beispielsweise Beamte der Forst- und Jagdverwaltung Ermittlungspersonen der Staatsanwaltschaft. Hingegen sind dies bestimmte Polizeibeamte – als Beispiel seien Wacht- und Oberwachtmeister genannt – noch nicht bzw. ab dem Rang Polizei- oder Kriminalrat aufwärts nicht mehr.[324]

aa.) Darstellung des Ermittlungspersonenstatus des Wirtschaftsreferenten in den einzelnen Bundesländern

Um die rechtlichen Auswirkungen, die sich aus dem Spannungsverhältnis von Ermittlungsperson und Sachverständigentätigkeit ergeben können, differenziert darstellen zu können, ist in einem ersten Schritt aufzuzeigen, in welchen Bundesländern dem Wirtschaftsreferenten dieser Status überhaupt zukommt. Als Ergebnis einer Auswertung der einzelnen Ausführungsverordnungen der Bundesländer zum Ermittlungspersonenstatus der dort beschäftigten Wirtschaftsreferenten ist festzuhalten, dass 12 von 16 Bundesländern ihren Wirtschaftsreferenten den Status als Ermittlungsperson der Staatsanwaltschaft nach § 152 Abs. 2 GVG verliehen haben. Lediglich in Sachsen, Nordrhein-Westfalen und Bayern sowie seit 2010 auch in Schleswig-Holstein haben die Wirtschaftsreferenten nicht den Status einer Ermittlungsperson der Staatsanwaltschaft nach § 152 Abs. 2 GVG inne. Die folgende Abbildung zeigt auf, in welchen Bundesländern dem Wirtschaftsreferenten der Status einer Ermittlungsperson der Staatsanwaltschaft zukommt.

321 Vor dem 30.08.2004 wurden die Ermittlungspersonen Hilfsbeamte der Staatsanwaltschaft genannt. Nachdem dieser Begriff aber wegen Diskriminierung der Polizei als „Diener“ der Staatsanwaltschaft kritisiert worden war, wurde die Bezeichnung „Hilfsbeamter“ durch das Erste Justizmodernisierungsgesetz vom 30.08.2004, BGBl. I 2004, S. 2198, geändert in „Ermittlungsperson der Staatsanwaltschaft“.

322 Meyer-Goßner, in: Schwarz (Begr.), § 152 GVG Rn. 6.

323 Meyer-Goßner, in: Schwarz (Begr.), § 152 GVG Rn. 6.

324 Siehe hierzu die Ausführungen bei Hellebrand, 1999, S. 97.

Abbildung 6: Ermittlungspersonenstatus des Wirtschaftsreferenten in den Bundesländern Deutschlands im Jahr 2012[325]

325 Quelle: Eigene Darstellung aufgrund der jeweiligen Verordnungen i.V.m. § 152 Abs. 2 GVG der einzelnen Bundesländern: in Mecklenburg-Vorpommern durch VO vom 06.06.1991 (GVBl., 170); in Rheinland-Pfalz durch VO vom 03.09.1975 (GVBl., 375; ÄndVO vom 27.9.1985, GVBl., 222); in Sachsen durch VO vom 09.04.1991 (GVBl., 57), Ermittlungspersonen sind nach § 1 (3) der VOErmPStA vom 05.04.2005 nur Dienstkräfte der Steuerfahndungsstellen; in Schleswig–Holstein durch VO 17.12.1976 (GVOBl., 1977, 1); in Baden–Württemberg durch VO vom 12.02.1996 (GBl., 184); die Wirtschaftsfachkräfte in Bayern haben nicht den Status einer Ermittlungsperson der Staatsanwaltschaft nach § 152 Abs. 2 GVG, vgl. hierzu die Verordnung über die Ermittlungspersonen der Staatsanwaltschaft vom 21.12.1995, GVBl., 1996, 4, zuletzt geändert mit Verordnung vom 11.01.2007; in Berlin nach § 1 Abs. 5 Nr. 1/2 der Verordnung über die Ermittlungspersonen der Staatsanwaltschaft vom 25.10.2005, GVBl., S. 758; in Brandenburg durch VO vom 28.12.1995 (GVBl., 1996 II, 62); in Bremen durch § 1 (1) Abs. 5 Nr. 1, 2 STAHilfsbVO vom 23.10.2004. i.d.F. vom 29.09.2011; in Hamburg durch VO vom 02.04.1996 (GVBl., 44, 167); in Hessen durch VO vom 02.07.1996 (GVBl. I, 114); in Mecklenburg-Vorpommern durch VO vom 02.07.1996 (GVBl., 311); in Niedersachsen durch VO vom 02.10.1997 (GVBl., 423; 1998, 485); in Nordrhein-Westfalen durch VO vom 30.04.1996 (GVBl., 180); im Saarland durch VO vom 11.7.1996 (ABl., 784); in Sachsen durch VO vom 08.06.1991 (GVBl., 209); in Sachsen-Anhalt durch VO über die Ermittlungspersonen der Staatsanwaltschaft vom 09.08.2001 i.d.F. vom 07.12.2004, GVBl. LSA 2001, 334; in Schleswig–Holstein durch VO vom 23.11.1995 (GVBl., 391), in § 1 Nr. 6 der StAErmPVO, die am 28.12.2010 verkündet wurde,

bb.) Auswertung der Rechtsprechung zu der Frage der Zulässigkeit des Einsatzes einer Ermittlungsperson der Staatsanwaltschaft als Sachverständiger

Dass der Wirtschaftsreferent in der Mehrzahl der Bundesländer den Status einer Ermittlungsperson einer Staatsanwaltschaft verliehen bekommen hat, wirft verschiedene rechtliche Probleme auf. Zunächst ist klärungsbedürftig, wie sich die potentielle Weisungsabhängigkeit als Ermittlungsperson auf die Arbeit des Wirtschaftsreferenten als Sachverständiger auswirkt. Eine Auswertung der strafrechtlichen Rechtsprechung zu diesem Problemfeld ergibt, dass sich die Rechtsprechung nicht konkret mit der Stellung des Wirtschaftsreferenten, sondern nur mit sonstigen öffentlichen Bediensteten als Ermittlungspersonen auseinandergesetzt hat. Eine höchstrichterliche Rechtsprechung zu der Frage der Vereinbarkeit des Ermittlungspersonenstatus nach § 152 Abs. 2 GVG mit der Sachverständigentätigkeit von Mitarbeitern anderer öffentlicher Behörden ist wie folgt ergangen.

(1) Urteil des Bundesgerichtshofs vom 11.01.1963 – 3 StR 52/62

Der Bundesgerichtshof setzte sich in seinem Urteil vom 11.01.1963 – 3 StR 52/62[326], in dem er die Besorgnis der Befangenheit prüfte, mit der Vereinbarkeit von Sachverständigentätigkeit der Beamten des Bundeskriminalamtes auseinander, die im Ermittlungsdienst als „Hilfsbeamte der Staatsanwaltschaft" (im Folgenden immer: „Ermittlungsperson der Staatsanwaltschaft") eingesetzt werden. Aus der Entscheidung lassen sich in Bezug auf den Status von Sachverständigen nach § 152 Abs. 2 GVG folgende Grundsätze ableiten: Alleine die abstrakte Eigenschaft, Ermittlungsperson der Staatsanwaltschaft zu sein, stehe einer Tätigkeit als Sachverständiger grundsätzlich nicht entgegen und könne nicht zu einer Ablehnung wegen Besorgnis der Befangenheit führen.

(2) Urteil des Bundesgerichtshofs vom 04.06.1964 – 3 StR 13/64

In einer weiteren Entscheidung befasste sich der Bundesgerichtshof[327] mit der Frage der Ablehnbarkeit wegen Besorgnis der Befangenheit von Verfassungsschutzbeamten als Sachverständige. Aus diesem Urteil lässt sich ableiten, dass

ist neuerdings ausdrücklich festgestellt worden, dass Wirtschaftsfachkräfte eine Ermittlungspersoneneigenschaft haben, Wirtschaftsreferenten seien jedoch keine Wirtschaftsfachkräfte im Sinne der Verordnung; bis zu diesem Zeitpunkt war den Wirtschaftsreferenten in Schleswig-Holstein der Status einer Ermittlungsperson der Staatsanwaltschaft verliehen worden; in Thüringen durch VO vom 12.6.1996 (GVBl., 110).

326 BGH St 18, 214.

327 BGH, NJW 1964, 1681.

Verfassungsschutzbeamte dann nicht als Sachverständige wegen Besorgnis der Befangenheit abgelehnt werden können, wenn ihnen nicht der Status einer Ermittlungspersonen der Staatsanwaltschaft zukommt und sie in der Sache nicht ermittelnd tätig geworden sind.

(3) Zusammenfassung

Beiden Entscheidungen zufolge steht allein die abstrakte Eigenschaft als Ermittlungsperson einer Sachverständigentätigkeit nicht entgegen, vielmehr muss ein sicherheitspolizeiliches Tätigwerden hinzukommen. Etwas anderes ergibt sich auch nicht aus zusätzlichen Erwägungen in der Entscheidung des Bundesgerichtshof vom 04.06.1964 – 3 StR 13/64, in der sich der Bundesgerichtshof darauf stützt, dass die Angehörigen der Verfassungsschutzämter im konkreten Fall nicht wegen Besorgnis der Befangenheit abgelehnt werden können, weil sie keine Ermittlungspersonen der Staatsanwaltschaft gewesen seien *und* auch nicht mit polizeilichen Maßnahmen in der Sache betraut gewesen seien. Denn hieraus kann nicht der Umkehrschluss gezogen werden, dass Behördenmitarbeiter, denen der Status als Ermittlungsperson der Staatsanwaltschaft verliehen wurde, *allein* aus diesem Grund wegen Besorgnis der Befangenheit abgelehnt werden können. Denn der Bundesgerichtshof stützt seine Begründung nicht nur auf die fehlende Ermittlungspersoneneigenschaft der Verfassungsschutzbeamten, sondern zusätzlich auch auf das Fehlen eines sicherheitspolizeilichen Tätigwerdens.

(4) Übertragbarkeit der Grundsätze auf den Wirtschaftsreferenten

Hier stellt sich die Frage, ob sich diese Grundsätze auf die Arbeit eines Wirtschaftsreferenten als Sachverständiger übertragen lassen. Dies ist nur dann der Fall, wenn die Stellung der in den Urteilen betroffenen Behördenbediensteten mit der eines Wirtschaftsreferenten bei einer Schwerpunktstaatsanwaltschaft vergleichbar ist. Wie die vorhergehende Untersuchung gezeigt hat, liegen die Hauptaufgaben eines Wirtschaftsreferenten sowohl in der Ermittlungstätigkeit als auch in der Erstattung von Gutachten. Hingegen haben Beamte des Bundeskriminalamtes[328] überwiegend ermittelnde Aufgaben, die auch in einer Koordinierung von Ermittlungen der Landeskriminalämter liegt. Verfassungsschutzbeamte[329]

328 Das Bundeskriminalamt (BKA) hat die Aufgabe, die nationale Verbrechensbekämpfung zu koordinieren und Ermittlungen bei schwerer Kriminalität mit Bezug zum Ausland durchzuführen. Informationen im Internet abrufbar unter: http://www.bka.de, Tag des Abrufs: 18.01.2012.

329 Das Bundesamt für Verfassungsschutz (BfV) ist ein deutscher Inlandsnachrichtendienst, dessen primäre Aufgabe die Überwachung von antidemokratischen Bestrebungen ist. Er hat keine polizeilichen Befugnisse. Aufgaben nach § 3 des Bundesverfassungsschutzgesetzes liegen sowohl in der Sachbearbeitung (Verfassen von Berichten und Stellungnahmen) als auch in der

können sowohl sachbearbeitend und ermittelnd tätig werden, Letzteres insbesondere, wenn sie als Vertrauenspersonen, sog. V-Leute, eingesetzt werden. Obwohl Beamte des Bundeskriminalamtes und Verfassungsschutzbeamte auch als Gutachter herangezogen werden können, gehört im Unterschied zum Aufgabenbereich des Wirtschaftsreferenten eine Sachverständigentätigkeit nicht zu ihren Hauptaufgaben. Entsprechend könnte man die Ansicht vertreten, dass Probleme in der Abgrenzung von Ermittlungs- und Gutachtertätigkeit im Verhältnis zum Wirtschaftsreferenten dann eher auftreten können, wenn eine Aufgabe nur selten ausgeübt wird. Hiermit ist jedoch kein Argument gegen eine Vergleichbarkeit der Berufsgruppen gegeben. Denn Schwierigkeiten in der Abgrenzung zweier unterschiedlicher Vorgehensweisen sind gerade dann wahrscheinlicher, wenn sie, wie im Fall des Wirtschaftsreferenten, regelmäßig vorgenommen werden.

Vor dem Hintergrund dieser Überlegungen sollen die Behördenangestellten der vorgenannten Entscheidungen mit dem Wirtschaftsreferenten vergleichbar sein, so dass die Entscheidungen in ihren Grundsätzen auch auf die Tätigkeit eines Wirtschaftsreferenten als Sachverständiger übertragen werden können.

(5) Anwendung der Grundsätze auf den Wirtschaftsreferenten

Überträgt man diese Grundsätze des Bundesgerichtshofs auf die Stellung des Wirtschaftsreferenten, so ergibt sich, dass allein seine abstrakte Eigenschaft, Ermittlungsperson der Staatsanwaltschaft zu sein, seiner Sachverständigenbestellung nicht entgegensteht. Eine ausreichende Begründung zu der Frage, warum der Status einer Ermittlungsperson der Staatsanwaltschaft unschädlich sein soll, legt der Bundesgerichtshof in seinen Urteilen jedoch nicht dar. Den genannten Entscheidungen hinzuzufügen ist deshalb eine konkrete Untersuchung der Frage, wie sich die Weisungsgebundenheit der Ermittlungsperson nach § 152 Abs. 1, 2 GVG i.V.m. der jeweiligen Rechtsverordnung der Bundesländer[330] zu der in den jeweiligen Aufgabenregelungen normierten Weisungsfreiheit verhält. Dies soll im Folgenden anhand einer Entscheidung des

---

operativen Nachrichtenbeschaffung. Für Letzteres werden sogenannte Vertrauensleute eingesetzt, denen ermittelnde Aufgaben zukommen, so z.B. der Besuch von Informationsveranstaltungen beobachteter Organisationen, verdeckte Einsätze und Brief- bzw. Telefonüberwachung; Informationen im Internet abrufbar unter: http://www.spiegel.de/thema/bundesamt_fuer_verfassungsschutz, Tag des Abrufs: 18.01.2012.

330 Es wird exemplarisch auf die AV des JM NRW vom 16.08.2011 (4100–III A.172) – JMBl. NRW, S. 262, welche die bis zum 01.09.2011 geltende AV des JM vom 13.08.1970 (4100–III A. 172.1) – JMBl. NRW, S. 218 abänderte, eingegangen. In dieser ist festgehalten, dass Wirtschaftsreferenten nur vom Abteilungsleiter und nicht vom staatsanwaltschaftlichen Dezernenten Weisungen erhalten können. Vergleichbare Bestimmungen finden sich jedoch auch in den jeweiligen Regelungen der anderen Bundesländer.

Amtsgerichts Bautzen dargestellt werden. Dabei ist zu untersuchen, welcher Vorschrift der Vorrang einzuräumen ist und ob allein die potentielle Weisungsmöglichkeit einen Widerspruch zur unabhängigen Arbeitsweise des Sachverständigen darstellt.

(6) Beschluss des Amtsgerichts Bautzen vom 11.12.1996 – 12 Ds 110 Js 5178/96

Das Amtsgericht Bautzen[331] hat sich in einer Entscheidung mit dem Spannungsfeld zwischen der Weisungsabhängigkeit einer Ermittlungsperson der Staatsanwaltschaft nach § 152 Abs. 1 GVG und einer Verwaltungsvorschrift, die im Fall von Begutachtungen Weisungsfreiheit vorsieht, auseinandergesetzt. Es kommt zu dem Ergebnis, dass die Besorgnis der Befangenheit eines Kriminalobermeisters, der eine Sachverständigentätigkeit ausführt, immer schon dann vorliege, wenn sich nicht ausschließen lasse, dass der Sachverständige des öffentlichen Organs aufgrund von Dienstanweisungen im Range einer Rechtsverordnung einer möglichen Weisung der Strafverfolgungsbehörde Folge leiste. Das Amtsgericht führt aus, dass verwaltungsinterne Regelungen in Form von Verwaltungsvorschriften, Erlassen etc., die Weisungsfreiheit garantieren, nicht ausreichend seien, um eine unabhängige, weisungsfreie Arbeit auch in der Praxis umsetzen zu können. Denn es ließe sich im Fall einer Kollision nicht ausschließen, dass der Sachverständige einer Weisung aufgrund der höheren Rechtsnorm folge, obwohl ihm in einer Verwaltungsvorschrift Weisungsfreiheit zugesprochen sei.

(7) Anwendbarkeit der Grundsätze des Amtsgericht Bautzen auf die Stellung des Wirtschaftsreferenten

Die Argumentation des Amtsgericht Bautzen lässt sich auf die Position des Wirtschaftsreferenten übertragen, denn ein Kriminalobermeister[332] kann ebenso wie ein Wirtschaftsreferent ermittelnd und sachverständig tätig werden. Im Rahmen einer Auseinandersetzung mit der Argumentation des Amtsgerichts Bautzen stellt sich die Frage, ob § 152 Abs. 1 GVG als höherrangiges Recht mit den Regelungen kollidiert, die weisungsfreie Arbeit des Wirtschaftsreferenten garantieren sollen.

331 Vgl. AG Bautzen, StV 1998, 125.

332 Der Kriminalobermeister ist Äquivalent zu einem Polizeiobermeister bei der normalen Vollzugspolizei. Das Amt bezeichnet Kriminalvollzugsbeamte bei der Kriminalpolizei in der Laufbahn des mittleren Dienstes. Sie sind Ermittlungspersonen der Staatsanwaltschaft. Informationen im Internet abrufbar unter: http://www.beamten-informationen.de/kriminalobermeister, Tag des Abrufs: 18.01.2012.

Die Regelungen in den einzelnen Bundesländern[333], die dem Wirtschaftsreferenten Weisungsfreiheit geben, sind weder Gesetz im formellen[334] noch im materiellen[335] Sinne, da sie nur Innenrechtsregelungen darstellen. Sie haben nicht die für ein Gesetz erforderlichen Außenwirkungen. Demgegenüber stellt ein Gesetz nach dem GVG ein Gesetz im formellen Sinne, d.h. ein Parlamentsgesetz, dar. Fraglich ist, ob das in § 152 Abs. 1 GVG normierte Weisungsrecht mit den Innenrechtsregelungen der einzelnen Bundesländer in Bezug auf die Weisungsfreiheit des Wirtschaftsreferenten kollidiert. Zu diesem Problem wird in der Literatur folgende Meinung vertreten.

Lemme[336] sieht es als irrelevant an, dass eine theoretische Weisungsgebundenheit des Wirtschaftsreferenten nach § 152 Abs. 1 GVG bestehe, wenn durch eine Verwaltungsvorschrift tatsächlich gesichert sei, dass der Wirtschaftsreferent weisungsfrei arbeiten könne. Er verkennt jedoch, dass § 152 Abs. 1 GVG als Parlamentsgesetz der Verwaltungsvorschrift vorgeht, denn es gilt der Grundsatz, dass das höhere Gesetz das rangniedrigere bricht (lex superior derogat legi inferiori). Dessen ungeachtet ist jedoch vielmehr Folgendes entscheidend. Die Frage, welchen Vorschriften Vorrang einzuräumen ist, ist dann irrelevant, wenn die Weisungsgebundenheit nach § 152 Abs. 1 GVG einer unabhängigen Arbeit deshalb nicht entgegenstehen würde, weil es sich nicht um ein inhaltliches, sondern um ein nur äußeres, d.h. organisatorisches Weisungsrecht handelt.

Von Relevanz ist deshalb die Frage, ob der Dienstvorgesetzte des Wirtschaftsreferenten durch sein Weisungsrecht nach § 152 Abs. 1 GVG nur allgemeine Anweisungen geben kann, die keinen Einfluss auf die unabhängige Arbeit des Wirtschaftsreferenten haben, oder ob er inhaltliche Einwirkungen auf die gutachterlichen Feststellungen nehmen kann. Nach der vorliegend vertretenen Auffassung geben die Weisungsrechte nach § 152 Abs. 1 GVG lediglich ein organisatorisches Weisungsrecht und keine Befugnis, auf den Inhalt eines zu erstattenden Gutachtens Einfluss zu nehmen.[337] Folglich steht eine Ermittlungspersoneneigenschaft des Wirtschaftsreferenten einer Sachverständigentätigkeit nicht entgegen.

---

333 Vgl. exemplarisch die AV des Justizministers vom 16.08.2011 (4100–III A. 172), JMBl. NRW, S. 262, welche die bis zum 01.09.2011 geltende AV des Justizministers vom 13.08.1970 (4100–III A. 172.1), JMBl. NRW, S. 218 abänderte.

334 Unter einem Gesetz im formellen Sinne ist jeder Beschluss zu verstehen, der im verfassungsmäßig vorgesehenen förmlichen Gesetzgebungsverfahren ergeht, ordnungsgemäß ausgefertigt und verkündet ist; vgl. Creifelds, 2011, S. 516 f.

335 Unter einem Gesetz im materiellen Sinne versteht man jede generell-abstrakte Regelung mit Außenwirkung; vgl. Creifelds, 2011, S. 516 f.

336 Lemme, wistra 2002, 286.

337 Diese Auffassung vertritt nunmehr auch Bittmann, wistra 2011, 48 mit dem Argument, dass keine inhaltlichen Weisungen gegeben werden können.

(8) Zwischenergebnis

Nach den bisherigen Überlegungen ist die Frage, ob ein Spannungsverhältnis zwischen dem Ermittlungspersonenstatus des Wirtschaftsreferenten und seiner Sachverständigentätigkeit besteht, zu verneinen. Die Ermittlungspersoneneigenschaft steht in diesem Fall der Sachverständigentätigkeit nicht entgegen.

b.) Ist eine Ermittlungsperson zwingend ein Organ der Staatsanwaltschaft?

Eine weitere Frage ist, ob die Ermittlungspersoneneigenschaft des Wirtschaftsreferenten zwingend dazu führt, ihn allgemein als Organ der Staatsanwaltschaft anzusehen. Konsequenterweise müsste er dann als Mitglied einer Behörde angesehen werden, für die bereits festgestellt werden konnte, dass sie nicht als objektive Behörde angesehen werden kann.[338] Dies könnte dem Unabhängigkeitspostulat eines Sachverständigen widersprechen, und es wäre fraglich, ob er eigenverantwortlich und frei arbeiten kann.

Von einem Teil der Rechtsprechung und Literatur wird hierzu vertreten, dass Ermittlungspersonen generell als Organ der Staatsanwaltschaft tätig würden, und z.T. wird von einem verlängerten Arm der Staatsanwaltschaft gesprochen.[339] Hierbei werden v.a. von Kramer[340] historische Argumente angeführt. Bereits der Reichsgesetzgeber habe mit der Einführung des Rechtsinstituts der Ermittlungsperson der Staatsanwaltschaft einen Ermittlungsunterbau schaffen wollen, wie sich aus den Motiven zur Einführung des GVG belegen lasse.[341] Da die einzelnen Länder jedoch ihre eigene Gesetzgebungskompetenz gehabt hätten, habe der Reichsgesetzgeber keine abschließende organisatorische, sondern nur eine funktionelle Unterordnung im GVG niedergelegt. Obwohl die Ermittlungspersonen nicht direkt der Staatsanwaltschaft dienstrechtlich unterstellt gewesen seien,

338 Vgl. hierzu die Ausführungen auf S. 84.

339 Richtungsweisend BVerwG, NJW 1975, 895, wobei allerdings in dieser Entscheidung nur auf die polizeiliche Ermittlungsperson der Staatsanwaltschaft eingegangen wird; BVerwGE 2, 303; OVG Hamburg, NJW 1970, 1700; Mayer, in: Kissel/Mayer (Hrsg.), § 152 GVG Rn. 7, 9, 15; Franke, in: Erb u.a. (Hrsg.), LR, § 152 GVG Rn. 25, der den Ermittlungspersonen den Status eines gerichtsverfassungsrechtlichen Organs der Staatsanwaltschaft zuspricht; sowie Böttcher, in: Erb u.a. (Hrsg.), LR, § 23 EGGVG, Rn. 16; Meyer-Goßner, in: Schwarz (Begr.), § 152 GVG Rn. 3 deutet diese Ansicht zumindest an, wenn er ausführt, dass die Ermittlungspersonen in noch stärkerer Bindung zur Staatsanwaltschaft stehen als andere Polizeibeamte; Görgen, 1973, S. 101; Nelles, 1980, S. 87; Kramer, wistra 1990, 176 f.

340 Kramer, wistra 1990, 176 f.

341 Hahn, GVG, 1886, Neudr. 1983, S. 152 ff. sowie die Ausführungen bei Schmid/Schoreit, in: Hannich (Hrsg.), KK, § 152 GVG Rn. 1.

hätten sie funktionell wie Untergebene des Staatsanwaltes tätig werden sollen. Deshalb seien die Ermittlungspersonen historisch als Teil der Staatsanwaltschaft in Form einer Einheit anzusehen. Darüber hinaus spreche auch das grundsätzliche Weisungsrecht in § 152 Abs. 1 GVG dafür, dass sie der Staatsanwaltschaft umfassend untergeordnet seien. Auch sei nicht danach zu differenzieren, ob eine konkrete Einzelweisung erteilt worden sei, da die Gefahr von zufälligen Ergebnissen bestehe. Schließlich könnte ansonsten die Staatsanwaltschaft darauf Einfluss nehmen, welches Gericht für die Überprüfung zuständig wäre, so dass es zu einer ungerechtfertigten Teilung des Rechtsweges kommen könnte.[342] Das ordentliche Gericht nach § 23 Abs. 1 EGGVG sei zuständig, wenn die Staatsanwaltschaft eine konkrete Weisung erteile, da dann repressives Handeln vorliege. Der Verwaltungsrechtsweg nach § 40 Abs. 1 VwGO sei dann eröffnet, wenn die Staatsanwaltschaft keine Weisung gebe; dann sei präventives Handeln gegeben.[343] Unterschiedliche Gerichtsbarkeiten, die dieselben Rechtsvorschriften betreffen, führten so zu einer Gefahr für die Einheit der Rechtsordnung und der Rechtssicherheit. Innerhalb dieser Ansicht macht Nelles[344] aber die Einschränkung, dass Ermittlungspersonen nur dann als Organ der Staatsanwaltschaft gelten sollten, wenn sie nicht in ihrem Hauptamt tätig würden.

Auf der anderen Seite kann aus einer Einzelentscheidung des Bundesgerichtshof gefolgert werden, dass eine Ermittlungsperson nur dann als Organ der Staatsanwaltschaft tätig sei, wenn ihr eine konkrete Einzelweisung erteilt werde.[345] Denn das eigenverantwortliche Handeln sei allein aufgrund der Eigenschaft, Ermittlungsperson der Staatsanwaltschaft zu sein, nicht eingeschränkt, sondern nur dann, wenn eine Einzelweisung erteilt wird.

Im Rahmen einer Zusammenschau dieser Meinungen erscheint der allgemeine Grundsatz, dass eine Ermittlungsperson der Staatsanwaltschaft nur dann als Organ der Staatsanwaltschaft tätig wird, wenn ihr eine Einzelweisung erteilt wird, nicht überzeugend. Hiergegen spricht insbesondere, dass es nicht im Machtbereich der Staatsanwaltschaft liegen darf, darüber zu disponieren, welcher Rechtsweg einschlägig ist. Ansonsten wäre die Gefahr von zufälligen Ergebnissen gegeben. Innerhalb der Auffassung, die Ermittlungspersonen generell als Organ der Staatsanwaltschaft ansehen, ist Nelles[346] zu folgen. Ihr Ansatz Ermittlungspersonen nur dann als Organ der Staatsanwaltschaft zu qualifizieren, wenn diese in ihrem Neben- und nicht Hauptamt tätig werden, überzeugt. Es

342 Kramer, wistra 1990, 176 f.; ebenfalls Böttcher, in: Erb u.a. (Hrsg.), LR, § 23 EGGVG, Rn. 16.

343 BGH, NJW 1975, 894; OVG Hamburg, NJW 1970, 1700; VGH Kassel, NJW 1984, 1253; Kruse, JuS 2007, 342.

344 Nelles, 1980, S. 88, 91, 97.

345 Vgl. BGHSt 5, 158 f. zur Befugnis der Polizeibeamten, über die Aufrechterhaltung einer Verstrickung zu entscheiden.

346 Nelles, 1980, S. 87.

ist rechtlich weder notwendig noch gerechtfertigt, Ermittlungspersonen generell auch bei der Ausübung ihres Hauptamtes als Organ der Staatsanwaltschaft zu qualifizieren. Dies lässt sich anhand eines Beispiels verdeutlichen. So wäre ein Forstbeamter auch bei seiner hauptamtlichen Tätigkeit – der Pflege des Waldes – als Organ der Staatsanwaltschaft tätig. Dies kann aber nicht überzeugen, da kein Grund für eine solche Annahme ersichtlich ist.

Übertragen auf den Wirtschaftsreferenten gilt somit Folgendes: Sowohl die einfache Ermittlungstätigkeit als auch die Erstellung von Gutachten gehören zu den Hauptaufgaben eines Wirtschaftsreferenten, wobei er nicht als Organ der Staatsanwaltschaft tätig wird. Hieraus ergibt sich keine Kollision mit einer etwaigen Sachverständigentätigkeit. Anderes gilt jedoch, wenn der Wirtschaftsreferent die Befugnisse wahrnimmt, die nur den Ermittlungspersonen der Staatsanwaltschaft zustehen. Diese größtenteils grundrechtsrelevanten Maßnahmen vorzunehmen, gehören nicht zu den Hauptaufgaben eines Wirtschaftsreferenten, sondern zu seinen Nebenaufgaben. Immer dann, wenn der Wirtschaftsreferent Befugnisse wahrnimmt, die nur den Ermittlungspersonen der Staatsanwaltschaft zustehen, wird er als Organ der Staatsanwaltschaft tätig. Dies gilt unabhängig davon, ob eine konkrete Weisung erteilt wurde. Daraus folgt, dass die Ermittlungspersoneneigenschaft des Wirtschaftsreferenten aber nicht generell, sondern nur im Einzelfall mit einer Sachverständigentätigkeit kollidiert.

c.) Organisationsrechtliche Eingliederung des Wirtschaftsreferenten bei der Staatsanwaltschaft

Darüber hinaus ist im Weiteren zu untersuchen, ob es der freien und unabhängigen Gutachtertätigkeit des Wirtschaftsreferenten entgegensteht, dass er organisatorisch Teil der Staatsanwaltschaft ist.[347] Unter der organisatorischen Eingliederung soll vor allem die räumliche Eingliederung des Wirtschaftsreferenten in die Behördenstruktur der Staatsanwaltschaft verstanden werden.

347 Siehe zu der organisatorischen Eingliederung des Wirtschaftsreferenten Römer, in: Polizeiinstitut Hiltrup (Hrsg.), Schlußbericht der Arbeitstagung, S. 103, der die Tätigkeit des Wirtschaftsreferenten folgendermaßen beschreibt: „Die Tätigkeit des Wirtschaftsreferenten ist eingebettet in die Gesamtermittlungstätigkeit. Der große Vorteil seiner Arbeit für die Staatsanwaltschaft liegt gerade darin, dass er Tür an Tür mit dem Dezernenten wohnt, dass ständig ein Rechts- und Fachgespräch geführt werden kann und dass er stark einbezogen wird; in die Ermittlungen selbst." Anders sieht dies Schlüchter, 1983, Rn. 528, die Wirtschaftsreferenten „als eine organisatorisch von den Ermittlungsbeamten getrennte Gruppe" betrachtet, da sie in ihrem Aufgabenbereich weisungsfrei und in eigener Verantwortung arbeiten würden. Schlüchter verkennt m.E., dass die Zubilligung von Weisungsfreiheit nicht gleichzeitig eine organisatorische Trennung bedeutet. Auch ein weisungsfreier Wirtschaftsreferent ist organisatorisch bei der Behörde eingegliedert.

Es stellt sich die Frage, ob diese räumliche Eingliederung bei der Staatsanwaltschaft es ihm psychisch erschwert, unvoreingenommen und unabhängig als Sachverständiger Gutachten zu erstellen. Die strafrechtliche Rechtsprechung[348] vertritt zu diesem Problem ohne ausreichende Argumentation zumeist die Ansicht, dass die behördliche Eingliederung des Wirtschaftsreferenten bei der Staatsanwaltschaft seiner Sachverständigenbestellung nicht entgegenstehe. Aufschluss geben in diesem Zusammenhang aber wiederum die bereits vorgestellten Urteile des Bundesgerichtshofs[349], nach denen Sachverständige nicht von den Abteilungen beauftragt werden sollten, deren Tätigkeitsschwerpunkt darin liegt, Ermittlungen vorzunehmen. Würde man diese Empfehlung uneingeschränkt auf den Wirtschaftsreferenten übertragen, wäre der Ausschluss des Wirtschaftsreferenten als Sachverständiger die Folge. Zwar empfiehlt der Bundesgerichtshof in seinem Urteil vom 04.06.1964 – 3 StR 13/64 dies nur am Rande. Jedoch soll nach dem Urteil vom 11.01.1963 – 3 StR 52/62[350] ein als Sachverständiger eingesetzter Bundeskriminalbeamte, dem der Status einer Ermittlungsperson der Staatsanwaltschaft zukommt und der aus einer organisatorisch nicht getrennten Ermittlungs- und Gutachterabteilung beauftragt wird, im Einzelfall sogar zu einer erfolgreichen Ablehnung wegen Besorgnis der Befangenheit nach § 74 Abs. 1 S. 1 i.V.m. § 22 ff. StPO führen können.

Während der Bundesgerichtshof in den beiden vorgenannten Urteilen die organisatorische Trennung von Ermittlungs- und Gutachterabteilungen empfiehlt, wird dieser Punkt in der strafrechtlichen Literatur nur rudimentär und ohne tiefer gehende Argumentation diskutiert. Zumeist findet sich nur der Hinweis, dass allein die dienstrechtliche Eingliederung des Wirtschaftsreferenten bei der Behörde Staatsanwaltschaft einer Sachverständigenbestellung nicht entgegenstehe.[351]

348 BGHSt 28, 384; BGH, NStZ 1984, 215; BGH, wistra 1986, 257; BGH, NStZ-RR 1998, 128; OLG Zweibrücken, NJW 1979, 1995.

349 BGH St 18, 214; BGH, NJW 1964, 1681.

350 BGH St 18, 214.

351 Pfeiffer, in: ders. (Hrsg.), § 74 StPO Rn. 1 zur dienstrechtlichen Eingliederung eines Polizeibeamten; Senge, in: Hannich (Hrsg.), KK, § 74 StPO Rn. 5 f.; Sternberg-Lieben/Bosch, in: Schönke/Schröder (Begr.), § 78c StGB Rn. 11; Wassermann, in: ders. (Hrsg.), AK, § 74 StPO Rn. 3; Rudolphi/Wolter, in: dies. (Hrsg.), SK, § 78c StGB Rn. 18; Saliger, in: Kindhäuser/Naumann/Paeffgen (Hrsg.), § 78c StGB Rn. 51, ebenso Jähnke, in: Laufhütte u.a., (Hrsg.), LK, § 78c StGB Rn. 23; Weller, in: Senge (Hrsg.), KK, § 33 OWiG Rn. 41; Krause, in: Erb u.a. (Hrsg.), LR, § 74 StPO Rn. 7 f. bezieht sich auf Beamte der Polizei, die auch nicht abgelehnt werden können, wenn sie Untersuchungsämtern angehörten, die ermittelnde Tätigkeiten ausführen, denn die große Zahl von entlastenden Gutachten in der Praxis würde zeigen, dass auch die Einrichtungen der Verbrechensbekämpfung unparteiisch arbeiten würden; Meyer-Goßner, in: Schwarz (Begr.), § 74 StPO Rn. 5, wenn der Wirtschaftsreferent das Gutachten ersichtlich eigenverantwortlich erstattet; Rosenau, in: Satzger/Schmitt/Widmaier, (Hrsg.), § 78c StGB Rn. 12; Schäfer, in Hannack, FS Dünnebier, S. 557; Eidam, 2008, S. 744; Montenbruck u.a.,

Lediglich Dippel[352] spricht sich konkret für eine Trennung von „Aufklärungssachverständigen", die durch sachverständiges Wissen die Ermittlungstätigkeit der Polizei und Staatsanwaltschaft unterstützen, und „gerichtlichen" Sachverständigen, die eine Gutachtertätigkeit vornehmen, aus. Dippel zieht hierbei die einzig logische Konsequenz, „Aufklärungssachverständige" aus dem Kreis der Sachverständigenfähigen auszuschließen.

Ähnlich differenziert Gössel[353] danach, ob der Sachverständige bei der konkreten Tätigkeit Gefahr laufe, die Neutralität gegenüber bestimmten Personen zu verlieren. Keine Gefahr sieht er z.B. bei kriminaltechnischen Untersuchungen, da dies eine Tätigkeit sei, die nur rein objektiv ausgeführt werden könne und bei der subjektive Eindrücke einer Person keine Rolle spielen würden. Anders sehe dies hingegen aus, wenn der Sachverständige die Aufgabe habe, zur Aufklärung des Falles beizutragen. Kubica[354] schließlich fordert speziell für die konkrete Situation des Wirtschaftsreferenten, ihn als Sachverständigen aufbauorganisatorisch von der Ermittlungsarbeit zu trennen.

Setzt man sich mit diesen verschiedenen Meinungen auseinander, so ist zunächst aus dem Urteil des Bundesgerichtshof vom 11.01.1963 – 3 StR 52/62 zu folgern, dass der Ermittlungspersonenstatus eines als Sachverständiger eingesetzten Wirtschaftsreferenten seiner unabhängigen Arbeit als Sachverständigen dann entgegensteht, wenn keine organisatorische Trennung von Ermittlungs- und Gutachterabteilungen gegeben ist. Für alle diejenigen Wirtschaftsreferenten, denen der Status nach § 152 Abs. 1 GVG zukommt, bedeuten die Aussagen des Bundesgerichtshofs, dass er in seiner jetzigen organisationsrechtlichen Eingliederung grundsätzlich nicht als Sachverständiger eingesetzt werden darf. Sinnvoll ist es jedoch, diese Grundsätze auch unabhängig von einer etwaigen Ermittlungspersoneneigenschaft anzuwenden, da diese Bedenken darüber hinaus auch bei Wirtschaftsreferenten, denen nicht der Status einer Ermittlungsperson der Staatsanwaltschaft zukommt, bestehen. Denn eine Beeinflussung der eigenverantwortlichen und unabhängigen Arbeit eines Sachverständigen besteht unabhängig von seinem Status als Ermittlungsperson der Staatsanwaltschaft. Es ist dem Wirtschaftsreferenten schon allein aufgrund seiner räumlichen Eingliederung in die Behördenstruktur der Staatsanwaltschaft erschwert, Ermittlungs- von Sachverständigentätigkeit zu trennen. Diese These wird durch Praxisberichte untermauert, denen zufolge die Teile der Abschlussverfügung, die einen wirtschaftlichen Bezug haben, in Teamarbeit von Staatsanwalt und Wirt-

---

JuS 1987, 804; Köhler, in: Wabnitz/Janovsky (Hrsg.), 2007, Kapitel 7 Rn. 396; Lemme wistra 2002, 286; Wiegmann, StV 1996, 574; Kohlhaas, NJW 1962; Gössel, DRiZ 1980, 371.

352 Dippel, 1986, S. 132.

353 Gössel, DRiZ 1980, 371.

354 Kubica, in: Kube u.a. (Hrsg.), 1994, S. 450.

schaftsreferent geschrieben werden.[355] In Anbetracht einer solchen Vorgehensweise verwundert es nicht, dass Hauptfehlerquellen von Gutachten u.a. sind, dass sich der Sachverständige unter Umständen mit einem Prozessbeteiligten identifiziert.[356] In Übersteinstimmung mit und Übertragung der Grundsätze von Dippel, Gössel und Kubica führen diese Erwägungen dazu, den Wirtschaftsreferenten aufgrund der aktuellen Gesetzeslage aus dem Kreis der Sachverständigenfähigen auszuschließen.

d.) Doppelrollentätigkeit des Wirtschaftsreferenten

Es wurde bereits gezeigt, dass der Wirtschaftsreferent eine Doppelrollentätigkeit ausübt. Über die in den Urteilen des Bundesgerichtshofs angesprochene räumliche Trennung hinaus ist aber nicht nur die behördliche Eingliederung des Wirtschaftsreferenten problematisch, sondern auch seine generelle Doppelrollentätigkeit als Ermittlungsgehilfe und Sachverständiger. Denn es ist äußerst zweifelhaft, ob ein Wirtschaftsreferent, der grundsätzlich dazu eingesetzt wird, Straftaten zu erforschen, die für einen Sachverständigen notwendige Unabhängigkeit besitzt, um seine Gutachtertätigkeit eigenverantwortlich und frei ausüben zu können. Dem mag man entgegenhalten, dass die Parteilichkeitsvorwürfe, die einem ständig von der Staatsanwaltschaft beauftragten externen Sachverständigen entgegengebracht werden[357], auf einem falschen Rollenverständnis der Staatsanwaltschaft sowie juristischer Unkenntnis beruhten und gerade diese Gefahr bei der Arbeit des Wirtschaftsreferenten geringer sei. Schließlich werde er zwangsläufig im Rahmen seiner Arbeit zunehmend sowohl juristisch geschult als auch mit der tatsächlichen Rolle der Staatsanwaltschaft vertraut. Nach einer Entscheidung des Bundesgerichtshof[358] sollen beispielsweise Beamte des Bundeskriminalamts, die tägliche Erfahrungen mit der Strafverfolgung haben, objektiver und sowohl vor Irrtum als auch Vorurteil besser geschützt sein als ein Sachverständiger, der nicht ermittelt. Denn die wiederholte Ermittlungstätigkeit versetze den Sachverständigen erst in die Lage, die erforderliche Sachkunde für ein Gutachten zu haben.

---

355 Kny, in: Polizeiinstitut Hiltrup (Hrsg.), Schlußbericht der Arbeitstagung, S. 119 f.; Steinke, Kriminalistik 1994, 199 berichtet sogar, dass bei der Polizei die Kriminaltechniker von dem Ermittlungsdienst organisatorisch getrennt seien, um gar nicht erst den Anschein von Ermittlungen in derselben Sache zu wecken.

356 So auch Streng, NStZ 1995, 12 f.

357 Hierzu kritisch Arndt, NJW 1962, 26; Dippel, 1986, S. 132 f.; Döhring, 1964, S. 271 f.; Frenken, DAR 1956, 291 ff.; ders., DRiZ 1957, 169; Hetzer, 1982, S. 163; Lürken, NJW 1968, 1162; Tondorf/Waider, StV 1997, 496; Wasserburg, StV 1989, 335; Toepel, 2001, S. 298; Krekeler, wistra 1989, 53; Schmidt-Leichner, in: BKA (Hrsg.) Wirtschaftsdelikte, S. 120.

358 BGHSt 18, 215.

Dass Sachverständige, die zu Ermittlungszwecken eingesetzt werden, auch objektiver arbeiten, wird auch von Seiten der Literatur[359] vertreten.

Diese Meinung scheint jedoch nicht plausibel. Denn der selbst ermittelnde Staatsanwalt ist, wie im zweiten Teil der vorliegenden Arbeit gezeigt wurde, in seiner Objektivität gefährdet. Es ist kein Grund ersichtlich, warum dieses Ergebnis nicht auch auf den Wirtschaftsreferenten übertragbar sein sollte. Im Gegenteil besteht bei Wirtschaftsreferenten, die regelmäßig an der Ermittlungsarbeit teilnehmen, zusätzlich die Gefahr, dass sie sich rechtliche Kenntnisse aneignen und lernen, wie ein Staatsanwalt zu handeln und zu subsumieren. Dies stellt zwar kein Hindernis für eine Ermittlungsarbeit des Wirtschaftsreferenten dar, fraglich ist jedoch die Auswirkung auf die Gutachtertätigkeit. Der Wirtschaftsreferent wird durch die im Rahmen der praktischen Tätigkeit erfahrene juristische Schulung verleitet, sich Rechtsmeinungen zu bilden.[360] Dies aber stellt ein Hindernis für den Wirtschaftsreferenten bei der Ausübung seiner Gutachtertätigkeit dar. Im Ergebnis ist daher davon auszugehen, dass die Doppelrollentätigkeit des Wirtschaftsreferenten einer freien und unabhängigen Arbeit entgegensteht.

3.) Ergebnis der Untersuchung zur Zulässigkeit des Wirtschaftsreferenten als Sachverständiger

Zusammenfassend kann festgestellt werden, dass der Wirtschaftsreferent zwar persönlich zu einer Gutachtenerstattung beauftragt werden kann, er aber aufgrund seiner Doppelrolle und seiner momentanen organisationsrechtlichen Eingliederung als Teil der Behörde Staatsanwaltschaft nicht die für einen Sachverständigen notwendige Unabhängigkeit besitzt, um ein Gutachten eigenverantwortlich und frei zu erstatten. Demgegenüber steht ein abstrakter Ermittlungspersonenstatus des Wirtschaftsreferenten einer freien und unabhängigen Gutachtenerstattung nicht entgegen, da der Wirtschaftsreferent zum einen nicht grundsätzlich als Organ der Staatsanwaltschaft tätig wird, zum anderen die Weisungsgebundenheit des § 152 Abs. 1 GVG auf die in den Aufgabenbereichsregelungen geregelte Weisungsfreiheit des Wirtschaftsreferenten keinen Einfluss hat. Diese Ergebnisse geben Anlass, der Frage nachzugehen, welche Möglichkeiten bestehen, den Wirtschaftsreferenten als Sachverständigen wegen Besorgnis der Befangenheit in der Hauptverhandlung abzulehnen.

---

359 Krause, in: Erb u.a. (Hrsg.), LR, § 74 StPO Rn. 8; Gössel DRiZ 1980, S. 371, der dies jedoch einschränkend sieht, könne doch aus belastenden Umständen auch leicht ein Vorurteil erwachsen, das zu einem Überführungseifer führe; Lemme, wistra 2002, 284.

360 So auch Franzheim, in: Tiedemann (Hrsg.), Die Verbrechen in der Wirtschaft, S. 114.

IV. Möglichkeiten des Beschuldigten, gegen die Auswahl des Wirtschaftsreferenten als Sachverständigen vorzugehen

Allgemein kann sich ein Beschuldigter in der Hauptverhandlung gegen die Auswahl eines Sachverständigen wehren, indem er einen Ablehnungsantrag wegen Besorgnis der Befangenheit nach § 74 Abs. 1 S. 1 i.V.m. §§ 22 ff. StPO stellt.[361] Hierbei versteht man unter dem Begriff Befangenheit eine innere Haltung, die geeignet ist, die erforderliche Neutralität gegenüber den Verfahrensbeteiligten störend zu beeinflussen.[362] Daher stellt sich zunächst die Frage, ob die Arbeit eines Wirtschaftsreferenten als Sachverständiger überhaupt den Anschein der Parteilichkeit hervorrufen kann. Denn selbst wenn man argumentiert, dass es für einen bei der Staatsanwaltschaft arbeitenden Wirtschafsreferenten schwieriger als für einen externen Gutachter sei, eine objektive Haltung zu bewahren, so reicht dies allein nicht aus, um Bedenken gegen seinen Einsatz als Sachverständiger zu haben. Selbst ein befangener Wirtschaftsreferent muss nicht zwangsläufig den Anschein der Parteilichkeit hervorrufen, wenn es ihm möglich ist, seine Arbeit unabhängig von seiner subjektiven Gesinnung rein objektiv auszuführen.

Auf den ersten Blick scheint dieses Argument in Bezug auf den Wirtschaftsreferenten als Sachverständiger zu überzeugen. Denn im Gegensatz zum psychiatrischen Gutachter, der eine Einschätzung der inneren Gefühls- und Geisteswelt seines Patienten vornimmt und damit zu einem höheren subjektiven Explorationsergebnis kommen muss, stützt sich der Wirtschaftsreferent bei seiner Arbeit auf vorhandene objektive Beweise, indem er z.B. Geschäftsunterlagen, Bilanzen etc. auswertet. Man mag versucht sein, hierin nur objektiv nachprüfbare Tatsachen zu sehen, die keinen Ermessensspielraum zulassen. Schließlich lässt sich beispielsweise der Zeitpunkt, in welchem eine Überschuldung stattgefunden hat, nur anhand von objektiven Berechnungen feststellen.

Allerdings endet die Arbeit eines Gutachten erstattenden Wirtschaftsreferenten hier nicht. Es darf nicht übersehen werden, dass auch er subjektive Einschätzungen wiedergeben muss, auch wenn diese nicht den Stellenwert eines psychiatrischen Gutachtens erreichen. Ob ein Indiz be- oder entlastend ist, hängt oft von der Beurteilung des Wirtschaftsreferenten ab.[363] Gerade im Bereich der

361 Meyer-Goßner, in: Schwarz (Begr.), § 73 StPO Rn. 18; Senge, in: Hannich (Hrsg.), KK, § 73 StPO Rn. 9; Pfeiffer, in: ders. (Hrsg.), § 73 StPO Rn. 3; Krause, in: Erb u.a. (Hrsg.), LR, § 74 StPO Rn.21; Senge, in: Hannich (Hrsg.), KK, § 74 StPO Rn. 7 m.w.N.; a.A. Eisenberg, NStZ 2006, 373, der die Meinung vertritt, der Sachverständige sei schon im Ermittlungsverfahren abzulehnen.

362 Siehe zu dem Begriff der Befangenheit Fischer, in: Hannich (Hrsg.), KK, § 24 StPO Rn. 3.

363 Knierim, in: Wabnitz/Janovsky (Hrsg.), Wirtschaftsstrafrecht, Kapitel 8 Rn. 79.

Wirtschaftsdelinquenz ist es außerordentlich schwierig, im Falle des Schweigens des Beschuldigten den subjektiven Tatbestand zweifelsfrei festzustellen. Wo hört das von unserem Wirtschaftssystem geforderte und geförderte erlaubte Risiko[364] auf, wann ist grobe Fahrlässigkeit anzunehmen, wo beginnt der dolus eventualis?[365] Ist sicher festzustellen, dass ein Angeklagter seine Buchhaltung und ihre Ergebnisse zur Tatzeit gekannt und verstanden hat? Die Antwort auf diese Frage stellt die subjektive Komponente des Wirtschaftsreferenten dar, die überhaupt den Anlass dafür bietet, über eine mögliche Befangenheit nachzudenken. Denn ein befangener Sachverständiger setzt den Maßstab für die Sorgfaltspflichten, die ein durchschnittlich erfahrener Kaufmann einzuhalten hat, eventuell geringer oder höher an.

Darf der Wirtschaftsreferent zwar nicht über Rechtsfragen, z.B. die Frage, ob vorsätzliches Handeln gegeben ist, entscheiden, so ist doch gerade in komplizierten Prozessen das Gutachten die Entscheidungsgrundlage für den Richter. Letztlich kann nur der Sachverständige kompetent beurteilen, ob z.B. Unregelmäßigkeiten in der Buchführung derart offensichtlich sind und sich aufdrängen mussten, dass sie nur vorsätzlich oder grob fahrlässig vorgenommen werden konnten. Diese Abgrenzung ist nicht vollständig objektivierbar, sondern stets immer eine Frage des Einzelfalls, und sie lässt auch ein gewisses Maß an Ermessen zu. Letztlich bietet genau dieses Ermessen den Anlass darüber nachzudenken, ob die Besorgnis der Befangenheit gegenüber den Wirtschaftsreferenten zuzulassen oder abzulehnen ist.

Kann demnach gezeigt werden, dass der Gedanke der Befangenheit für den Wirtschaftsreferenten überhaupt von Bedeutung ist, so ist in einem nächsten Schritt zu prüfen, welche Regeln für eine solche Ablehnung des Wirtschaftsreferenten Anwendung finden sollen.

1.) Überblick über mögliche Ablehnungsgründe des Wirtschaftsreferenten

Nach der vorliegend vertretenen Auffassung sind die allgemeinen Regeln über die Ablehnung von Sachverständigen auf den Wirtschaftsreferenten anwendbar. § 74 Abs. 1 S. 1 StPO bestimmt, dass ein Sachverständiger generell aus denselben Gründen wie ein Richter abgelehnt werden kann, und verweist somit auf die

364 Feuerstein, 2007, S. 40; Heinz, GA 1977, 195.

365 Die Problematik der Nachweisschwierigkeiten im Grenzbereich von erlaubtem und verbotenem Verhalten sprechen auch Dannecker, in: Wabnitz/Janovsky (Hrsg.), Wirtschaftsstrafrecht, Kapitel 1 Rn. 1 sowie Schmid, in: Baer (Mitarb.), Wirtschaftskriminalität, S. 54 f. an.

§§ 22 ff. StPO. Diese unterscheiden zwischen den sog. absoluten und den relativen Befangenheitsgründen.

§ 74 Abs. 1 S. 1 i.V.m. § 22 StPO

Die absoluten Befangenheitsgründe des § 22 Nr. 1–4 StPO rechtfertigen stets die Ablehnung des Sachverständigen, ohne dass eine Einzelfallprüfung notwendig ist. Hier soll nur der Ablehnungsgrund des § 22 Nr. 4 StPO näher betrachtet werden, da nur er sich aufgrund der besonderen Stellung des Wirtschaftsreferenten ergibt. Dessen ungeachtet kommt unter den gegebenen Umständen des Einzelfalls eine Anwendung der Nr. 1–3 in Betracht, was vorliegend aber nicht weiter thematisiert werden soll. Entgegen dem Wortlaut des § 22 StPO liegen im Rahmen der Ablehnung eines Sachverständigen nach h.M.[366] keine gesetzlichen Ausschlussgründe, sondern nur zwingende Ablehnungsgründe vor, die auf Antrag zu berücksichtigen sind und stets einen Gerichtsbeschluss nach sich ziehen.

§ 22 Nr. 5 StPO, der sich mit der Ausschließung eines Richters befasst, der in der Sache als Zeuge oder Sachverständiger vernommen wird, wird von § 74 Abs. 1 S. 2 StPO ausgeschlossen. § 74 Abs. 1 S. 2 StPO bestimmt, dass ein Ablehnungsgrund dann nicht vorliegt, wenn der Sachverständige als Zeuge vernommen worden ist. Der Ausschluss soll über den Wortlaut hinaus auch dann gelten, wenn der Sachverständige in derselben Sache schon früher, z.B. im Ermittlungsverfahren oder im Verfahren des ersten Rechtszugs, ein Gutachten erstattet hat.[367]

§ 74 Abs. 1 S. 1 i.V.m. § 23 StPO

§ 74 Abs. 1 S. 1 StPO verweist grundsätzlich auch auf den Ablehnungsgrund des § 23 StPO. Dieser befasst sich mit der Ablehnung eines Richters, der in einem früheren Verfahren mitgewirkt hat. Es stellt sich im Folgenden die Frage, ob dieser Ablehnungsgrund auch auf den Wirtschaftsreferenten als Sachverständigen Anwendung findet.

---

366 BGHSt 18, 214; Senge, in: Hannich (Hrsg.), KK, § 74 StPO Rn. 2 m.w.N.; Meyer-Goßner, in: Schwarz (Begr.), § 74 StPO Rn. 3; Krause, in: Erb u.a. (Hrsg.), LR, § 74 StPO Rn. 4; Senge, in: Hannich (Hrsg.), KK, § 74 StPO Rn. 2; Pfeiffer, in: ders. (Hrsg.), § 74 StPO Rn. 1; Eisenberg, 2011, Rn. 1550; Wiegmann StV 1996, 571; Gössel, DRiZ 1980, 370; a.A. Krause, in: Schroeder/Zipf (Hrsg.), FS Maurach, 557 f.

367 Siehe hierzu schon RGS 33, 199; Senge, in: Hannich (Hrsg.), KK, § 74 StPO Rn. 3; Pfeiffer, in: ders. (Hrsg.), § 74 StPO Rn. 1, Krause, in: Erb u.a. (Hrsg.), LR, § 74 StPO Rn. 9; Meyer-Goßner, in: Schwarz (Begr.), § 74 StPO Rn. 3; Fischer, in: Hannich (Hrsg.), KK, § 24 StPO Rn. 3.

§ 74 Abs. 1 S. 1 i.V.m. § 24 Abs. 2 StPO

Eine relative Befangenheit nach § 24 Abs. 2 StPO liegt demgegenüber dann vor, wenn ein Grund vorliegt, der geeignet ist, Misstrauen gegen die Unparteilichkeit eines Sachverständigen zu rechtfertigen. Hierbei ist auf den Standpunkt des Ablehnenden abzustellen, wobei vernünftige Gründe vorgebracht werden müssen, die auch für Dritte nachvollziehbar sind.[368] Es muss somit jeweils eine Prüfung im Einzelfall vorgenommen werden, wobei von einem „individuell-objektiven" Maßstab auszugehen ist.

2.) § 74 Abs. 1 S. 1 i.V.m. § 22 Nr. 4 StPO

Wie bereits ausgeführt, kommt für einen Wirtschaftsreferenten, der bei der Staatsanwaltschaft eingegliedert ist und als Sachverständiger in der Hauptverhandlung tätig wird, aufgrund seiner besonderen Stellung allein eine Anwendung des absoluten Befangenheitsgrundes des § 74 Abs. 1 S. 1 i.V.m. § 22 Nr. 4 StPO in Betracht.

a.) Voraussetzungen von § 74 Abs. 1 S. 1 StPO i.V.m. § 22 Nr. 4 StPO

Nach § 74 Abs. 1 S. 1 i.V.m. § 22 Nr. 4 StPO ist ein Sachverständiger dann ausgeschlossen, wenn er in der Sache als Beamter der Staatsanwaltschaft, als Polizeibeamter, als Anwalt des Verletzten oder als Verteidiger tätig geworden ist. In Betracht kommt, dass der Wirtschaftsreferent als Beamter der Staatsanwaltschaft und/oder Polizeibeamter tätig geworden ist.

aa.) Tatbestandsmerkmal „Beamter der Staatsanwaltschaft oder Polizeibeamter"

Der Begriff Beamter der Staatsanwaltschaft richtet sich nach § 146 GVG. Hierbei ist der Beamtenbegriff im funktionellen Sinne zu verstehen.[369] Für die Qualifi-

368 BGH bei Dallinger, MDR 1952, 409; BGH, GA 1968, 305; Krause, in: Erb u.a. (Hrsg.), LR, § 74 StPO Rn. 11; Pfeiffer, in: ders. (Hrsg.), § 74 StPO Rn. 2; Meyer-Goßner, in: Schwarz (Begr.), § 74 StPO Rn. 4; Fischer, in: Hannich (Hrsg.), KK, § 74 StPO Rn. 3; Jessnitzer/Frieling, 2007, S. 117.

369 BGH, MDR 1958, 785; Meyer-Goßner, in: Schwarz (Begr.), § 22 StPO Rn. 12; Fischer, in: Schwarz (Begr.), § 11 StGB Rn. 13 ff.; Krause, in: Erb u.a. (Hrsg.), LR, § 22 StPO Rn. 7; Fischer, in: Hannich (Hrsg.), KK, § 22 StPO Rn. 10; Pfeiffer, in: ders. (Hrsg.), § 22 StPO Rn. 2; Eisenberg, 2011, Rn. 1550; Nix, Kriminalistik 1994, 85; Lemme, wistra 2002, 285; Wiegmann, StV 1996, 572.

zierung ist lediglich eine Amtsstellung erforderlich, die der Verfolgung des Beschuldigten dient.[370] Dem funktionellen Beamtenbegriff ist zuzustimmen, da eine Ablehnung nicht davon abhängen darf, ob zufällig auch eine statusrechtliche Verbeamtung stattgefunden hat. Hieraus ergibt sich Folgendes: Wirtschaftsreferenten mit dem Status einer Ermittlungsperson der Staatsanwaltschaft haben nach § 152 Abs. 1 GVG i.V.m. § 161 Abs. 1 S. 2 StPO eine Amtsstellung inne, die der Verfolgung des Beschuldigten dient. Sie sind als Beamte der Staatsanwaltschaft im funktionellen Sinne zu qualifizieren, falls sie staatsanwaltschaftliche Befugnisse wahrnehmen. Demgegenüber haben Wirtschaftsreferenten, denen die Ermittlungspersoneneigenschaft nicht verliehen wurde, keine strafverfolgende Funktion, so dass sie nicht als Beamte im funktionellen Sinne betrachtet werden können.

Weiterhin ist zu prüfen, ob der Wirtschaftsreferent auch Polizeibeamter im Sinne der Vorschrift sein kann. Als Polizeibeamter im Sinne des § 22 Nr. 4 StPO ist anzusehen, wer durch sein Amt zur Verfolgung von Straftaten kraft Gesetzes nach § 163 StPO oder kraft Auftrags der Staatsanwaltschaft gemäß §§ 161 Abs. 1 S. 2 StPO, 152 Abs. 1 GVG berufen ist und konkret ermittelnd tätig wird. Dies gilt auch für Ermittlungspersonen der Staatsanwaltschaft nach § 152 Abs. 1 GVG, die keine Polizeibeamten sind, aber gegen den Beschuldigten vorgegangen sind.[371] Es gilt folglich wiederum der funktionelle Polizeibegriff. Hieraus ergibt sich, dass überhaupt nur diejenigen Wirtschaftsreferenten Polizeibeamte im Sinne von § 22 Nr. 4 StPO sein können, denen der Status einer Ermittlungsperson der Staatsanwaltschaft verliehen wurde.

bb.) Tatbestandsmerkmal „in der Sache tätig werden“

Als weiteres Tatbestandsmerkmal müsste der Wirtschaftsreferent „in der Sache“ tätig geworden sein. Unter „Tätigkeit“ im Sinne des § 22 Nr. 4 StPO wird jede Art amtlichen Handelns in derselben Strafsache verstanden, das geeignet ist, den Sachverhalt zu erforschen oder den Gang des Verfahrens zu beeinflussen.[372] Fraglich für die weitere Untersuchung ist, welche Mitwirkungshandlungen des Wirtschaftsreferenten im Vorverfahren hierunter subsumiert werden können. In

---

370 BGH, MDR 1958, 785; Meyer-Goßner, in: Schwarz (Begr), StPO, § 22 Rn. 13; Fischer, in: Hannich (Hrsg.), KK, § 22 Rn. 10; Siolek, in Erb u.a. (Hrsg.), LR, § 22 StPO Rn. 33; Wassermann, in: ders. (Hrsg.), AK, § 22 StPO Rn. 9 f.; Bittmann, wistra 2011, 52; Wiegmann, StV 1996, 573 f.

371 Siehe schon RGSt 17, 423; BGH, MDR 1958, 785; Meyer-Goßner, in: Schwarz (Begr.), § 22 StPO Rn. 12 ff.; Siolek, in: Erb u.a. (Hrsg.), LR, § 22 StPO Rn. 35; Krause, in: Erb u.a. (Hrsg.), LR, § 74 StPO Rn. 7; Fischer, in: Hannich (Hrsg.), KK, § 22 StPO Rn. 4 u. 12; Pfeiffer, in: ders. (Hrsg.), § 22 StPO Rn. 2; Wassermann, in: ders. (Hrsg.), AK, § 22 StPO Rn. 9 ff.; Eisenberg, 2011, Rn. 1550.

372 BGH bei Holtz, MDR 1982, 281 f.; Wendisch, in: Erb u.a. (Hrsg.), LR, § 22 StPO Rn. 32.

Betracht kommen dabei die Gutachtertätigkeit sowie die Ermittlungstätigkeit des Wirtschaftsreferenten im Vorverfahren.

(1) Erstellen von Sachverständigengutachten im Vorverfahren

Zu untersuchen ist zunächst, ob eine sachverständige Begutachtung des Wirtschaftsreferenten im Vorverfahren eine ablehnungsrelevante Mitwirkungshandlung im Sinne von § 22 Nr. 4 StPO darstellen kann. Dann müsste die Sachverständigentätigkeit im Vorverfahren dazu geeignet sein, den Sachverhalt zu erforschen oder den Gang des Verfahrens zu beeinflussen.

Zu diesem Problemkreis wird von der h.M.[373] vertreten, dass die sachverständige Begutachtung der Ermittlungsergebnisse im Vorverfahren keine ablehnungsrelevante Mitwirkungshandlung im Sinne von § 22 Nr. 4 StPO darstelle. Eine Sachverhaltserforschung bzw. Beeinflussung des Verfahrensganges könne durch eine sachverständige Begutachtung nicht mehr stattfinden. Denn das Wesen eines Gutachtens liege in der Auswertung von bereits feststehenden Ermittlungsergebnissen, an denen der Sachverständige nicht selbst teilgenommen habe. Vereinzelt wird darüber hinaus dahingehend argumentiert, dass man ansonsten Staatsanwaltschaft und Polizei zwingen würde, weniger geeignete Sachverständige im Ermittlungsverfahren zu benennen, um nicht den besten Sachverständigen für die Hauptverhandlung ausschließen zu müssen.[374]

In der Literatur vertritt Zwiehoff[375] die Meinung, dass das Erstellen von Sachverständigengutachten im Vorverfahren eine ablehnungsrelevante Mitwirkungshandlung im Sinne von § 22 Nr. 4 StPO darstellen kann. Zur Begründung ihrer These zieht sie einen Vergleich mit der Verwaltungsgerichtsordnung und überträgt die dort geltenden Grundsätze auch auf das Strafprozessrecht. Nach §§ 54 Abs. 2, 98 VwGO i.V.m. §§ 42, 406 ZPO kann im Verwaltungsprozess ein Richter

373 RGSt 17, 424; 35, 319 f.; Siolek, in: Erb u.a. (Hrsg.), LR, § 22 StPO Rn. 36, der jedoch im Fall der Gutachtenerstattung eines Kriminalbeamten auf den Ablehnungsgrund des § 24 StPO verweist; Krause, in: Erb u.a. (Hrsg.), LR, § 74 StPO Rn. 12; ebenso Fischer, in Hannich (Hrsg.), KK, § 22 StPO Rn. 9; Pfeiffer, in: ders. (Hrsg.), § 74 StPO Rn. 1; Wassermann, in: ders. (Hrsg.), AK, § 74 StPO Rn. 5; Müller, 1988, S. 180; Kohlhaas, NJW 1962, 1331; Schlüchter, 1983, Rn. 528; Wiegmann, StV 1996, 573.

374 Krause, in Erb u.a. (Hrsg.), LR, § 74 StPO Rn. 12; Kohlhaas, NJW 1962, 1331; Schlüchter, 1983, Rn. 528.

375 Zwiehoff, 2000, S. 313 f.; hierbei ist zu beachten, dass Zwiehoff die Stellung von externen Sachverständigen untersucht, denen keine Amtsstellung bei der Verfolgung des Beschuldigten zukommt. Allein aus diesem Grund verneint sie eine Anwendung des § 22 Nr. 4 StPO. Trotzdem bezieht sie sich im Rahmen ihrer Untersuchung weiterhin auf die Besorgnis der Befangenheit nach § 22 Nr. 4 StPO, wenn sie ausführt, dass zu den in § 22 Nr. 4 StPO genannten Berufsgruppen „kein qualitativer Sprung“ gegeben sei, so dass die Besorgnis der Parteilichkeit auch beim externen staatsanwaltschaftlichen Sachverständigen anzunehmen sei.

dann abgelehnt werden, wenn er am vorausgegangenen Verwaltungsverfahren in irgendeiner Weise, auch als Sachverständiger, mitgewirkt habe.[376] Denn § 54 Abs. 2 VwGO solle den Eindruck verhindern, dass der Richter einen Rechtsstreit entscheide, obwohl er sich in der Sache bereits festgelegt habe.[377] Aus diesem Grund sei eine Verfahrensbeeinflussung im Verwaltungsprozess auch bei bloß beratender Tätigkeit anzunehmen. Dasselbe gelte für den Sachverständigen, der nach § 98 VwGO i.V.m. § 406 Abs. 1 ZPO aus denselben Gründen abgelehnt werden kann wie der Richter.

Die Übertragbarkeit dieser Argumentation auf das Strafprozessrecht scheitert nach Zwiehoff nicht an der Frage einer Vergleichbarkeit beider Prozessordnungen. Ebenso wie dem Widerspruchsverfahren komme auch dem strafprozessrechtlichen Ermittlungsverfahren immer mehr Bedeutung zu. Hierfür sprächen z.B. die überwiegende Verlesbarkeit von Ermittlungsprotokollen sowie der Vorhalt aus den Akten an Zeugen. Nach Zwiehoff rechtfertigt eine Gutachtertätigkeit des staatsanwaltschaftlichen Sachverständigen im Vorverfahren die Besorgnis der Befangenheit, da sich dieser oft mit der Staatsanwaltschaft identifiziere und somit die Gefahr der Parteilichkeit gegeben sei. Der Sachverständige sei funktionell als Gehilfe der Staatsanwaltschaft einzuordnen.

Überträgt man diese Argumentation auf das Strafprozessrecht, so würde dies bedeuten, dass ein Wirtschaftsreferent, der sowohl im Ermittlungs- als auch Hauptverfahren als Sachverständiger eingesetzt wird, durch seine Gutachtertätigkeit im Vorverfahren den Eindruck erweckt, dass er sich durch sein Gutachten im Vorverfahren bereits festgelegt habe und er diese Meinung nur schwer in der Hauptverhandlung ändern werde.

Stellungnahme

Eine Auswertung der Meinungen ergibt, dass zunächst Zwiehoff insoweit Recht zu geben ist, als jedwede Mitwirkung, auch die Erstellung eines Sachverständigengutachtens im Vorverfahren, die Gefahr in sich birgt, dass der Sachverständige sich mit seinem Auftraggeber identifiziert. Vergegenwärtigt man sich zudem, dass Zwiehoff nur die Unabhängigkeit des externen Gutachters untersucht, erscheinen die Bedenken in Bezug auf den Wirtschaftsreferenten noch um ein Vielfaches erhöht, ist dieser doch sowohl dienstrechtlich als auch organisatorisch Teil der Staatsanwaltschaft. Ob aber § 74 Abs. 1 S. 1 i.V.m. § 22 Nr. 4 StPO auch bei der Sachverständigentätigkeit des Wirtschaftsreferenten im Vorverfahren einschlägig sein kann, hängt jedoch allein von der Beantwortung der Frage ab,

376 Redeker/v. Oertzen, 2010, § 98 VwGO Rn. 10; zur Vergleichbarkeit des verwaltungsgerichtlichen mit dem strafprozessrechtlichen Verfahren Zwiehoff, 2000, S. 314 Fn. 144.
377 Schenke, in: Kopp/Schenke (Begr.), § 54 VwGO Rn. 8.

ob die Sachverständigentätigkeit im Vorverfahren (I) entweder dazu beiträgt, den Sachverhalt zu erforschen, oder ob sie (II) das Verfahren im Sinne von § 22 Nr. 4 StPO zu beeinflussen imstande ist.

Zunächst trägt die Sachverständigentätigkeit im Vorverfahren nicht dazu bei, den Sachverhalt zu erforschen, da ein Gutachten erst dann erstellt wird, wenn die Ermittlungsergebnisse bereits feststehen. Fraglich ist jedoch, ob die Erstellung eines Gutachtens dazu geeignet ist, das (Straf-) Verfahren im Sinne von § 22 Nr. 4 StPO zu beeinflussen. Hierbei einen Rückgriff auf eine Rechtsprechung zu § 54 Abs. 2 VwGO vorzunehmen, ist nicht notwendig, da zur Beantwortung dieser Frage allein der Sinn und Zweck von § 22 Nr. 4 StPO maßgebend ist.

§ 22 Nr. 4 StPO hat den Normzweck, den Anschein der Parteilichkeit zu vermeiden.[378] Es soll nicht die Vermutung aufkommen, dass der Sachverständige bei einem konkreten Tätigwerden unvereinbare Interessen in Bezug auf die Strafverfolgung haben könnte, die nicht mit seiner neutralen Stellung vereinbar sind.[379] Eine Gefahr von unvereinbaren Interessen in Bezug auf die Strafverfolgung besteht aber nur dann, wenn der Sachverständige im Vorverfahren auch strafverfolgend tätig war. Dies wiederum kann nicht der Fall sein, wenn er lediglich nach Beendigung der Ermittlungen ein Gutachten erstellt.

Die Untersuchung ergibt folglich, dass als konkretes Tätigwerden im Sinne von § 22 Nr. 4 StPO nur ermittelnde Aufgaben anzusehen sind.[380] Deshalb ist eine ablehnungsrelevante Mitwirkung richtigerweise in Übereinstimmung mit der herrschenden Meinung nur dann anzunehmen, wenn sich der Wirtschaftsreferent in einer Amtsstellung befindet, in der er den Beschuldigten verfolgt, und wenn er an konkreten Ermittlungen teilnimmt. Für den Wirtschaftsreferenten bedeutet dies, dass er nach § 74 Abs. 1 S. 1 i.V.m. § 22 Nr. 4 StPO nur in den Bundesländern abgelehnt werden kann, wenn er die Eigenschaft einer Ermittlungsperson der Staatsanwaltschaft verliehen bekommen hat und konkret sicherheitspolizeilich tätig geworden ist.

(2) Ermittlungstätigkeit im Vorverfahren

Die vorangehende Untersuchung ergab, dass ein in der Hauptverhandlung als Sachverständiger eingesetzter Wirtschaftsreferent dann wegen Besorgnis der Be-

378 BGHSt 9, 194 f.; Meyer-Goßner, in: Schwarz (Begr.), § 22 StPO Rn. 17; Fischer in; Hannich (Hrsg.), KK, § 22 StPO Rn. 9; Siolek, in: Erb u.a. (Hrsg.), LR, § 22 StPO Rn. 24.

379 Krause, in: Erb u.a. (Hrsg.), LR, § 74 StPO Rn. 6; Wiegmann, StV 1996, 572.

380 Ein sicherheitspolizeiliches Tätigwerden fordern ebenfalls RGSt 33, 199; BGHSt 18, 217; BGH, GA 1968, 305; BGH, NJW 1996, 1357; BGH, NStZ 2008, 50; OLG Hamm, DAR 1957, 131; OLG Zweibrücken, NJW 1979, 1995; AG Bautzen, StV 1998, 125; Meyer-Goßner, in: Schwarz (Begr.), § 74 StPO Rn. 5; Senge, in: Hannich (Hrsg.), KK, § 74 StPO Rn. 5; Krause, in: Erb u.a. (Hrsg.), LR, § 74 StPO Rn. 12.

fangenheit nach § 74 Abs. 1 S. 1 i.V.m. § 22 Nr. 4 StPO abgelehnt werden kann, wenn er im Vorverfahren sicherheitspolizeilich, nicht aber, wenn er nur gutachterlich tätig wurde. Bislang ungeklärt und von großer Bedeutung ist jedoch die Frage, ob jedwede ermittelnde Mitwirkung schädlich ist oder ob eine qualitative bzw. quantitative Differenzierung in der Intensität der Ermittlungsmaßnahme vorzunehmen ist. Zu diesem Problemfeld wird in der strafrechtlichen Rechtsprechung und Literatur überwiegend nur vorgetragen, dass eine Ablehnung wegen Besorgnis der Befangenheit bei Mitarbeitern eines öffentlichen Organs dann gegeben sein soll, wenn sie im Vorverfahren konkret als Ermittlungsgehilfen eingesetzt würden.[381] Aussagen darüber, ab wann eine Ermittlungsgehilfentätigkeit zu einer erfolgreichen Ablehnung wegen Besorgnis der Befangenheit führt, lassen sich nur vereinzelt finden. Die Arbeit wird sich im Folgenden mit einer Beantwortung dieser Frage auseinandersetzen und hierbei die verschiedenen Abgrenzungsmöglichkeiten vorstellen.

Vereinzelt wird in der Literatur[382] die Meinung vertreten, dass für eine sachgerechte Abgrenzung von ablehnungsrelevanter Ermittlungstätigkeit die Qualität einer Maßnahme entscheidend sei. Hierbei differenziert Dippel[383] zwischen Aufklärungssachverständigen und sonstigen Sachverständigen. Einen Aufklärungssachverständigen und damit ungeeigneten Sachverständigen nimmt er immer dann an, wenn dieser in einer Rolle tätig werde, die seiner eigentlichen Prozessrolle als Gutachter zuwiderlaufe.

Auf der anderen Seite finden sich Stimmen in der Literatur, die der Ansicht sind, dass ein Ablehnungsgrund bereits dann gegeben sei, wenn ein Sachverständiger in irgendeiner Form mit der bisherigen Ermittlungstätigkeit in Verbindung gebracht werde.[384] Hierbei sollen auch Tätigkeitsakte von untergeordneter und nur formeller Bedeutung eine Rolle spielen.

---

381 Siehe schon RGSt 36, 209 ff.; BGHSt 18, 217; BGH, NJW 1964, 1681 f. = GA 1964, 46; OLG Koblenz, NStZ-RR 1998, 127; AG Bautzen, StV 1998, 125; Senge, in: Hannich (Hrsg.), KK, § 74 StPO Rn. 5; Krause, in: Erb u.a. (Hrsg.), LR, § 74 StPO Rn. 7; Meyer-Goßner, in: Schwarz (Begr.), § 74 StPO Rn. 3; Pfeiffer, in: ders. (Hrsg.), § 74 StPO Rn. 1; Wassermann, in: ders. (Hrsg.), AK, § 74 StPO Rn. 5; Bittmann, in: ders. (Hrsg.), Insolvenzstrafrecht, S. 86; Pelz, 2004, S. 266; Jessnitzer/Frieling, 2007, S. 136; Foth/Karcher, NStZ 1989, 168; Dose, NJW 1978, 354; Lemme, wistra 2002, 285, 286; Krekeler, wistra 1989, 55, der ohne nähere Begründung schreibt, dass die Besorgnis der Befangenheit bei Wirtschaftsreferenten bestehe; Wiegmann, StV 1996, 574; Schäfer, in: Hanack (Hrsg.), FS Dünnebier, S. 557.

382 Dippel, 1986, S. 133; in den Ansätzen auch, Kube DRiZ 1979, 40.

383 Dippel, 1986, S. 133.

384 Niemeyer, in: Müller-Gugenberger/Bieneck (Hrsg.), Wirtschaftsstrafrecht, § 12 Rn. 29, der es lediglich als unschädlich ansieht, wenn der Angehörige der Strafverfolgungsorgane selbst nicht ermittle, sondern nur berate; Weimann, JR 1951, 199; Müller, 1988, S. 180; in der Vorauflage vertrat Müller, 1978, S. 134 f. die mittlerweile aufgegebene und nicht haltbare Meinung, dass es für den Ablehnungsgrund dem § 22 Nr. 4 StPO nach ausreiche, dass der Sachverständige der-

Schließlich gibt es Vertreter, die einwenden, dass ein Ablehnungsgrund wegen Besorgnis der Befangenheit erst dann gegeben sei, wenn der Sachverständige an Zwangsmaßnahmen von einigem Gewicht im Ermittlungsverfahren mitgewirkt und das Ermittlungsergebnis wesentlich geprägt habe.[385] Als Argumentation wird hervorgebracht, dass gewisse Ermittlungen gestattet und auch für eine Erstattung von Gutachten notwendig seien. Deshalb führten Ermittlungsmaßnahmen von untergeordneter Bedeutung sowie formelle Gesetzesverstöße noch nicht zu einem Ablehnungsrecht. Ein Indiz für eine ablehnungsrelevante Ermittlungshandlung liege aber dann vor, wenn der Wirtschaftsreferent regelmäßig an verschiedenen Ermittlungshandlungen teilnehme.[386]

Innerhalb dieser Ansicht wird z.T. geringfügig differenziert. So hält Bittmann[387] es für entscheidend, ob der Wirtschaftsreferent originäre staatsanwaltschaftliche Aufgaben wahrnimmt. Bedeutend sei, ob sich der Wirtschaftsreferent die Rolle eines Ermittlers anmaße oder ob er sich an die vorgegebene Weisungen halte. Ein lediglich formeller Gesetzesverstoß, der seine Ursache im behördlichen Verhalten habe, sei unschädlich. Als Beispiel nennt Bittmann den Fall, dass der Wirtschaftsreferent innerhalb seines Auftrags vernehmend tätig wird. Hierbei handle es sich zwar materiell um Ermittlungstätigkeit, es werde aber keine Ermittlerrolle angemaßt. Die Besorgnis der Befangenheit sei deshalb abzulehnen. Gössel[388] wiederum stellt darauf ab, ob der Behördenangehörige seine Sachkun-

---

selben Abteilung angehöre, welche die Ermittlungstätigkeit vornehme. Aus der maßgeblichen Sicht eines außenstehenden Dritten sei jeder Angehörige der Abteilung in Beziehung mit der Ermittlungstätigkeit zu setzen. Diese Meinung war wegen des eindeutigen Verstoßes gegen den Wortlaut von § 22 Nr. 4 StPO nicht vertretbar.

385 BGH, GA 1968, 305; offen gelassen in BGH, NJW 1979, 2414; BGH StV 1986, 465; OLG Zweibrücken, NJW 1979, 1995; Krause, in: Erb u.a. (Hrsg.), LR, § 74 StPO Rn. 12, 14; Senge, in: Hannich (Hrsg.), KK, § 74 Rn. 5; Köhler, in: Wabnitz/Janovsky (Hrsg.), 2007, Kapitel 7 Rn. 396; Gössel, DRiZ 1980, 371; Schlüchter, 1983, Rn. 528 Fn. 443; Lemme, wistra 2003, 286; Wiegmann, StV 1996, 572 ff.; Dästner, MDR 1979, 545; Bittmann, wistra 2011, 52; ebenso Dästner, MDR 1979, 545.

386 OLG Zweibrücken, NStZ-RR 2004, 298.

387 Bittmann, wistra 2011, 52.

388 Gössel, DRiZ 1980, 371; hiernach müssten Wirtschaftsreferenten, die im gesamten Verfahren ermittelnd eingesetzt werden, wegen Besorgnis der Befangenheit nach § 74 Abs. 1 S. 1 StPO i.V.m. § 22 Nr. 4 StPO abgelehnt werden können. Jedoch schreibt Gössel in seinem Aufsatz explizit, dass Wirtschaftsreferenten aus dem Personenkreis der nach § 22 Nr. 4 StPO Ablehnungsfähigen ausscheiden. Zu dieser Ansicht kommt Gössel m.E., weil er die tatsächlichen Aufgaben eines Wirtschaftsreferenten verkennt, die er nicht in der Ermittlungstätigkeit, sondern in einzelnen beratenden Stellungnahmen sieht. Dies ist jedoch falsch. Zum einen ist der Wirtschaftsreferent in vielen Bundesländern sogar Ermittlungsperson der Staatsanwaltschaft, zum anderen befasst er sich aber zumindest faktisch seit Einführung seines Berufsbildes auch mit der Ermittlungsarbeit. Zumindest Letzteres hätte Gössel auch schon bei der Erstellung seines Aufsatzes 1981 berücksichtigen müssen.

de für die Lösung des gesamten Ermittlungsverfahrens einsetze. Lemme[389] hingegen vertritt die Meinung, dass eine Tätigkeit des Wirtschaftsreferenten im Vorverfahren nur dann als eine ablehnungsrelevante ermittelnde Tätigkeit anzusehen sei, wenn sie sich auf Taten richte, die nicht durch den vorher erteilten Gutachterauftrag bezeichnet gewesen seien und die keine Bedeutung für die Beantwortung der gestellten Beweisfrage hätten. Demgegenüber unterscheidet Wiegmann[390] danach, ob die vorangegangene nichtgutachterliche Aktivität darin bestand, ein Ermittlungsergebnis erst zu erreichen, oder ob ein bereits feststehendes Ermittlungsergebnis beurteilt werden sollte.

Allen diesen Differenzierungen ist gemeinsam, dass eine ablehnungsrelevante ermittelnde Tätigkeit dann angenommen wird, wenn ein gewichtiger Beitrag zur Erreichung eines Ermittlungsergebnisses, d.h. zur Aufklärung der Straftat, geleistet wird. Dann arbeite der Wirtschaftsreferent nicht mit einem bereits feststehenden Resultat, sondern trage dazu bei, ein solches erst zu erzielen. Dies könnte zu der Vermutung führen, dass er an dem Erfolg der Ermittlungstätigkeit interessiert sei.

In diesem Zusammenhang ist darüber hinaus die Entscheidung des Bundesgerichtshofs vom 02.07.1986 – 3 StR 87/86 zu beachten. Er führt bei der Frage, ob die Verjährung nach § 78c Abs. 1 S. 1 Nr. 3 StGB durch die Beauftragung eines Wirtschafsreferenten unterbrochen werde, aus, dass dieser auch dann als Sachverständiger beauftragt werden könne, wenn er in die sonstigen materiellen Ermittlungen in Form von Vernehmungstätigkeit eingebunden sei. Dem Bundesgerichtshof zufolge sei dies dann unschädlich, wenn der Wirtschaftsreferent den Auftrag losgelöst von seiner bisherigen und zukünftigen eigentlichen Ermittlungstätigkeit erhalten habe.

Stellungnahme

Eine Gegenüberstellung der zu dieser Frage vertretenen Ansichten ergibt Folgendes: Um ein brauchbares Abgrenzungskriterium im Hinblick auf die Intensität der Ermittlungsmaßnahme zu finden, ist, wie bereits angedeutet, entscheidend auf den Sinn und Zweck von § 22 Nr. 4 StPO abzustellen. Allein eine am Sinn und Zweck orientierte Auslegung kann für die Frage, ab wann eine ablehnungsrelevante Mitwirkungshandlung des Wirtschaftsreferenten vorliegt, dienlich sein.

Die von Dippel vorgenommene Unterscheidung nach qualitativen Gesichtspunkten ist zwar in sich logisch und nachvollziehbar, verstößt aber gegen den Gesetzeszweck von § 22 Nr. 4 StPO und ist deshalb als Abgrenzungskriterium in diesem Sinne unbrauchbar. Wenn es allein entscheidend ist, den Anschein der

389 Lemme, wistra 2002, 286, 288.
390 Vgl. Wiegmann, StV 1996, 572 ff.

Parteilichkeit zu vermeiden, dann kann es auch nicht auf die Qualität einer Maßnahme als Abgrenzungskriterium ankommen, da der Schein der Voreingenommenheit auch schon bei quantitativer Ermittlungstätigkeit gegeben sein kann.

Abzulehnen ist es auch, nur gewichtige Ermittlungshandlungen als schädlich anzusehen[391], denn diesem Ansatz widerspricht wiederum, dass § 22 Nr. 4 StPO das Ansehen der Strafrechtspflege schützen will und deshalb bereits jeglichen Schein der Parteilichkeit zu vermeiden sucht. Da es für das Vorliegen des Ablehnungsgrundes des § 22 Nr. 4 StPO eben nicht notwendig ist, dass der Sachverständige tatsächlich parteiisch ist, ist die Schwelle einer ablehnungsrelevanten Ermittlungstätigkeit niedrig anzusetzen. Der Anschein der Parteilichkeit wird nicht erst bei prägenden Ermittlungshandlungen hervorgerufen, er kann auch bei lediglich formellen Ermittlungstätigkeiten gegeben sein.

Entsprechend erscheint das von Lemme[392] gebrauchte Abgrenzungskriterium, die Weite des Gutachtenauftrags über die Qualifizierung einer Ermittlungsmaßnahme entscheiden zu lassen, unbrauchbar und birgt Missbrauchsgefahren in sich. Denn die Konsequenz wäre, dass die Definitionsmacht in der Hand der Staatsanwaltschaft als auftraggebender Behörde läge. Je nachdem, wie weit diese ihren Gutachtenauftrag fasst, könnte sie bestimmen, was unter den Begriff der ermittelnden Tätigkeiten zu subsumieren sei. Ebenso wenig ist auch Bittmann[393] zuzustimmen, der beispielsweise in der Leitung der Vernehmung lediglich einen unerheblichen Formalverstoß sieht, solange sich der Wirtschaftsreferent innerhalb seines Gutachtenauftrags bewege und damit keine Ermittlerrolle annehme. Vernehmungen zu leiten ist jedoch eine typische materielle Ermittlungstätigkeit und nicht mit den Aufgaben eines Sachverständigen vereinbar. Ob der Wirtschaftsreferent sich tatsächlich die Rolle eines Ermittlers eigenverantwortlich anmaßt, ist unerheblich. Der maßgebliche Anschein der Parteilichkeit ist unabhängig davon gegeben, in welchem Verantwortungsbereich eine Ermittlungsmaßnahme liegt und wem der Gesetzesverstoß zuzurechnen ist.

Aus denselben Gründen ist auch der Einzelfallentscheidung des Bundesge-

391 So jedoch BGH, GA 1968, 305; offen gelassen in BGH, NJW 1979, 2414; BGH, StV 1986, 465; OLG Zweibrücken, NJW 1979, 1995; Krause, in: Erb u.a. (Hrsg.), LR, § 74 StPO Rn. 12, 14; Senge, in: Hannich (Hrsg.), KK, § 74 Rn. 5; Köhler, in: Wabnitz/Janovsky (Hrsg.), 2007, Kapitel 7 Rn. 396; Gössel, DRiZ 1980, 371; Schlüchter, 1983, Rn. 528 Fn. 443; Lemme, wistra 2003, 286; Wiegmann, StV 1996, 572 ff.; Dästner, MDR 1979, 545; Bittmann, wistra 2011, 52; ebenso Dästner, MDR 1979, 545.

392 Lemme, wistra 2003, 286, 288. Darüber hinaus sollen Ermittlungshandlungen des Wirtschaftsreferenten für eine spätere Gutachtenerstattung unschädlich sein, wenn diese nur zur Feststellung der für das Gutachten notwendigen Anknüpfungstatsachen erfolgten.

393 Bittmann, wistra 2011, 52. Zu beachten ist, dass Bittmann insofern widersprüchlich ist, als er auf S. 52 an anderer Stelle auflistet, dass u.a. das „Führen eigener Ermittlungen im Auftrag oder Interesse der Staatsanwaltschaft" der Unparteilichkeit des Sachverständigen widerstreitet.

richtshofs[394] nicht zu folgen. Der Bundesgerichtshof sieht in der vorgestellten Entscheidung sogar erhebliche Ermittlungsmaßnahmen in Form einer Vernehmungstätigkeit dann als unschädlich an, wenn der Wirtschaftsreferent beauftragt wurde, ein Gutachten zu einer bestimmten Beweisfrage zu erstellen. Warum allein die Beauftragung den Wirtschaftsreferenten davor schützen soll, dass seine am selben Fall fortbestehende Ermittlungstätigkeit ihn als Gutachter beeinflusst, ist nicht nachvollziehbar. Vor allem, wenn man sich vergegenwärtigt, dass es einem Sachverständigen ausdrücklich verwehrt ist, eigenständige Vernehmungen vorzunehmen. Gerade die Vernehmungstätigkeit kommt als Kernbereich der Ermittlungsarbeit nach §§ 163a Abs. 3 und Abs. 4 i.V.m. 136 StPO nur dem Richter, der Staatsanwaltschaft und der Polizei zu.[395] Der Wirtschaftsreferent darf aufgrund des Stellenwertes des Sachverständigengutachtens in Wirtschaftsstrafsachen nicht an ein und demselben Fall ermittelnd tätig werden. Denn es ist nicht auszuschließen, dass er durch die Ermittlungstätigkeit in seiner Gutachtenerstattung beeinflusst wird. Es kommt für eine Ablehnung wegen Besorgnis der Befangenheit nur auf den Schein der Parteilichkeit an, der beim Zusammentreffen von ermittelnder und sachverständiger Tätigkeit in einem Fall gegeben ist.

Mit Sinn und Zweck von § 22 Nr. 4 StPO ist somit lediglich vereinbar, jegliche Ermittlungstätigkeit[396] – egal ob formeller oder materieller Natur – als ablehnungsrelevante Maßnahme anzusehen.

cc.) Zwischenergebnis

Im Ergebnis bleibt festzuhalten, dass der Ablehnungsgrund des § 22 Nr. 4 StPO für alle diejenigen Wirtschaftsreferenten anwendbar ist, denen der Status einer Ermittlungsperson der Staatsanwaltschaft verliehen wurde. Das Erstellen von Sachverständigengutachten im Vorverfahren ist nicht als ablehnungsrelevantes Tätigwerden im Sinne von § 22 Nr. 4 StPO anzusehen, da hiervon nur ermittelnde Tätigkeiten umfasst sind. Demgegenüber ist die Besorgnis der Befangenheit nach § 74 Abs. 1 S. 1 i.V.m. § 22 Nr. 4 StPO aber anzunehmen, wenn der Wirtschaftsreferent, der in der Hauptverhandlung ein Gutachten erstattet, im Vorverfahren ermittelnd tätig geworden ist, wobei auch lediglich formelle ermittelnde Tätigkeiten schädlich sind.

---

394 Vgl. BGH, StV 1986, 465 = wistra 1986, 257.

395 Zulässig ist nur, dass der Wirtschaftsreferent als Sachverständiger an Vernehmungen nach §§ 161a Abs. 1 S. 2, 80 Abs. 2 StPO teilnimmt: Er darf Beschuldigte und Zeugen befragen, um die für die sachkundige Beantwortung der ihm auferlegten Fachfrage erforderlichen Informationen zu erhalten; vgl. BGHSt 9, 296; BGHSt 18, 217; OLG Zweibrücken, NJW 1979, 1995.

396 Vgl. im Ergebnis für den Sachverständigen im Allgemeinen und mit anderer Begründung Niemeyer, in: Müller-Gugenberger/Bieneck (Hrsg.), Wirtschaftsstrafrecht, § 12 Rn. 29; Weimann, JR 1951, 199; Müller, 1988, S. 180.

b.) Sonderfall: Teilnahme des Wirtschaftsreferenten an Durchsuchungen

Ein weiteres praxisrelevantes Problem ist die Frage, ob die Teilnahme des Wirtschaftsreferenten an Durchsuchungshandlungen gemäß §§ 102 ff. StPO im Ermittlungsverfahren zu einem Ablehnungsrecht wegen Besorgnis der Befangenheit nach § 74 Abs. 1 S. 1 i.V.m. § 22 Nr. 4 StPO im Rahmen seiner späteren Tätigkeit als Sachverständiger in der Hauptverhandlung führen kann. Dieses Problem ist in Bezug auf den Wirtschaftsreferenten als Sachverständiger in der strafrechtlichen Rechtsprechung und Literatur bisher noch nicht ausreichend untersucht worden, obwohl Wirtschaftsstrafverfahren in der Praxis von Durchsuchungen und Beschlagnahmen geprägt sind und Wirtschaftsreferenten zu Durchsuchungshandlungen regelmäßig hinzugezogen werden. Denn es ist aufgrund der umfangreichen Auswertung von wirtschaftlichen Unterlagen für die Staatsanwaltschaft oft von Nutzen, wenn der Wirtschaftsreferent bei der Durchsuchung anwesend ist. Die Ermittlungsbeamten wüssten anderenfalls oft nicht, welche Unterlagen zu beschlagnahmen wären.[397] Dies hätte eine Verzögerung und die Ineffizienz des Verfahrens zur Folge.[398] Dadurch wäre auch der Grundsatz der Verhältnismäßigkeit betroffen, da Mehrfachuntersuchungen oder die Beschlagnahme sämtlicher Unterlagen die Konsequenz wären.[399]

Die angesprochene hohe Bedeutung der Durchsuchungshandlungen im Bereich der Wirtschaftskriminalität wirft die Frage nach der rechtlichen Stellung des Wirtschaftsreferenten im Rahmen der Durchsuchung auf. Im Folgenden werden die verschiedenen Mitwirkungsmöglichkeiten des Wirtschaftsreferenten bei Durchsuchungen im Wirtschaftsstrafrecht untersucht, wobei insbesondere der Frage nachgegangen wird, ob und wann die Teilnahme des Wirtschaftsreferenten an Durchsuchungen eine ablehnungsrelevante Tätigkeit im Sinne des § 22 Nr. 4 StPO darstellen könnte.

Vorab ist festzustellen, dass der Anwesenheit des Wirtschaftsreferenten bei Durchsuchungen grundsätzlich keine Bedenken entgegenstehen. Denn der Kreis der Personen, die an einer Durchsuchung teilnehmen können, wird von der Strafprozessordnung nicht abschließend geregelt[400], so dass Hilfspersonen ein Anwesenheitsrecht bei Durchsuchungshandlungen zusteht.[401] In der Praxis ist es jedoch

397 Köhler, in: Wabnitz/Janovsky (Hrsg.), 2007, Kapitel 7 Rn. 395; Stypmann, wistra 1982, 12; Ranft, 2005, S. 351.

398 Lemme, wistra 2002, 286.

399 Mahnkopf/Funk, NStZ 2001, 519 f.; ebenso Blumers/Göggerle, 1989, S. 224; Teufel, 1981, S. 123; Kny, Polizeiinstitut Hiltrup (Hrsg.), in: Schlußbericht der Arbeitstagung, S. 120.

400 OLG Hamm, NStZ 1986, 326; OLG Karlsruhe, NStZ 1991, 50; Mahnkopf/Funk, NStZ 2001, 524.

401 Kubica, in: Kube u.a. (Hrsg.), 1994, S. 468; Meyer-Goßner, in: Schwarz (Begr.) § 110 StPO Rn. 3; kritisch insoweit auch Park, 2009, S. 124 sowie ders., wistra 2000, 454, der schreibt, dass

nicht von Nutzen, wenn der Sachverständige nicht nur anwesend ist, sondern die Ermittlungsbeamten bei der Sichtung von Geschäftsunterlagen unterstützt. Näher zu untersuchen ist deshalb, ob bzw. ab wann die Teilnahme des Wirtschaftsreferenten an Durchsuchungen – über seine bloße Anwesenheit hinaus – unter eine Ermittlungstätigkeit im Sinne von § 22 Nr. 4 StPO zu subsumieren ist. Denn die Durchsuchungshandlung selbst stellt eine klassische Ermittlungshandlung dar, da sie der Sachverhaltserforschung durch Auffinden von Beweismitteln dient. Unter einer Durchsuchung versteht man nämlich das ziel- und zweckgerichtete Suchen nach verborgenen Personen oder Sachen.[402] Zu untersuchen ist also, unter welchen Voraussetzungen die Teilnahme des Wirtschaftsreferenten an der Durchsuchung auch eine Ermittlungstätigkeit darstellt. Es muss sich um eine Tätigkeit handeln, die geeignet ist, den Sachverhalt zu erforschen oder den Gang des Verfahrens zu beeinflussen.[403]

aa.) Sichtung und Überprüfung von Unterlagen auf ihre Bedeutung für das Strafverfahren im Rahmen der Durchsuchung

Teilweise wird die Meinung vertreten, dass auch die Sichtung und Überprüfung der Unterlagen auf ihre Bedeutung für das Strafverfahren noch nicht unter die Ermittlungstätigkeit, sondern unter die typische Sachverständigentätigkeit zu subsumieren sei, da der Sachverständige innerhalb dieses Aufgabenkreises weisungsfrei und in eigener Verantwortung arbeite.[404] Ansonsten käme es zu dem widersinnigen Ergebnis, dass ein Sachverständiger die Spur suchen und dann ein weiterer Sachverständiger diese auswerten müsste. Dies würde organisatorisch einen zu großen Aufwand darstellen. Eine Grenze sei aber dort zu ziehen, wo der Sachverständige eine Entscheidung darüber treffe, ob die aufgefundenen Unterlagen beschlagnahmt werden sollten.[405] Die Sachleitungsbefugnis müsse immer beim Staatsanwalt verbleiben.[406]

Ob die Sichtung und Überprüfung von Unterlagen im Rahmen einer Durchsuchung als Ermittlungs- oder als Sachverständigentätigkeit zu werten ist, ist

es im Hinblick auf den Schutzzweck von § 110 StPO bedenklich sei, dass in der Praxis Hilfspersonen hinzugezogen werden, denen nicht der Status einer Ermittlungsperson zukomme. Falls dies jedoch geschehe, müsse immer die Sachleitungsbefugnis beim Staatsanwalt verbleiben, was jedoch oft nicht eingehalten werde.

402 Amelung, in: Wassermann (Hrsg.), AK, § 102 StPO Rn. 21.

403 BGH bei Holtz, MDR 1982, 281 f.; Wendisch, in: Erb u.a. (Hrsg.), LR, § 22 StPO Rn. 32.

404 OLG Zweibrücken, NJW 1979, 1995; Steinke, Kriminalistik 1994, 199 f.; Gössel, DRiZ 1980, 371; Lemme, wistra 2002, 286; Köhler, in: Wabnitz/Janovsky (Hrsg.), 2007, Kapitel 7 Rn. 396; Bittmann, in: Bittmann, Insolvenzstrafrecht, S. 81; ders., wistra 2011, 52.

405 OLG Zweibrücken, NJW 1979, 1995; LG Kiel, NJW 2006, 3224 f.; s.a. Wiegmann, StV 1996, 574; Gössel, DRiZ 1980, 371; Lemme, wistra 2002, 286.

406 Meyer-Goßner, in: Schwarz (Begr.), § 110 StPO Rn. 3.

allerdings entgegen oben genannter Auffassung weder an der Frage, ob der Wirtschaftsreferent innerhalb seines Verantwortungsbereiches weisungsfrei arbeitet, noch an Praktikabilitätsgründen zu messen. Vielmehr ist entscheidendes Abgrenzungskriterium, ob die Sichtung und Überprüfung der Unterlagen auf ihre Bedeutung für das Strafverfahren dazu dient, den Sachverhalt zu erforschen oder den Gang des Verfahrens zu beeinflussen. Beides ist zu bejahen, da die hierbei gewonnenen Beweismittel dazu dienen, den strafrechtlichen Sachverhalt festzustellen. Aus diesem Grund stellt die Sichtung und Überprüfung der Unterlagen durch den Wirtschaftsreferenten im Hinblick auf ihre Bedeutung für das Strafverfahren eine Ermittlungs- und keine Sachverständigentätigkeit dar. Das Argument, dass eine andere Handhabung einen zu großen organisatorischen Aufwand darstellen würde, ist juristisch nicht fundiert. Praktikabilitätsgesichtspunkte müssen bei dieser eindeutigen Gesetzeslage unberücksichtigt bleiben.

Ein in der Hauptverhandlung als Sachverständiger eingesetzter Wirtschaftsreferent sollte wegen Besorgnis der Befangenheit nach § 74 Abs. 1 S. 1 StPO i.V.m. § 22 Nr. 4 StPO erfolgreich abgelehnt werden können, wenn er bei Durchsuchungshandlungen im Ermittlungsverfahren Unterlagen auf ihre Bedeutung für das Strafverfahren gesichtet und überprüft hat.

bb.) Durchsuchungstätigkeit und § 110 Abs. 1 StPO

Wenn, wie eben dargelegt, die Sichtung und Überprüfung der Unterlagen durch den Wirtschaftsreferenten eine Ermittlungstätigkeit ist, gibt dies Anlass zu der Frage, ob diese Überprüfung auch eine Durchsicht nach § 110 Abs. 1 StPO darstellt mit der Folge, dass ohne Zustimmung des von der Durchsuchung Betroffenen neben der Staatsanwaltschaft ausdrücklich nur die Ermittlungspersonen der Staatsanwaltschaft dazu ermächtigt sind, Papiere durchzusehen. Diese Frage ist von großer praktischer Relevanz[407], insofern dem Wirtschaftsreferenten dieser Status nicht in allen Bundesländern zukommt und sich folglich je nach Bundesland unterschiedliche rechtliche Konsequenzen ergeben würden.

Die Durchsicht nach § 110 StPO ist das geeignete Mittel, die als Beweisgegenstände in Betracht kommenden Papiere inhaltlich darauf zu prüfen, ob die richterliche Beschlagnahme zu beantragen oder die Rückgabe notwendig ist.[408] Hierbei ist die Durchsicht noch Teil der Durchsuchungshandlung, d.h., die Durchsuchung ist noch nicht abgeschlossen.[409] Sinn und Zweck des § 110 StPO ist der Schutz der

407 Park, wistra 2000, 458.

408 OLG Frankfurt, NStZ-RR 1997, 74; Meyer-Goßner, in: Schwarz (Begr.), § 110 StPO Rn. 2; Ranft, 2005, S. 352; Park, 2009, S. 121.

409 BGH, StV 1988, 90; BGH, NJW 1973, 2035; OLG Jena, NJW 2001, 1291; OLG Karlsruhe, MDR 1980, 76; OLG Karlsruhe, NStZ 1995, 48; LG Göttingen, StV 1982, 364; Mahnkopf/

Privat- und Intimsphäre des Betroffenen durch Reglementierung des Personenkreises.[410]

Ein Blick in die historische Entwicklung zeigt, dass bis zum Jahr 1974 das Recht der Durchsicht der Papiere nur dem Richter zustand. Im Rahmen der Gesetzesnovelle im Jahr 1974 wurde dieses aber aus Gründen der Verfahrensbeschleunigung auch dem Staatsanwalt eröffnet.[411] In der daraufhin bis zum 24.08.2004 gültigen Fassung stand das Durchsichtsrecht neben dem Richter auch der Staatsanwaltschaft ohne Einwilligung des Betroffenen zu. Problematisch war, dass der Staatsanwalt als gängige Praxis trotzdem oft Wirtschaftsreferenten mit der Durchsicht der Papiere beauftragt hatte. Dieses Problem der Praxis wurde zu einem großen Teil im Rahmen des 1. Justizmodernisierungsgesetzes vom 24.08.2004[412] durch eine Neufassung des § 110 StPO gelöst. Im Zuge der Reform hat der Gesetzgeber die Durchsicht der Papiere des von der Durchsuchung Betroffenen nun neben der Staatsanwaltschaft auch den Ermittlungspersonen der Staatsanwaltschaft gestattet, die nach § 152 Abs. 2 GVG in Verbindung mit der jeweiligen Verordnung genannt werden,[413] so dass sich der Streit erledigt hat, ob es auch den Ermittlungspersonen der Staatsanwaltschaft gestattet ist, die Papiere durchzusehen.[414]

Damit der Wirtschaftsreferent entscheiden kann, ob Unterlagen Bedeutung für das Strafverfahren haben, muss er sie in ausreichendem Maße lesen, d.h. inhaltlich zur Kenntnis nehmen. Eine Überprüfung und Sichtung der Unterlagen auf ihre Bedeutung für das Strafverfahren stellt somit in der Regel auch eine Durchsicht nach § 110 Abs. 1 StPO dar. Dieses Ergebnis hat für die Stellung des Wirtschaftsreferenten Konsequenzen. Ist dem Wirtschaftsreferenten wie in den meisten Bundesländern der Status einer Ermittlungsperson der Staatsanwaltschaft verliehen worden, hat er das Recht zur Durchsicht der Papiere nach § 110 Abs. 1 StPO und kann zur Sichtung und Überprüfung der Unterlagen im Hinblick auf ihre Bedeutung für das Strafverfahren eingesetzt werden.

Wie die Untersuchung gezeigt hat, hat der Wirtschaftsreferent in den Bundesländern Sachsen, Nordrhein-Westfalen, Bayern und Schleswig Holstein nicht den Status als Ermittlungsperson der Staatsanwaltschaft. Er ist folglich hier von der

---

Funk, NStZ 2001, 524; Blumers/Göggerle, 1989, S. 223; Amelung, in: Wassermann (Hrsg.), AK, § 105 StPO Rn. 46; Nack, in: Hannich (Hrsg.), KK, § 105 StPO Rn. 20; Meyer-Goßner, in: Schwarz (Begr.) § 110 StPO Rn. 10; Pfeiffer, in: ders. (Hrsg.) § 110 StPO Rn. 4; Wohlers, in: Wolter (Hrsg.), SK, § 110 StPO Rn. 28.

410 So z.B. Park, 2009, S. 124.

411 Ranft, 2005, S. 352.

412 BGBl. I, S. 2198.

413 Vgl. kritisch im Hinblick auf das Geheimhaltungsinteresse des Betroffenen Knauer/Wolf, NJW 2004, 2937, sowie Park, 2009, S. 124 f.; ders., wistra 2000, 454.

414 Siehe zum Streit Dünkel, 1976, S. 85.

Ermächtigungsnorm des § 110 StPO nicht gedeckt. Die Durchsicht der Papiere, d.h. eine inhaltliche Kenntnisnahme, ist dem Wirtschaftsreferenten in diesen Bundesländern ohne Gestattung des Betroffenen verwehrt.[415] Fraglich ist jedoch, ob es den Wirtschaftsreferenten in diesen Bundesländern dann zumindest gestattet ist, eine inhaltliche Grobsichtung der Papiere, d.h. eine oberflächliche inhaltliche Kenntnisnahme, vorzunehmen. Die Beantwortung dieser Frage hängt vom Umfang des Schutzbereiches von § 110 Abs. 1 StPO ab.

Die h.M.[416] ist hier der Ansicht, dass ohne Zustimmung des Betroffenen auch eine inhaltliche Grobsichtung nur den Ermittlungspersonen der Staatsanwaltschaft vorbehalten ist. Aus dem Schutzzweck des § 110 StPO ergebe sich, dass den dort nicht genannten Personengruppen jegliche inhaltliche Kenntnisnahme verwehrt sei. Lediglich die Aussortierung nach äußeren Merkmalen, wie z.B. Briefköpfen oder der Beschriftung eines Ordners, sowie das Lesen der Betreffzeile sei zulässig, um die Papiere an die Staatsanwaltschaft weiterleiten zu können.

Dem gegenüber halten einzelne Stimmen in der Literatur § 110 Abs. 1 StPO im Rahmen einer oberflächlichen inhaltlichen Kenntnisnahme mit dem Ziel der Feststellung der Beweismitteleigenschaft nicht für einschlägig.[417] Die Hinzuziehung von Sachverständigen zu Durchsuchungen zum Zweck der Sichtung wichtiger Unterlagen sei nämlich nur dann sinnvoll, wenn sie vor Ort so viel Einblick in die Unterlagen nehmen dürften, dass sie ihre Bedeutung einschätzen könnten.[418]

Die h.M., die die Ansicht vertritt, dass auch eine inhaltliche Grobsichtung unter den Schutzbereich des § 110 Abs. 1 StPO fällt, ist in sich konsequent und steht mit dem Sinn und Zweck von § 110 StPO in Einklang. § 110 StPO bezweckt den Schutz des allgemeinen Persönlichkeitsrechts.[419] Ließe man aus Praktikabilitätserwägungen eine inhaltliche Grobsichtung zu, wäre die Schutzfunktion des § 110 StPO ausgehöhlt. Die Grenzen zwischen einer groben inhaltlichen Kenntnisnahme und einer vollen inhaltlichen Kenntnisnahme sind leicht überschritten. Gerade weil die Durchsicht von Papieren in Grundrechte eingreift, wie z.B. das

---

415 Kramer, 1987, S. 60; Park, 2009, S. 124 schreibt, dass es im Hinblick auf den Schutzzweck von § 110 StPO bedenklich sei, wenn in der Praxis Hilfspersonen hinzugezogen würden, denen nicht der Status einer Ermittlungsperson zukomme. Falls dies jedoch geschehe, müsse immer die Sachleitungsbefugnis beim Staatsanwalt verbleiben, was jedoch auch oft nicht eingehalten werde.

416 OLG Jena, NJW 2001, 1292; OLG Celle, StV 1985, 139; Nack, in: Hannich (Hrsg.), KK, § 110 Rn. 5; Meyer-Goßner, in: Schwarz (Begr.), § 110 StPO Rn. 4; Wohlers, in: Wolter (Hrsg.), SK, § 110 StPO Rn. 17; Amelung, in: Wassermann (Hrsg.), AK, § 110 StPO Rn. 9; Rengier, NStZ 1981, 376; Burhoff, 1997, Rn. 290a.

417 Haffke, NJW 1974, 1983; Quermann, Der Kriminalist 1986, 340; Mahnkopf/Funk, NStZ 2001, 524.

418 Mahnkopf/Funk, NStZ 2001, 524.

419 Park, wistra 2000, 453; ders., 2009, S. 116.

Recht auf informationelle Selbstbestimmung oder das allgemeine Persönlichkeitsrecht nach den Art. 1 Abs. 1, 2 Abs. 1 GG, muss auch die Grobsichtung unter den Schutzbereich des § 110 StPO fallen. Dies muss gerade gelten, damit die Voraussetzungen des § 110 StPO nicht umgangen werden können. Aus Gründen des Geheimnisschutzes sollen sensible Daten nur einem bestimmten Personenkreis zugänglich sein. Wird hiergegen verstoßen, so wird man die Durchsicht und Beschlagnahme der Papiere als rechtswidrig ansehen und folglich von einem Beweiserhebungsverbot ausgehen müssen, welches bei einem absichtlichen Verstoß zu einem Beweisverwertungsverbot führt.[420]

Um keinen Gesetzesverstoß zu begehen, muss die Staatsanwaltschaft ohne Zustimmung des Betroffenen nach § 110 Abs. 2 StPO in den Bundesländern, in denen dem Wirtschaftsreferent kein Ermittlungspersonenstatus zukommt, die Mitnahme von Papieren weit ausdehnen. Sie kann dann später mit dem Sachverständigen über die Beschlagnahme oder Rückgabe der Unterlagen entscheiden.

cc.) Zwischenergebnis

Als Zwischenergebnis ist festzuhalten, dass der Wirtschaftsreferent bei der Teilnahme an einer Durchsuchung, bei der es zu einer Sichtung und Überprüfung der Unterlagen im Hinblick auf ihre Bedeutung für das Strafverfahren kommt, eine Ermittlungstätigkeit wahrnimmt, die im Regelfall auch eine Durchsicht im Sinne von § 110 Abs. 1 StPO darstellt. Die Durchsicht von Papieren im Rahmen einer Durchsuchung nach § 110 Abs. 1 StPO ist nur den Wirtschaftsreferenten gestattet, denen der Status einer Ermittlungsperson der Staatsanwaltschaft verliehen wurde. Wirtschaftsreferenten, denen dieser Status nicht zukommt, ist auch eine inhaltliche Grobsichtung ohne Zustimmung des Betroffenen nach § 110 Abs. 1 StPO untersagt. Problematisch ist daher die gängige Praxis, den Wirtschaftsreferenten auch in den Bundesländern mit der Durchsicht der Papiere zu beauftragen, in denen ihm der Status einer Ermittlungsperson nicht zukommt.[421]

Ohne Zustimmung des Betroffenen muss diese Praxis als rechtswidrig angesehen werden. Sie kann folglich zu einem Beweiserhebungsverbot führen, welches bei einem absichtlichen Verstoß zu einem Beweisverwertungsverbot führt.[422] Allerdings birgt auch ein gesetzeskonformes Verhalten Probleme – sowohl für den von der Durchsuchung Betroffenen als auch die Strafverfolgungsbehörden. Denn ohne Zustimmung des Betroffenen nach § 110 Abs. 2 StPO müsste die

420 Krekeler, NStZ 1993, 268; Mahnkopf/Funk, NStZ 2001, 525; Park, wistra 2000, 458; Wohlers, in: Wolter (Hrsg.), SK, § 110 StPO Rn. 30.

421 Siehe zu diesem praktischen Problem Park, wistra 2000, 454; ders., 2009, S. 125 f.

422 Krekeler, NStZ 1993, 268; Mahnkopf/Funk, NStZ 2001, 525; Park, wistra 2000, 458; Wohlers, in: Wolter (Hrsg.), SK, § 110 StPO Rn. 30.

Staatsanwaltschaft Papiere in großem Umfang mitnehmen, um dann später mit dem Sachverständigen über Beschlagnahme oder Rückgabe der Unterlagen zu entscheiden.[423] Fraglich ist, welche Maßnahme verhältnismäßiger ist. Die Durchsicht nur durch den Staatsanwalt verbunden mit einer großzügigen Mitnahme oder die Durchsicht durch den Wirtschaftsreferenten am Ort der Durchsuchung. Letzteres ist zu bejahen. Die Gesetzeslage von § 110 StPO ist jedoch eindeutig, so dass dieses Problem in den Ländern Sachsen, Nordrhein-Westfalen, Bayern und Schleswig Holstein nur dadurch umgangen werden kann, wenn auch den Wirtschaftsreferenten in diesen Bundesländern der Ermittlungspersonenstatus verliehen wird.

Die Untersuchung hat gezeigt, dass der Ablehnungsgrund des § 74 Abs. 1 S. 1 i.V.m. § 22 Nr. 4 StPO nur auf diejenigen Wirtschaftsreferenten anwendbar ist, denen der Status einer Ermittlungsperson der Staatsanwaltschaft zuerkannt wurde. Hierdurch wird die Frage aufgeworfen, ob und nach welchen Regeln Wirtschaftsreferenten, die diesen Status nicht innehaben, abgelehnt werden können.

2.) § 74 Abs. 1 S. 1 i.V.m. § 22 Nr. 4 StPO analog?

Es wurde bereits darauf hingewiesen, dass die Wirtschaftsreferenten in Nordrhein-Westfalen, Sachsen, Bayern und Schleswig–Holstein nicht den Status einer Ermittlungsperson der Staatsanwaltschaft verliehen bekommen haben. Aus diesem Grund kommt eine Ablehnung unmittelbar nach § 74 Abs. 1 S. 1 i.V.m. § 22 Nr. 4 StPO nicht in Betracht. Denn der Wirtschaftsreferent verfügt in diesen Bundesländern über keine Amtsstellung, die der Verfolgung des Beschuldigten dient.[424] Unbillig wäre es jedoch, wenn es keine Möglichkeit gäbe, in diesen Ländern Wirtschaftsreferenten wegen Besorgnis der Befangenheit dann abzulehnen, wenn sie keine andere Aufgabe ausführen als solche Wirtschaftsreferenten, denen der Ermittlungspersonenstatus formal zukommt. Als Lösungsmöglichkeit kommt hierbei zum einen eine analoge Anwendung des § 22 Nr. 4 StPO in Betracht oder ein Rückgriff auf den Ablehnungsgrund des § 24 Abs. 2 StPO.

In der Literatur finden sich Stimmen, die eine analoge Anwendung des § 22 Nr. 4 StPO bejahen, wenn Sachverständige im Ermittlungsverfahren Aufgaben wahrnehmen, die typischerweise Beamten der Staatsanwaltschaft, Polizeibeam-

---

423 Meyer/Goßner § 110 Rn. 4.

424 Demgegenüber ist Bittmann, wistra 2011, 52 der Ansicht, dass § 22 Nr. 4 StPO direkt für alle Wirtschaftsreferenten unabhängig von ihrem Ermittlungspersonenstatus Anwendung finde. Dies ist abzulehnen, da auch der funktionelle Beamtenbegriff zumindest eine Amtsstellung verlangt, die der Verfolgung des Beschuldigten dient. Unerheblich ist nur, ob eine statusrechtliche Verbeamtung stattgefunden hat.

ten oder Ermittlungspersonen der Staatsanwaltschaft zukommen würden. Denn der Sachverständige habe dann auf die Ermittlungsergebnisse faktisch Einfluss genommen, so dass eine analoge Anwendung gerechtfertigt sei.[425] Die überwiegende Meinung[426] verneint jedoch eine Ablehnung nach § 22 Nr. 4 StPO. Für diese müsse stets zumindest eine Ermittlungspersoneneigenschaft gegeben sein. Daher sei für die Ablehnung ein Rückgriff auf § 24 Abs. 2 StPO vorzunehmen.

Welche Ablehnungsregeln auf Wirtschaftsreferenten, denen nicht der Status einer Ermittlungsperson der Staatsanwaltschaft zukommt, ggf. neben § 24 Abs. 2 StPO Anwendung finden, hängt davon ab, ob die Voraussetzungen einer Analogie des § 22 Nr. 4 StPO gegeben sind. Allgemein ist Voraussetzung für eine Analogie im deutschen Recht ein grundsätzlich vergleichbarer Sachverhalt und eine planwidrige Regelungslücke.[427] Übertragen auf die vorliegende Fragestellung müsste das Bedürfnis einer Ablehnung des Wirtschaftsreferenten, denen ein Ermittlungspersonenstatus zukommt, mit dem Bedürfnis einer Ablehnung von Wirtschaftsreferenten, denen kein Ermittlungspersonenstatus verliehen wurde, verglichen werden.

Für eine Vergleichbarkeit spricht vorliegend, dass allein die rechtliche Qualifikation für den Ablehnungserfolg nicht ausschlaggebend sein kann. Sinn und Zweck der Ablehnungsregeln sprechen für eine analoge Anwendung von § 22 Nr. 4 StPO auch auf Wirtschaftsreferenten, die nicht den Status als Ermittlungsperson der Staatsanwaltschaft haben. Aus der Vorschrift lässt sich die Intention ableiten, dass Personen, die einmal auf der Seite des Strafverfolgungsorgans Staatsanwaltschaft ermittelnd tätig geworden sind, nicht mehr die für einen Sachverständigen notwendige Unabhängigkeit besitzen.[428] Diese Bedenken können jedoch unabhängig von der rechtlichen Stellung bestehen, d.h. unabhängig davon, ob dem Wirtschaftsreferenten der Status nach § 152 Abs. 2 GVG zukommt. Ansonsten bestünde die Gefahr von unbilligen und zufälligen Ergebnissen. Die Ablehnungsmöglichkeit des Wirtschaftsreferenten wäre je nach rechtlicher Ausgestaltung in dem jeweiligen Bundesland erschwert bzw. erleichtert. Hiergegen kann auch nicht eingewendet werden, dass doch immerhin ein Rückgriff auf § 24 Abs. 2 StPO möglich wäre. Denn dieser Argumentation kann entgegnet werden, dass § 24 Abs. 2 StPO im Verhältnis zu § 22 StPO einen deutlich schwächeren Schutz bietet, insofern er nur einen relativen Befangenheitsgrund darstellt,

425 Wiegmann, StV 1996, 572; Nix, Kriminalistik 1994, 85.

426 BGHSt 18, 214; BGH NJW 1964, 1681 f.; Krause, in: Erb u.a. (Hrsg.), LR, § 74 StPO Rn. 7.

427 Vgl. allgemein zu den Voraussetzungen einer Analogie Creifelds, 2011, S. 54.

428 BGHSt 18, 214 f.; OLG Zweibrücken, NJW 1979, 1995; Wiegmann, StV 1996, 572 führt aus, dass das RG, JW 1931, 2026, 2027 in einem vergleichbaren Fall die Ablehnung eines Finanzbeamten, der an der vom Finanzamt betriebenen Strafverfolgung des Angeklagten mitgewirkt hatte, als Sachverständigen nach §§ 22 Nr. 4, 24, 74 StPO für rechtmäßig erklärt, aber offengelassen habe, welcher Ablehnungsgrund im konkreten Fall vorliege.

während § 22 StPO ein absoluter ist. Mithin ist ein vergleichbarer Sachverhalt gegeben.

Als weitere Voraussetzung für eine Analogie müsste auch eine planwidrige Regelungslücke gegeben sein. Gegen eine planwidrige Regelungslücke spricht, dass § 22 Nr. 2 StPO zuletzt im Jahr 2001[429], also erst vor kurzer Zeit geändert wurde. Man könnte somit zu der Ansicht kommen, dass dem Gesetzgeber das Problem bekannt gewesen sei, er die Reform aber trotzdem nicht zum Anlass genommen habe, auch § 22 Nr. 4 StPO zu ändern. Dem ist entgegenzuhalten, dass nur § 22 Nr. 2 StPO und nicht § 22 Nr. 4 StPO geändert wurde. Es kann nicht zwangsläufig der Schluss gezogen und dem Gesetzgeber unterstellt werden, dass er sich bei ausdrücklicher Untersuchung einer Nummer auch mit den anderen Nummern eines Paragraphen auseinandergesetzt hat. Anhaltspunkte für eine absichtliche Regelungslücke ergeben sich daraus nicht, so dass von einer planwidrigen Regelungslücke ausgegangen werden soll.

Wirtschaftsreferenten, denen nicht der Status einer Ermittlungsperson der Staatsanwaltschaft zukommt, sollten somit analog § 22 Nr. 4 StPO abgelehnt werden. Ein Rückgriff auf § 24 Abs. 2 StPO ist nicht notwendig. Eine höchstrichterliche Klärung dieses Problems ist bislang nicht ergangen, wäre jedoch wünschenswert. Darüber hinaus könnte auch der Gesetzgeber das Bedürfnis nach einer analogen Anwendung obsolet machen, indem durch eine einfache Änderung in § 22 Nr. 4 StPO „Beamter der Staatsanwaltschaft“ in „Auftrag der Staatsanwaltschaft“ umgeändert würde.

3.) § 74 Abs. 1 S. 1 i.V.m. § 23 Abs. 1, 2 StPO

In diesem Zusammenhang ist weiter von Interesse, ob der Ablehnungsgrund des § 23 Abs. 1, 2 StPO über § 74 Abs. 1 S. 1 StPO auf den Wirtschaftsreferenten als Sachverständigen Anwendung findet. § 74 Abs. 1 S. 1 StPO verweist grundsätzlich auch auf den Ablehnungsgrund des § 23 StPO, welcher sich wiederum mit der Ablehnung eines Richters befasst, der in einem früheren Verfahren mitgewirkt hat. Ob § 74 Abs. 1 S. 2 StPO auch auf § 23 StPO verweist, ist im Zusammenhang mit § 22 Nr. 5 StPO zu beurteilen. Hierbei ist zu beachten, dass die Verweisungsnorm des § 74 Abs. 1 S. 2 StPO als Spezialregel den Ausschlussgrund des § 22 Nr. 5 StPO ersetzt, der sich mit der Ablehnung eines Richters, der in der Sache als Sachverständiger und Zeuge vernommen wurde, beschäftigt. Hierbei soll § 22 Nr. 5 StPO auch dann nicht gelten, wenn der Sachverständige schon im Ermitt-

429 Art. 3, § 18 G. v. 16.02.2001, BGBl. I S. 266.

lungsverfahren oder im Verfahren des 1. Rechtszuges tätig geworden ist.[430] Aus demselben Grund wird auch geschlossen, dass § 74 Abs. 1 S. 2 StPO die Anwendbarkeit des § 23 StPO verdrängt. Denn die einzig denkbare Ablehnungsmöglichkeit des Sachverständigen wegen einer vorausgegangenen Tätigkeit als Zeuge oder Sachverständiger im Vorverfahren wird ebenfalls von § 74 Abs. 1 S. 2 StPO als lex specialis verdrängt. Vereinzelt wird eine Anwendung nur dann angenommen, wenn der Sachverständige in einem früheren Verfahren als Richter mitgewirkt habe.[431] Eine vorausgegangene Tätigkeit des Sachverständigen als Richter ist grundsätzlich jedoch nicht denkbar, so dass dieser Fall zu vernachlässigen ist.

Der Ablehnungsgrund des § 23 StPO ist über die Verweisungsnorm des § 74 Abs. 1 S. 2 StPO folgerichtig nicht auf den Sachverständigen anwendbar. Nichts anderes kann für den Wirtschaftsreferenten gelten, der den Regeln des Sachverständigen folgen soll. Auch der Wirtschaftsreferent kann nur in den beiden Funktionen auftreten, die von § 74 Abs. 1 S. 2 StPO ausgeschlossen sind. Als Ergebnis ist festzuhalten, dass § 23 StPO folgerichtig keinerlei Relevanz für die Ablehnung eines Wirtschaftsreferenten wegen Besorgnis der Befangenheit hat.

4.) § 74 Abs. 1 S. 1 i.V.m. § 24 Abs. 2 StPO

Schließlich gilt es im Rahmen einer Einzelfallkasuistik die verschiedenen relativen Möglichkeiten zu erarbeiten und vorzustellen, nach § 74 Abs. 1 S. 1 i.V.m. § 24 Abs. 2 StPO einen in der Hauptverhandlung als Sachverständiger eingesetzten Wirtschaftsreferenten aufgrund der Beteiligung im Ermittlungsverfahren abzulehnen.

Nach § 74 Abs. 1 S. 1 i.V.m. § 24 Abs. 1, 2 StPO liegt die Besorgnis der Befangenheit dann vor, wenn es einen Grund gibt, der geeignet ist, Misstrauen gegen die Unparteilichkeit eines Sachverständigen zu rechtfertigen. Hierbei wird auf den subjektiven Standpunkt des Ablehnenden abgestellt, wobei vernünftige Gründe vorgebracht werden müssen, die auch für Dritte nachvollziehbar sein müssen. Das heißt, es ist auf einen objektiv-individuellen Maßstab abzustellen.[432]

---

430 RGSt 33, 200; BVerfGE 30, 155; Senge, in: Hannich (Hrsg.), KK, § 74 StPO Rn. 3; Meyer-Goßner, in: Schwarz (Begr.), § 74 StPO Rn. 3; Pfeiffer, in: ders. (Hrsg.), § 74 StPO Rn. 1.

431 Krause, in: Erb u.a. (Hrsg.), LR, § 74 StPO Rn. 3; Müller, 1988, S. 185.

432 BGHSt 21, 341; BGHSt 41, 211; BGH, GA 1968, 305; BGH, NJW 1969, 2293; BGH, StV 1981, 55; BGH, StV 1990, 390; OLG Hamm, NJW 1966, 1881; Krause, in: Erb u.a. (Hrsg.), LR, § 74 StPO Rn. 11; Wassermann, in: ders. (Hrsg.), AK, § 74 StPO Rn. 4; Pfeiffer, in: ders. (Hrsg.), § 74 StPO Rn. 2; Meyer-Goßner, in: Schwarz (Begr.), § 74 StPO Rn. 4; Fischer, in: Hannich (Hrsg.), KK, § 74 StPO Rn. 3; Wiegmann, StV 1996, 571; Jessnitzer/Frieling, 2007, S. 117; Senge, in: Hannich (Hrsg.), KK, § 74 StPO Rn. 4.

Unerheblich ist hingegen, ob die Gründe objektiv gegeben sind, d.h. der Sachverständige tatsächlich parteiisch ist,[433] das Gericht Bedenken an der Neutralität hat[434] oder sich der Sachverständige für befangen hält.[435] Im Unterschied zu den Voraussetzungen des absoluten Ablehnungsgrundes nach § 22 Nr. 4 StPO verlangt § 24 Abs. 2 StPO kein konkretes Tätigwerden und hat auch nicht eine zwingende Ablehnungsentscheidung zur Folge. Es ist vielmehr eine Würdigung der Ablehnungsgründe in ihrer Gesamtheit vorzunehmen.[436] Es muss somit jeweils eine Prüfung im Einzelfall[437] vorgenommen werden.

Im Folgenden sollen verschiedenen Fallgruppen aufgezeigt werden, in deren Rahmen der Wirtschaftsreferent Gefahr läuft, sich dem Vorwurf der Besorgnis der Befangenheit nach § 74 Abs. 1 S. 2 i.V.m. § 24 Abs. 2 StPO auszusetzen.

a.) Hinweise auf weitere Straftaten

Eine denkbare Konstellation in der Praxis wäre, dass der Wirtschaftsreferent im Rahmen der Bearbeitung seines Gutachtens, z.B. beim Studium der Akten; Hinweise auf weitere Straftaten findet, die von seinem Gutachtenauftrag nicht umfasst waren. Hiermit stellt sich die Frage, wie der Wirtschaftsreferent mit diesen neuen Tatsachen umzugehen hat. Zu ihrer Beantwortung sollen weitere Fallgruppen unterschieden werden, um zu zeigen, welche Verhaltensweisen des Wirtschaftsreferenten dazu geeignet sind, Misstrauen in seine Unparteilichkeit nach § 74 Abs. 1 S. 1 i.V.m. § 24 Abs. 2 StPO hervorzurufen. Zum einen kann der Wirtschaftsreferent den Staatsanwalt auf neue Straftaten aufmerksam machen, wobei dies ausdrücklich oder auch konkludent durch Schilderung von Lebenssachverhalten, die auf die neue Straftat hindeuten, geschehen kann. Zum anderen kann er in seinem Gutachten selbst rechtliche Schlussfolgerungen zu Tatbeständen ziehen oder seinen Gutachtenauftrag eigenmächtig erweitern.

aa.) Wirtschaftsreferent regt ausdrücklich weitere Ermittlungen an

Zu Recht wird vertreten, dass es einem als Sachverständigen tätig werdenden Wirtschaftsreferenten verwehrt ist, von sich aus den Staatsanwalt ausdrücklich auf neue, vom Auftrag nicht umfasste Straftaten aufmerksam zu machen.[438] Denn

433 BGH, GA 1968, 305.
434 So bereits BGHSt 8, 233; BGH, MDR 1952, 409; Jessnitzer/Frieling, 2007, S. 117 f.
435 So bereits BGH bei Dallinger, MDR 1952, 409.
436 BGHSt 8, 235; Jessnitzer/Frieling, 2007, S. 118.
437 Siehe hierzu BGHSt 21, 347.
438 Eisenberg, 2011, Rn. 1552 u. 1604; Bittmann, in: ders. (Hrsg.), Insolvenzstrafrecht, S. 87; ders., wistra 2011, 53; Lemme, wistra 2002, 287; Jessnitzer/Frieling, 2007, S. 136.

der Wirtschaftsreferent arbeitet gerade ermittelnd, wenn er dem Staatsanwalt Hinweise auf unbekannte Straftaten gibt. Solch eine Verhaltensweise ist geeignet, die Besorgnis der Befangenheit des Sachverständigen nach § 74 Abs. 1 S. 1 i.V.m. § 24 Abs. 2 StPO zu begründen.

bb.) Gutachten des Wirtschaftsreferenten deutet auf neue Straftaten hin

Im Weiteren stellt sich die Frage, inwieweit der Wirtschaftsreferent in seinem Gutachten Formulierungen benutzen darf, die auf neue Straftaten hindeuten, ohne Gefahr zu laufen, wegen Besorgnis der Befangenheit nach § 74 Abs. 1 S. 1 i.V.m. § 24 Abs. 2 StPO abgelehnt zu werden. In der strafrechtlichen Literatur wird zum Teil vorgetragen, dass sich der Anschein der Parteilichkeit vermuten lasse, wenn die Art und Weise, wie ein Sachverständiger auftrete, auf einen Jagdeifer hindeute.[439] Formulierungen, die auf neue Straftaten verweisen, könnten einen solchen Jagdeifer, der den Anschein der Parteilichkeit hervorruft, sichtbar machen. Bittmann und Lemme sind wiederum der Ansicht, dass es entscheidend sei, ob sich der Wirtschaftsreferent an seinen Gutachtenauftrag halte.[440] Sei dies der Fall, so soll es dem Sachverständigen erlaubt sein, Lebenssachverhalte aufzuzeigen, die auf neue Straftaten hinweisen würden.

Um nicht den Schein der Parteilichkeit, verbunden mit der Möglichkeit einer Befangenheitsablehnung, hervorzurufen, wird auf der Grundlage dieser Betrachtungsweise von Lemme[441] weiter dahingehend differenziert, dass der Lebenssachverhalt, der auf die neue Straftat hindeutet, im Gutachten neutral formuliert werden müsse. Hieran kritisiert Bittmann[442] zu Recht, dass es schwierig sei zu bestimmen, was unter einer neutralen Formulierung zu verstehen sei. Deshalb schlägt er wiederum vor, dass der Gutachtenauftrag allein entscheidend sein solle. Zwar dürfe der Wirtschaftsreferent als Sachverständiger nicht selbständig ausdrücklich auf weitere Straftaten aufmerksam machen, jedoch sei es mit der Aufgabe eines Sachverständigen vereinbar, wenn ihm von der Staatsanwaltschaft der Auftrag gegeben werde, sie bei Auffälligkeiten und Unregelmäßigkeiten in den zu untersuchenden Unterlagen zu unterrichten.

Vergleicht man die vorstehend genannten Meinungen, so stellen Bittmann und Lemme die These auf, dass der Umfang des Gutachtenauftrags entscheidend dafür sein soll, ob der Wirtschaftsreferent als Sachverständiger Zweifel an seiner Unparteilichkeit hervorruft. Dies legt den Schluss nahe, dass derjenige, der nur

---

439 Krause, in: Erb u.a. (Hrsg.) § 74 StPO Rn. 12 f.; in diese Richtung gehend auch Senge, in: Hannich (Hrsg.), KK; § 74 StPO Rn. 5, ebenso Pfeiffer, in: ders. (Hrsg.), § 74 StPO Rn. 2.

440 Bittmann, wistra 2011, 53; Lemme, wistra 2002, 287.

441 Lemme, wistra 2002, 288.

442 Bittmann, wistra 2011, 53.

Vorgaben einhält, weiterhin unparteiisch sei, da er nicht auf sein eigenes Bestreben hin weitere Nachforschungen anstelle.

Dieser Argumentation ist jedoch entgegenzuhalten, dass der Umfang des Gutachtenauftrags kein geeignetes Abgrenzungskriterium für die Ablehnung eines Wirtschaftsreferenten wegen Besorgnis der Befangenheit ist. Allein hierauf abzustellen birgt Missbrauchsgefahren in sich, da es die Staatsanwaltschaft als auftraggebende Behörde in der Hand hätte, dem Wirtschaftsreferenten unter dem Deckmantel des Gutachtenauftrags Ermittlungsaufträge zu erteilen. Auch der Auftrag, ein Sachverständiger möge in seinem Gutachten Geschehnisse schildern, die auf neue Straftaten hindeuten, ist ein Ermittlungsauftrag. Wenn der Wirtschaftsreferent Geschehnisse schildert, die auf neue Straftaten hindeuten, wird er aktiv tätig. Dies stellt eine Ermittlungsarbeit dar, da der Wirtschaftsreferent an der Aufklärung neuer Straftaten beteiligt wird. Dies aber ist mit der Rolle eines Sachverständigen nicht vereinbar. Unerheblich muss sein, ob der Gutachtenauftrag hierzu auffordert. Es ist folglich der erstgenannten Ansicht insofern zu folgen, als Formulierungen in einem Gutachten, die auf neue Straftaten hindeuten, auch den Anschein der Parteilichkeit hervorrufen können, wenn sie im Sinne eines gesteigerten Ermittlungsinteresses ausgelegt werden. Aus diesem Grund sollte ein Wirtschaftsreferent, der Geschehnisse schildert, die auf neue Straftaten hindeuten, wegen Besorgnis der Befangenheit nach § 74 Abs. 1 S. 1 i.V.m. § 24 Abs. 2 StPO abgelehnt werden können.

cc.) Wirtschaftsreferent zieht rechtliche Schlussfolgerungen in seinem Gutachten

Als weitere Fallgruppe ist zu untersuchen, wie es sich auf die Ablehnungsregel des § 24 Abs. 2 StPO auswirkt, wenn der Wirtschaftsreferent in seinem Gutachten selbst rechtliche Schlussfolgerungen zieht. Im Schrifttum wird hierzu einerseits argumentiert, dass Kompetenzüberschreitung in Form der dem Richter vorbehaltenen rechtlichen Wertungen zu einem Ablehnungsrecht wegen Besorgnis der Befangenheit führe. Ein Gutachten mit rechtlichen Schlussfolgerungen erwecke den Anschein der Parteilichkeit.[443]

Schmid[444] vertritt hingegen, dass nicht jede rechtliche Schlussfolgerung unzulässig sei. Zwar dürften an den Sachverständigen grundsätzlich nur Sach- und eben keine Rechtsfragen gestellt werden. Problematisch sei aber die Beurteilung

443 Eisenberg, NStZ 2006, 372; Dippel, 1986, S. 138 f., der diese Ansicht ebenso bei tatsächlichen Wertungen des Sachverständigen vertritt; Boppel, 2002, S. 80 m.w.N.; Zirpins/Terstegen, 1963, S. 113.

444 Schmid, ZStR 1987, 386.

von Fragen, die sich mit juristisch ausfüllungsbedürftigen Rechtsbegriffen[445] auseinandersetzen. Hierbei sei dahingehend zu differenzieren, ob es sich um Fragen handele, die dem Sachverständigen die strafrechtliche Qualifikation eines bestimmten Verhaltens auferlege, z.B. die Beurteilung, ob der Beschuldigte vorsätzlich oder täuschend gehandelt habe. Diese Fragen seien unzulässig und müssten zu einer Ablehnung des Sachverständigen wegen Besorgnis der Befangenheit führen.[446] Anders seien hingegen Fragen zu beurteilen, die sich auf den objektiven Sachverhalt beziehen und lediglich gemischt juristisch-betriebswirtschaftliche Begriffe darstellen. Hier sei eine Trennung zwischen rechtlichen und ökonomischen Begriffen nur schwer möglich. Zudem lasse sich dem Richter als wirtschaftswissenschaftlichem Laien die konkrete wirtschaftliche Umsetzung nur so verdeutlichen.

Im Sinne einer dritten Ansicht wird wiederum behauptet, dass ein Sachverständiger allein durch die Schilderung von Rechtsauffassungen in seinem Gutachten kein Misstrauen dahingehend wecke, dass er parteilich sei.[447] Hierdurch trete vielmehr eine Erleichterung für das Gericht und die Parteien ein, da diesen eher ermöglicht werde, sich in die Lage zu versetzen, die Feststellungen und Wertungen des Sachverständigen zureichend zu überprüfen. In diesem Zusammenhang ist Daub[448] der Auffassung, dass bei „komplizierten“ rechtlichen Sachverhalten Befangenheit bei einem Sachverständigen später eintrete als bei einem Richter, weil der Sachverständige im juristischen Sinne Laie sei.

Im Rahmen einer Stellungnahme zu diesen Meinungen ist zu bemerken, dass die Vornahme von rechtlichen Wertungen einem Wesensmerkmal der Arbeit eines Sachverständigen widerspricht. Sinn und Zweck des Sachverständigenbeweises im deutschen Strafverfahrensrecht ist es, dem Richter über Tatsachen oder Erfahrungsgrundsätze Auskunft zu geben, damit dieser eine Entscheidung in der Sache treffen kann.[449] Vergegenwärtigt man sich dies, so wird deutlich, dass der Sachverständige mit der Vornahme von Rechtswertungen seine Legitimation überschreitet und deshalb Gefahr läuft, Zweifel an seiner Unparteilichkeit hervorzurufen. Die Ansicht von Daub, der vertritt, dass Rechtsausführungen

---

445 Beispiele sind nach Schmid, ZStR 1987, 386 Fragen nach der „Ordnungsmäßigkeit“ der Buchführung oder „allgemein anerkannte kaufmännische Grundsätze“.

446 Schmid, ZStR 1987, 386, der exemplarisch seiner Meinung nach unzulässige Fragen aufführt. So z.B.: „a) Waren die ermittelten Buchführungsmanipulationen geeignet, bei der Geschäftsleitung die eigenmächtigen und kompetenzwidrigen X-Geschäfte des Angeschuldigten A zu vertuschen? b) Waren die in der Erfolgsrechnung vorgenommenen Verrechnungen von Ertrags- und Aufwandspositionen geeignet, den Leser der Erfolgsrechnung zu täuschen? c) Waren die fraglichen Buchhaltungsmanipulationen für einen Laien ohne weiteres erkennbar?“

447 Jessnitzer/Frieling, 2007, S. 140; Daub, 1997, S. 113.

448 Daub, 1997, S. 113.

449 Meyer-Goßner, in: Schwarz (Begr.), Vor. § 72 StPO Rn. 1.

den Sachverständigen nicht in jedem Fall befangen machten, da er juristischer Laie sei und deshalb zwischen Rechts- und Tatsachenausführungen nicht exakt trennen könne, überzeugt nicht. Für das Vorliegen des Ablehnungsgrundes des § 24 Abs. 2 StPO ist es gerade nicht von Bedeutung, ob ein Sachverständiger tatsächlich parteiisch ist, sondern es kommt nur darauf an, ob der Anschein der Parteilichkeit erweckt wird.[450] Dann kann es aber auch nicht von Relevanz sein, ob der Sachverständige tatsächlich soweit juristisch geschult ist, dass er zwischen Rechts- und Tatsachenausführungen trennen kann. Ein Sachverständiger, der in seinem Gutachten rechtliche Schlussfolgerungen zieht, ruft allein hierdurch den Eindruck hervor, dass er urteilend tätig wird, und damit ist der allein maßgebliche Anschein der Parteilichkeit gegeben.

Darüber hinaus wäre Daubs Argumentation im Hinblick auf die besondere Situation des Wirtschaftsreferenten auch deshalb nicht überzeugend, da dieser gerade im Laufe der Zeit juristisch geschult wird. Gerade dann muss an ihn auch der Anspruch gestellt werden können, exakter zwischen Rechtsausführungen und Tatsachen trennen zu können als ein externer Sachverständiger. Demgegenüber führt ein Gebrauch von juristisch-ökonomischen Begriffen nicht zu der Besorgnis der Befangenheit nach § 74 Abs. 1 S. 1 i.V.m. § 24 Abs. 2 StPO, da diese auch zur Beurteilung von wirtschaftlichen Fragstellungen vonnöten sind.

Folglich ist die Besorgnis der Befangenheit nach § 74 Abs. 1 S. 1 StPO i.V.m. § 24 Abs. 2 StPO beim Wirtschaftsreferenten immer dann anzunehmen, wenn er in seinem Gutachten rechtliche Schlussfolgerungen jeglicher Art – mit Ausnahme des Gebrauchs juristisch-ökonomischer Rechtsbegriffe – vornimmt.

dd.) Eigenmächtiges Erweitern des Gutachtenauftrags

Als weitere Fallgruppe ist zu untersuchen, welche Konsequenzen zu ziehen sind, wenn der Wirtschaftsreferent ohne Absprache mit dem Staatsanwalt seinen Gutachtenauftrag selbständig erweitert. Hierzu wird zum Teil vertreten, dass das eigenmächtige Erweitern des Gutachtenauftrags durch den Sachverständigen nicht zu einem Ablehnungsrecht wegen Besorgnis der Befangenheit führe. Als Argumentation wird vorgebracht, dass es dem Sachverständigen als Gehilfen des Richters im Rahmen des Offizialprinzips obliege, neuen Fragestellungen, die für die Be- und Entlastung eine Rolle spielen, selbständig nachzugehen. Lediglich als zweckmäßig wird es angesehen, sich mit dem Staatsanwalt abzusprechen.[451] Dem widerspricht die Auffassung, ein eigenmächtiges Erweitern des Gutachtenauf-

450 BGH, GA 1968, 305.

451 Zirpins/Terstegen, 1963, S. 350; Zirpins, in: BKA (Hrsg.), Wirtschaftsdelikte, S. 109; Bleutge, 1999, S. 10.

trags führe dazu, dass der Sachverständige Ermittlungsgehilfe werde und wegen Besorgnis der Befangenheit abgelehnt werden müsse.[452]

Hier ist der letztgenannter Ansicht zu folgen. Wenn der Wirtschaftsreferent seinen Gutachtenauftrag eigenmächtig erweitert, wird er wie ein Ermittlungsgehilfe tätig, da er zur Aufklärung einer weiteren Straftat beiträgt. Die Beweisfrage muss grundsätzlich der Auftraggeber, d.h. die Staatsanwaltschaft, und nicht der Auftragnehmer, d.h. der Wirtschaftsreferent, bestimmen. Anderenfalls wäre der Anschein einer Parteilichkeit des Wirtschaftsreferenten als Sachverständiger gegeben. Er wäre in einem solchen Fall wegen Besorgnis der Befangenheit nach § 74 Abs. 1 S. 1 i.V.m. § 24 Abs. 2 StPO ablehnbar.

ee.) Zwischenergebnis

Als Zwischenergebnis ist festzuhalten, dass der als Sachverständiger tätig werdende Wirtschaftsreferent wegen Besorgnis der Befangenheit nach § 74 Abs. 1 S. 1 i.V.m. § 24 Abs. 2 StPO abgelehnt werden kann, wenn er den Staatsanwalt ausdrücklich auf neue Straftaten aufmerksam macht, in seinem Gutachten Formulierungen benutzt, die auf neue Straftaten hindeuten, in seinem Gutachten – mit Ausnahme vom Gebrauch juristisch-ökonomischer Begriffe – rechtliche Schlussfolgerungen zieht oder seinen Gutachtenauftrag eigenmächtig erweitert.

b.) Verstoß gegen Nr. 70 Abs. 1 RiStBV

Eine in der Praxis vieldiskutierte Norm ist Nr. 70 Abs. 1 RiStBV. Sie ergänzt § 73 StPO hinsichtlich der Auswahl des Sachverständigen und bestimmt, dass der Staatsanwalt dem Verteidiger grundsätzlich während des Ermittlungsverfahrens Gelegenheit zu geben hat, vor der Auswahl des Sachverständigen Stellung zu nehmen. Trotzdem ist zu bemerken, dass Nr. 70 Abs. 1 RiStBV der Verteidigung nur in sehr begrenzten Umfang Einflussrechte einräumt. So ist das Beteiligungsrecht zum einen nur eine Soll-Vorschrift. Zum anderen entfaltet es auch keine Bindungswirkung, da die Vorschrift eine bloße Verwaltungsanordnung ohne Ge-

---

452 OLG Schleswig, SchlHA 1997, 43 zu der zivilrechtlichen Rspr.; OLG Bamberg, MedR 1993, 351 zum medizinischen Sachverständigen; Peters, JR 1969, 234; Krekeler, wistra 1989, 53; Lemme, wistra 2002, 287; Bittmann in: Bittmann (Hrsg.), Insolvenzstrafrecht, S. 82; Jessnitzer/Frieling 2007, S. 134 mit der Einschränkung, dass die Überschreitung des Gutachtenauftrags auch vom Sachverständigen erkannt werden müsse; diese Meinung ist jedoch widersprüchlich, da es nur auf den Eindruck der Befangenheit und nicht auf die subjektiven Empfindungen des Sachverständigen ankommen darf.

setzeskraft ist. Aus ihr können Dritte keinen Rechtsanspruch herleiten.[453] Seine Nichtanwendung bleibt mithin sanktionslos[454], da eine gerichtliche Überprüfung bis auf die in weiten Teilen wirkungslose Dienstaufsichtsbeschwerde fehlt.[455] Weiterhin ist selbst bei Anwendung von Nr. 70 Abs. 1 RiStBV zu berücksichtigen, dass der Verteidigung kein Widerspruchsrecht gegen den ausgewählten Sachverständigen zusteht.[456]

Fraglich ist in unserem Zusammenhang, ob ein Verstoß gegen Nr. 70 Abs. 1 RiStBV zu einer Ablehnung wegen Besorgnis der Befangenheit nach § 74 Abs. 1 S. 1 i.V.m. § 24 Abs. 2 StPO führt. Hierzu äußert sich Bittmann[457] dahingehend, dass das Gericht den Verstoß der Staatsanwaltschaft gegen Nr. 70 Abs. 1 RiStBV als ein gewichtiges Argument für einen begründeten Befangenheitsantrag werten könnte.

Dem ist zuzustimmen und folgende Begründung hinzuzufügen.

Hinsichtlich der Frage, ob ein Verstoß gegen Nr. 70 Abs. 1 RiStBV zu einem Ablehnungsrecht wegen Besorgnis der Befangenheit führt, ist zu klären, ob aus der Verletzung einer Dienstpflicht der Staatsanwaltschaft gleichzeitig ein Argument für den Anschein der Befangenheit des Wirtschaftsreferenten hergeleitet werden kann. Denn entscheidend ist allein, dass die Gründe, die zu einer Ablehnung wegen Befangenheit führen, in der Person des Sachverständigen vorliegen. Es reicht hingegen nicht aus, wenn Befangenheitsgründe allein bei der Staatsanwaltschaft vorliegen. Ob man aus einem Verstoß der Staatsanwaltschaft gegen Dienstvorschriften folgern kann, dass auch der Wirtschaftsreferent als Sachverständiger wegen Besorgnis der Befangenheit abgelehnt werden kann, ist in Zusammenhang mit dem Sinn und Zweck der Ablehnungsvorschriften der §§ 22 ff. StPO zu untersuchen.

Die Ablehnungsvorschriften haben einen subjektiven Schutzzweck[458], so dass es nicht darauf ankommt, dass der Sachverständige tatsächlich parteiisch ist, sondern darauf, ob er den Anschein der Parteilichkeit hervorruft. Entscheidend ist der Eindruck, der bei einem besonnenen Beschuldigten entsteht. Bei Zugrundelegung dieser Sichtweise legt ein Verstoß gegen Nr. 70 Abs. 1 RiStBV die Vermutung nahe, dass die Staatsanwaltschaft als eine – wie Teil 2 der Untersuchung

453 Vgl. die Einführung zur RiStBV, abgedruckt bei Meyer/Goßner, in: Schwarz (Begr.), Anhang 12.

454 Detter, NStZ 1998, 57; sowie das Ergebnis der Arbeitsgruppe des 16. Strafverteidigertages, StV 1992, 346; Boppel, 2002, S. 88 f.

455 Toepel, 2001, S. 297.

456 Bittmann, in: ders (Hrsg.), Insolvenzstrafrecht, S. 80.

457 Bittmann, wistra 2011, 51.

458 BGHSt 9, 194 f.; Meyer-Goßner, in: Schwarz (Begr.), § 22 StPO Rn. 17; Fischer in; Hannich (Hrsg.), KK, § 22 StPO Rn. 9; Siolek, in: Erb u.a. (Hrsg.), LR, § 22 StPO Rn. 24; Hellmuth, NJW 1986, 290.

gezeigt hat – nicht uneingeschränkt objektive Behörde einen Sachverständigen auswählt, der in ihrem Interesse handelt. Hieraus ergibt sich für den Beschuldigten die Vermutung, dass auch der Sachverständige voreingenommen ist und im vermeintlichen Interesse der Staatsanwaltschaft handelt. Somit kann sich grundsätzlich aus einem Verstoß der Staatsanwaltschaft gegen Dienstvorschriften auch die Besorgnis der Befangenheit für den Wirtschaftsreferenten als Sachverständigen ergeben.

Zweifelhaft ist jedoch, ob die Ablehnungsregeln des § 24 Abs. 2 StPO auch bei einem Verstoß gegen die Sollvorschrift des Nr. 70 Abs. 1 RiStBV einschlägig sind. Wenn etwas für die Staatsanwaltschaft rechtlich nicht verbindlich ist, stellt sich die Frage, ob aus dessen Nichtanwendung die Besorgnis der Befangenheit für den von ihr beauftragten Wirtschaftsreferenten hergeleitet werden kann. Der Anschein der Parteilichkeit kann sich aber auch durch die Verletzung einer Ordnungsvorschrift ergeben. Denn für das Vorliegen der Befangenheitsvorschriften kommt es weniger auf eine Normverletzung mit rechtlichen Konsequenzen an als vielmehr auf ein Verhalten, welches eine innere Haltung vermuten lässt, die die Neutralität des Sachverständigen störend beeinflussen könne. Dies ist aus der Sicht des Beschuldigten schon dann nachvollziehbar der Fall, wenn sein Verteidiger vor der Auswahl eines Sachverständigen entgegen Nr. 70 Abs. 1 RiStBV nicht um Stellungnahme gebeten wird.

Unter Berücksichtigung dieser Gründe ist eine Sachverständigenbestellung durch die Staatsanwaltschaft unter Verstoß gegen Nr. 70 Abs. 1 RiStBV geeignet, Zweifel an der Unparteilichkeit des Sachverständigen nach § 74 Abs. 1 S. 1 i.V.m. § 24 Abs. 2 StPO hervorzurufen.

c.) Wirtschaftsreferent erstattet Strafanzeige gegen den Beschuldigten

Schließlich ist auch die Fallgruppe denkbar, dass der Wirtschaftsreferent als Sachverständiger selbst die Strafanzeige gegen den Beschuldigten erstattet. Hierbei stellt sich die Frage, ob hierdurch auch die Besorgnis der Befangenheit nach § 74 Abs. 1 S. 1 i.V.m. § 24 Abs. 2 StPO anzunehmen ist. Teilweise wird dies bejaht[459], weil der Sachverständige durch seine Anzeige sein persönliches Strafverfolgungsinteresse zum Ausdruck bringe. Aus Sicht des Angeklagten sei er damit parteiisch. Denn durch die Stellung eines Strafantrags werde man in eine Parteirolle versetzt. Aus der Sicht des Angeklagten gerate man damit zwangsläu-

459 BGH, NStZ 1992, 290 mit der Einschränkung, dass es auf die Umstände des Einzelfalls ankomme; Eisenberg, NStZ 2006, 371; Jessnitzer/Frieling, 2007, S. 137 mit der Einschränkung, dass kein sachlicher Grund für die Anzeige gegeben sein dürfe; Senge, in: Hannich (Hrsg.), KK, § 74 Rn. 6; Eisenberg, 2011, Rn. 1551a.

fig in die Gefahr, seine Unabhängigkeit zu verlieren. Auf der anderen Seite wird die Meinung vertreten, dass auch in diesem Fall grundsätzlich keine Befangenheit gegeben sei.[460] Argumente führen die Vertreter dieser Ansicht leider nicht an.

Die Meinung, dass die Stellung eines Strafantrages zur Besorgnis der Befangenheit des Sachverständigen nach § 74 Abs. 1 S. 1 i.V.m. § 24 Abs. 2 StPO führt, überzeugt. Denn zur Beantwortung der Frage, ob ein Anschein der Parteilichkeit im Sinne von § 24 Abs. 2 StPO vorliegt, ist entscheidend auf die nach außen getragene Einstellung des Anzeigeerstatters abzustellen. Wenn eine Person Strafanzeige erstattet, geht diese grundsätzlich von einem strafverfolgungswürdigen Verhalten aus. Überträgt man diesen Gedanken auf den Wirtschaftsreferenten als Sachverständigen, so können in seiner Person, wenn er Anzeige erstattet, aus der allein maßgebenden Sicht des betroffenen Beschuldigten Zweifel an seiner Unparteilichkeit gegeben sein. Daher ist es zulässig, einen Wirtschaftsreferenten, der die Strafanzeige gegen den Beschuldigten selbst erstattet hat, im Hauptverfahren als Sachverständigen wegen der Besorgnis der Befangenheit nach § 74 Abs. 1 S. 1 i.V.m. § 24 Abs. 2 StPO abzulehnen.

d.) Dienstrechtliche Eingliederung des Wirtschaftsreferenten bei der Staatsanwaltschaft

Im Weiteren ist die Frage zu beantworten, ob die organisatorische Eingliederung des Wirtschaftsreferenten bei der Staatsanwaltschaft dazu geeignet ist, die Besorgnis der Befangenheit nach § 74 Abs. 1 S. 1 i.V.m. § 24 Abs. 2 StPO hervorzurufen. Dass diese Art der Eingruppierung mit der unabhängigen Arbeit eines Sachverständigen in Widerspruch steht, wurde schon im Rahmen der Zulässigkeit des Einsatzes des Wirtschaftsreferenten als Sachverständiger diskutiert.[461] Hierbei wird die Auffassung vertreten, dass der Wirtschaftsreferent zumindest nach der aktuellen Gesetzeslage nicht als Sachverständiger eingesetzt werden sollte. Wird er es dennoch, so kann er nach der hier vertretenen Auffassung wegen Besorgnis der Befangenheit nach § 74 Abs. 1 S. 1 i.V.m. § 24 Abs. 2 StPO abgelehnt werden, da seine Eingruppierung ihn in seiner eigenverantwortlichen und freien Arbeit beeinflusst und dies zugleich den Anschein der Parteilichkeit erweckt. Um Wiederholungen zu vermeiden wird auf die Ausführungen im dritten Teil, III, 2.), c.) verwiesen.

---

460 Meyer-Goßner, in: Schwarz (Begr.), § 74 StPO Rn. 5 m.w.N.; Krause, in: Erb u.a. (Hrsg.), LR, § 74 StPO Rn. 12, wobei Krause auch berücksichtigt, dass im Einzelfall auch hier ein besonderer Jagdeifer vorliegen kann; Wassermann, in: ders. (Hrsg.), AK, § 74 StPO Rn. 5; Pfeiffer, in: ders. (Hrsg.), § 74 StPO Rn. 2.

461 Siehe hierzu die Ausführungen auf S.117 ff.

e.) Doppelaufgabe des Wirtschaftsreferenten

Im Rahmen der Prüfung von § 74 Abs. 1 S. 1 i.V.m. § 22 Nr. 4 StPO ergab sich, dass ein Wirtschaftsreferent, der im Vorverfahren eine Ermittlungstätigkeit ausführt, in der Hauptverhandlung nur dann als Sachverständiger abgelehnt werden kann, wenn die Ermittlungs- und Gutachtertätigkeit denselben Fall betreffen, d.h. ein vorangegangenes Tätigwerden „in der Sache“ vorliegt. Nicht beantwortet ist hiermit aber, ob die generelle Doppelrolle des Wirtschaftsreferenten als Ermittlungsgehilfe einerseits und als Sachverständiger andererseits zu einer Ablehnung wegen Besorgnis der Befangenheit nach § 74 Abs. 1 S. 1 i.V.m § 24 Abs. 2 StPO führt. Denn für eine Ablehnung in diesem Sinne ist im Gegensatz zu § 22 Nr. 4 StPO kein Tätigwerden in derselben Strafsache erforderlich. Vielmehr reicht ein Grund aus, der geeignet ist, Misstrauen hinsichtlich der Unparteilichkeit des Sachverständigen hervorzurufen.

Die Doppelrolle des Wirtschaftsreferenten als Ermittlungsgehilfe und Gutachter führt, wie bereits im Rahmen der Prüfung, ob der Einsatz eines Wirtschaftsreferenten als Sachverständiger zulässig ist, gesehen, zu einer Beeinträchtigung seiner unabhängigen Arbeit, die auch den Anschein der Parteilichkeit hervorruft. Um Wiederholungen zu vermeiden, sei auf die Ausführung im dritten Teil, III, 2.), d.) verwiesen. Als Ergebnis ist festzuhalten, dass ein Wirtschaftsreferent aufgrund seiner Doppelrolle als Ermittlungsgehilfe und als Gutachter wegen der Besorgnis der Befangenheit nach § 74 Abs. 1 S. 1 i.V.m. § 24 Abs. 2 StPO abzulehnen ist.

f.) Kompetenz der Staatsanwaltschaft, einen Sachverständigen im Ermittlungsverfahren zu bestellen

In diesem Zusammenhang gilt es zu überlegen, ob die geübte Praxis der Staatsanwaltschaft, den Sachverständigen im Ermittlungsverfahren zu bestellen[462], ein Misstrauen gegen die Unparteilichkeit des Wirtschaftsreferenten nach § 74 Abs. 1 S. 1 i.V.m. § 24 Abs. 2 StPO in seiner Funktion als Sachverständigen wecken kann. Dabei ist zu berücksichtigten, dass der ausgewählte Wirtschaftsreferent auch als Sachverständiger für die Hauptverhandlung übernommen wird. Für die Beantwortung dieser Frage muss zunächst untersucht werden, ob die genannte Auswahlpraxis rechtlich zulässig ist. Anderenfalls bestünde Anlass darüber nachzudenken, ob allein diese Unzulässigkeit zu einem Ablehnungsrecht nach § 74 Abs. 1 S. 1 i.V.m. § 24 Abs. 2 StPO führt.

462 Meyer-Goßner, in: Schwarz (Begr.), § 73 StPO Rn. 1; Krause, in: Erb u.a. (Hrsg.), LR, § 73 StPO Rn. 2; Wassermann, in: ders. (Hrsg.), AK, § 73 StPO Rn. 5; Zwiehoff, 2000, S. 51; Dedy, 2002, S. 127; Combe, 2007, S. 192; Barton, StV 1983, 74.

Zum Teil wird in der Literatur die Ansicht vertreten, dass nur der Richter die Befugnis habe, einen Sachverständigen auszuwählen.[463] Die Bestellung des Sachverständigen durch die Staatsanwaltschaft gefährde die Unvoreingenommenheit und Unparteilichkeit des Gutachters.[464] § 73 Abs. 1 S. 1 StPO, der ausdrücklich den Richter zur Auswahl ermächtige, gelte für das gesamte Strafverfahren, einschließlich des Vorverfahrens. Hieran habe sich auch durch die Einfügung von § 161a Abs. 1 S. 2 StPO[465] nichts geändert. Zwar erkläre § 161a Abs. 1 S. 2 StPO, der in Abs. 4 auch für die Staatsanwaltschaft gilt, dass die Vorschriften des sechsten und siebten Abschnittes des ersten Buches der StPO und somit auch § 73 StPO auf den Sachverständigen angewandt werden könnten. Allerdings diene die Bestimmung allein der Konzentration des Ermittlungsverfahrens in der Hand des Staatsanwaltes zur Straffung, Beschleunigung und optimalen Aufklärung und weise darüber hinaus keine weiteren Kompetenzen zu. Zur Untermauerung dieser Ansicht wird als systematisches Argument angeführt, dass auch § 161a Abs. 1 S. 1 StPO nur die Erscheinungspflicht eines geladenen Sachverständigen regle, jedoch keine Aussage über die Auswahl des Sachverständigen tätige. Dass die Auswahl des Sachverständigen sowohl im Ermittlungsverfahren als auch in der Hauptverhandlung nur dem Richter obliege, folge zudem aus der Tatsache, dass die Vorschrift des § 73 Abs. 1 StPO nicht zugunsten einer Ermächtigung der Staatsanwaltschaft geändert worden sei. In einem Umkehrschluss ergebe sich hieraus, dass der Gesetzgeber keine Änderung gewollt habe. Dass dies nicht auf einem Versehen beruhe, zeige der ebenfalls durch das 1. Gesetz zur Reform des Strafverfahrensrechts[466] eingefügte § 73 Abs. 1 S. 2 StPO, der wie § 73 Abs. 1 S. 1 StPO nur den Richter anspreche. Konsequenz dieser Ansicht wäre die Unzulässigkeit der Praxis, dass die Staatsanwaltschaft den Wirtschaftsreferenten als Sachverständigen auswählt.

Überwiegend wird jedoch die Meinung vertreten, dass das Recht, den Sachverständigen auszuwählen, neben dem Richter auch der Staatsanwaltschaft zustehe.[467] § 73 StPO erlange über die Verweisungsnormen des § 161a Abs. 1 S. 2 i.V.m. Abs. 4 StPO auch für die Staatsanwaltschaft Geltung. Als weitere Be-

463 Krauß, ZStW 1973, 331; Sarstedt, NJW 1968, 177; Krekeler, AnwBl. 1986, 64; Dokumentation: Ergebnisse der Arbeitsgruppen des 21. Strafverteidigertages vom 11. bis 13.04.1997 in Kassel, StV 1997, 388; Dippel, 1986, S. 82.

464 Sarstedt, NJW 1968, 178; Krauß, ZStW 1973, 331; Dippel, 1986, S. 85.

465 Eingefügt durch das 1. Gesetz zur Reform des Strafverfahrensrechts (StVRG) (Art. 1 Nr. 43) vom 09.12.1974, BGBl. I, S. 3393.

466 Eingefügt durch das 1. StVRG vom 09.12.1974, BGBl. I, S. 3393.

467 BGHSt 44, 31; Krause, in: Erb u.a. (Hrsg.), LR, § 73 StPO Rn. 2; Senge, in: Hannich (Hrsg.), KK, § 73 Rn. 1; Meyer-Goßner, in: Schwarz (Begr.), § 73 StPO Rn. 1 m.w.N.; Toepel, 2001, S. 297; Zwiehoff, 2000, S. 60; Kühne, 2010, Rn. 862; Lürken, NJW 1968, 1164; Karpinski, NJW 1968, 1173; Gössel, DRiZ 1980, 366.

gründung werden die Vorschriften über die Unterbrechung der Verjährung gem. § 78c Abs. 1 S. 1 Nr. 3 StGB sowie § 33 Abs. 1 Nr. 3 OWiG aufgeführt. Beide Vorschriften sprechen von der Unterbrechung der Verjährung durch die Beauftragung eines Sachverständigen durch den Richter *oder die Staatsanwaltschaft*.

Eine Auswertung der vertretenen Meinungen lässt Folgendes erkennen. Der erstgenannten Ansicht ist insofern zuzustimmen, als § 161a StPO ausdrücklich nur von einer Ladung des Sachverständigen spricht, um auszusagen bzw. ein Gutachten zu erstatten. Demgegenüber ist im Wortlaut keine Befugnis enthalten, ein Gutachten erstmals in Auftrag zu geben. Zu berücksichtigen ist aber, dass der Gesetzgeber an anderer Stelle, nämlich in § 78c Abs. 1 S. 1 Nr. 3 StGB ausdrücklich die *Beauftragung* eines Sachverständigen durch die Staatsanwaltschaft vorsieht, so dass der Gesetzgeber eine Auftragserteilung durch die Staatsanwaltschaft eindeutig berücksichtigt hat. § 78c Abs. 1 S. 1 Nr. 3 StGB entkräftet auch das Argument, dass § 73 StGB trotz Änderung des Satzes 2 nicht ausdrücklich von einer Ermächtigung zugunsten der Staatsanwaltschaft spricht. Es kann nämlich nicht dahingehend argumentiert werden, dass der Gesetzgeber Letzteres nicht vorgesehen habe oder sogar bewusst ausschließen wollte, wenn er es in § 78c Abs. 1 S. 1 Nr. 3 StGB explizit regelt.

Aufgrund des eindeutigen Wortlauts von § 78c Abs. 1 S. 1 Nr. 3 StGB muss daher auch der Staatsanwaltschaft die Befugnis zukommen, den Sachverständigen im Vorverfahren auszusuchen. Alleine hieraus kann sich folglich nicht die Besorgnis der Befangenheit ergeben.

g.) Sonderfall: Brandenburg

Der folgende Abschnitt der Arbeit befasst sich mit den rechtlichen Auswirkungen der Aufgabenbereichsregelungen des Wirtschaftsreferenten in Brandenburg.[468] Wie bereits im dritten Teil unter I., 3.) ausgeführt, ermächtigt die dort geltende Rundverfügung den Wirtschaftsreferenten nur dazu, die Funktion des Ermittlungsgehilfen der Staatsanwaltschaft auszuüben, und umfasst keine gutachterlichen Tätigkeiten. Es stellt sich mithin unabhängig von einem konkreten Einsatz des Wirtschaftsreferenten als Ermittlungsgehilfe folgende Frage: Ruft ein Wirtschaftsreferent, dem laut Ermächtigungsgrundlage grundsätzlich nur ermittelnde Tätigkeiten zukommen und der in Brandenburg als Sachverständiger ohne normierte Ermächtigungsgrundlage eingesetzt wird, hierdurch den Anschein der Parteilichkeit hervor, der zu einer Besorgnis der Befangenheit nach § 74 Abs. 1 S. 1 i.V.m. § 24 Abs. 2 StPO führt?

---

468 Vgl. die Rundverfügung vom 19.07.1991, JMBl. Bbg., 1991, 70 f. in der Fassung vom 27.02.1997, JMBl. Bbg., 1997, 14 sowie die Auskunft des brandenburgischen Justizministeriums vom 19.01.2011.

Dies ist zu bejahen, denn aus der allein maßgeblichen Sichtweise eines besonnenen Beschuldigten besteht dann der Anschein der Parteilichkeit, wenn sich der Wirtschaftsreferent mit Aufgaben befasst, die nicht von seinen Aufgabenregelungen erfasst sind. Ein Ablehnungsantrag wäre gerechtfertigt. Als Konsequenz kann der Wirtschaftsreferent in Brandenburg aufgrund der aktuellen Rechtslage nicht als Sachverständiger eingesetzt werden, ohne in die Gefahr eines erfolgreichen Befangenheitsantrags nach § 74 Abs. 1 S. 1 i.V.m. § 24 Abs. 2 StPO zu kommen.

Wie aktuell dieses Problem ist, zeigt sich auch am Beispiel Nordrhein-Westfalens. Dort wurde erst im August 2011 die seit 40 Jahren bestehende Allgemeinverfügung über den Aufgabenbereich des Wirtschaftsreferenten dahingehend geändert, dass nicht mehr nur ausdrücklich eine Ermittlungstätigkeit, sondern auch eine Gutachtertätigkeit von ihr umfasst ist.

5.) Ergebnisse zu den Ablehnungsmöglichkeiten des Wirtschaftsreferenten wegen Besorgnis der Befangenheit

Der Ablehnungsgrund des § 22 Nr. 4 StPO ist für alle diejenigen Wirtschaftsreferenten anwendbar, denen der Status einer Ermittlungsperson der Staatsanwaltschaft verliehen wurde. Das Erstellen von Sachverständigengutachten im Vorverfahren ist nicht als ablehnungsrelevantes Tätigwerden im Sinne von § 22 Nr. 4 StPO anzusehen, da hiervon nur ermittelnde Tätigkeiten umfasst sind. Demgegenüber ist die Besorgnis der Befangenheit nach § 74 Abs. 1 S. 1 i.V.m. § 22 Nr. 4 StPO aber anzunehmen, wenn der Wirtschaftsreferent, der in der Hauptverhandlung ein Gutachten erstattet, im Vorverfahren ermittelnd tätig geworden ist, wobei auch lediglich formelle ermittelnde Tätigkeiten schädlich sind.

Darüber hinaus nimmt der Wirtschaftsreferent bei der Teilnahme an einer Durchsuchung mit Sichtung und Überprüfung der Unterlagen im Hinblick auf ihre Bedeutung für das Strafverfahren eine Ermittlungstätigkeit wahr, die im Regelfall auch eine Durchsicht im Sinne von § 110 Abs. 1 StPO darstellt. Die Durchsicht von Papieren im Rahmen einer Durchsuchung nach § 110 StPO ist nur den Wirtschaftsreferenten gestattet, denen der Status einer Ermittlungsperson der Staatsanwaltschaft verliehen wurde. Wirtschaftsreferenten, denen dieser Status nicht zukommt, ist auch eine inhaltliche Grobsichtung ohne Zustimmung des Betroffenen nach § 110 Abs. 1 StPO untersagt.

Wirtschaftsreferenten, denen nicht der Status einer Ermittlungsperson der Staatsanwaltschaft verliehen worden ist, können nach § 74 Abs. 1 S. 1 i.V.m. § 22

Nr. 4 StPO analog abgelehnt werden. Der Ablehnungsgrund des § 74 Abs. 1 S. 1 i.V.m. § 23 StPO ist hingegen auf den Wirtschaftsreferenten als Sachverständigen nicht anwendbar.

Die Untersuchung der einzelnen Fälle zu § 24 Abs. 2 StPO lässt folgende Schlussfolgerung zu: Der Wirtschaftsreferent kann nach § 74 Abs. 1 S. 1 StPO i.V.m. § 24 Abs. 2 StPO abgelehnt werden, wenn die Staatsanwaltschaft den Wirtschaftsreferenten unter Verstoß gegen Nr. 70 Abs. 1 RiStBV ausgewählt hat. Weiterhin ist eine Ablehnung wegen Besorgnis der Befangenheit gegeben, wenn der Wirtschaftsreferent in seinem Gutachten Hinweise auf weitere vom Auftrag nicht umfasste Straftaten gibt, er in seinem Gutachten selbst rechtliche Schlussfolgerungen trifft oder den Staatsanwalt ausdrücklich auf unbekannte Straftaten aufmerksam macht sowie weitere Ermittlungen oder eine Erweiterung des Gutachtenauftrags anregt. Darüber hinaus wäre ein Ablehnungsantrag nach § 74 Abs. 1 S. 1 i.V.m. § 24 Abs. 2 StPO gerechtfertigt, wenn der Wirtschaftsreferent selbst die Strafanzeige gegen den Beschuldigten erstattet hat. Auch die aktuelle organisationsrechtliche Eingliederung des Wirtschaftsreferenten als Teil der Behörde Staatsanwaltschaft und seine generelle Doppelstellung als Ermittlungsgehilfe und Sachverständiger führt zu der Besorgnis der Befangenheit nach § 74 Abs. 1 S. 1 i.V.m. § 24 Abs. 2 StPO. In Brandenburg müsste sogar jede Sachverständigentätigkeit als Verstoß gegen die Rundverfügung über den Aufgabenbereich des Wirtschaftsreferenten zu der Besorgnis der Befangenheit nach § 74 Abs. 1 S. 1 i.V.m. § 24 Abs. 2 StPO führen.

V. Weitere Ergebnisse der Empirie zur Vergütung des Wirtschaftsreferenten

Im nachfolgenden Teil der Arbeit sollen schließlich weitere Ergebnisse der empirischen Untersuchung zu den Vergütungsregeln für Wirtschaftsreferenten in den einzelnen Bundesländern aufgezeigt werden, die über die Frage nach der Ablehnbarkeit wegen Besorgnis der Befangenheit hinausgehen.

Regelungen über Vergütungen von Sachverständigen enthält das Justizvergütungs- und Entschädigungsgesetz (JVEG)[469], welches ausweislich § 1 Abs. 1 JVEG die Vergütung von Sachverständigen, die u.a. vom Gericht, von der Staatsanwaltschaft oder von den Finanzbehörden herangezogen werden, regelt. § 84 StPO i.V.m. § 1 Abs. 2 S. 2 JVEG bestimmt, dass ein Sachverständiger dann einen persönlichen Vergütungsanspruch hat, wenn er das Gutachten nicht in Erfüllung seiner Dienst-

469 JVEG vom 05.05.2004, BGBl. I, S. 718, 776, i.d.F. vom 30.07.2009 BGBl. I, S. 2449.

aufgaben erstattet, vertritt oder erläutert, sondern im Rahmen einer Nebentätigkeit. Der persönliche Vergütungsanspruch des Wirtschaftsreferenten hängt folglich von der Rechtslage in den einzelnen Bundesländern und der Frage ab, ob er seine Sachverständigentätigkeit als Dienstaufgabe oder als Nebentätigkeit wahrnimmt. Ob eine Dienstaufgabe vorliegt, richtet sich nach dem Aufgabenbereich der Behörde und dem Dienstrecht des Sachverständigen.[470] Die Klärung der Frage, ob ein Wirtschaftsreferent als Sachverständiger eine Dienstaufgabe ausübt, wurde bereits mit Blick auf die Abgrenzung des persönlichen Gutachtens vom Behördengutachten[471] erörtert. Um Wiederholungen zu vermeiden, wird auf die dortigen Ausführungen verwiesen. Eine Zusammenfassung der Ergebnisse stellt sich wie folgt dar:

In der überwiegenden Anzahl der Bundesländer[472] ist in den jeweiligen Regelungen ausdrücklich bestimmt, dass der Aufgabenbereich des Wirtschaftsreferenten sowohl Ermittlungs- als auch Gutachtertätigkeit umfasst, so dass in diesen Bundesländern von einer Dienstaufgabe auszugehen ist. Hieraus ergibt sich, dass der Wirtschaftsreferent in diesen Bundesländern keinen persönlichen Vergütungsanspruch nach § 84 StPO i.V.m. § 1 Abs. 2 S. 2 JVEG hat. Daraus ergibt sich jedoch nicht, dass der Angeklagte im Falle einer Verurteilung von seiner Kostentragungspflicht für die Erstattung des Gutachtens befreit ist. Denn Vergütungsfähigkeit und Vergütungsanspruch sind zu trennen, so dass die Anstellungsbehörde des Wirtschaftsreferenten den Anspruch hat, falls keine anderweitige interne Regelung getroffen wurde.[473] Die fiktiven Sachverständigenkosten für Wirtschaftsreferenten der Staatsanwaltschaft werden als Kosten des Verfahrens angesetzt.[474]

---

470 Bach/Oberlack, in: Meyer (Begr.), JVEG, S. 106.

471 Vgl. hierzu die Ausführungen auf S. 100 f. der Arbeit.

472 Siehe hierzu die Ausführungen auf S. 96 der Arbeit.

473 OLG Koblenz, NStZ-RR 1998, 128; KG Berlin, NStZ-RR 2009, 190 ff.; Weglage/Pawliczek, 2005, S. 11; Schneider/Rödel, in: ders. (Hrsg.), JVEG, Rn. 100.

474 Unter Verfahrenskosten versteht man Gebühren und die Auslagen der Staatskasse (§ 464a Abs. 1 S. 1 StPO). Hierunter sind auch die durch die Vorbereitung der öffentlichen Klage entstandenen Kosten zu zählen (§ 464a Abs. 1 S. 2 StPO). Inbegriffen sind auch die Kosten eines Sachverständigengutachtens, da dies Auslagen zur Aufklärung der Tatbeteiligung des Angeklagten waren. Diese Auslagen sind nach Nr. 9015 i.V.m. Nr. 9005 KV GKG in voller Höhe zu erheben, wenn die Beträge nach dem JVEG zu zahlen sind. Nr. 9005 Abs. 2 S. 2 des Kostenverzeichnisses als Anlage 1 zum GKG bestimmt, dass im Fall des § 1 Abs. 2 S. 2 JVEG der Betrag zu den Auslagen des Verfahrens gehört, der ohne die Vorschrift zu erheben wäre. Unter fiktiven Gutachterkosten sind somit nicht die Kosten der Ermittlungstätigkeit zu zählen; hierzu OLG Koblenz, NStZ-RR 1998, 127 f.; KG Berlin, NStZ-RR 2009, 190 ff. sowie KG Berlin, wistra 2009, 247 f.; LG Trier, NStZ-RR 1998, 256; Bittmann, in: Bittmann (Hrsg.), Insolvenzstrafrecht, S. 82. Zu beachten ist die Regelung in Hessen: In dem Runderlass des Hessischen Ministeriums der Justiz vom 20.09.1989 – JMBl., S. 591 ist in § 2 (4) geregelt: „Die Gutachterkosten können nur dann als Verfahrenskosten angesetzt werden, wenn die als Gutachterin tätige Wirtschaftsreferentin oder der als Gutachter tätige Wirtschaftsreferent nicht im Rahmen eines dienstlichen Untersuchungsauftrages zum Beweisthema ermittelt hat.“

Obwohl Bayern und das Saarland den Aufgabenbereich des Wirtschaftsreferenten nicht normativ niedergelegt haben, kann aus ihrer Nichtregelung nicht zwingend gefolgert werden, dass es sich stets um ein persönliches Gutachten handelt. Vielmehr kann man auch die Auslegungsalternative in Erwägung ziehen, dass jede mündliche Beauftragung im Einzelfall zu den Dienstaufgaben des Wirtschaftsreferenten zu zählen ist, so dass sein persönlicher Vergütungsanspruch entfällt.

Lediglich die Rundverfügung, die den Aufgabenbereich des Wirtschaftsreferenten in Brandenburg[475] regelt, lässt sich allein dahingehend auslegen, dass sie den Wirtschaftsreferenten nur zur Ermittlungstätigkeit ermächtigt. Die Folge hiervon wäre, dass eine Sachverständigentätigkeit als Dienstaufgabe zu verneinen ist. Dem Wirtschaftsreferent, der in Brandenburg als Sachverständiger tätig wird, müsste folglich ein persönlicher Vergütungsanspruch nach § 84 StPO i.V.m. § 1 Abs. 2 S. 2 JVEG zustehen.

VI. Reformvorschläge

Ausgehend von den vorangegangenen Ergebnissen und den festgestellten Unzulänglichkeiten der bisherigen Regelungen entwickelt die vorliegende Arbeit zum Abschluss Vorschläge, wie das Organisationsrecht des Wirtschaftsreferenten reformiert werden sollte. Hierbei wird zunächst der Frage nachgegangen, ob eine allgemeine Reform des Sachverständigenbeweises dazu geeignet ist, um auch die Bedenken gegen den Einsatz des Wirtschaftsreferenten als Sachverständiger auszuräumen. Im Anschluss daran wird erörtert, wie unter Berücksichtigung der Interessen aller beteiligten Parteien eine „ideale" Ausgestaltung der Stellung des Wirtschaftsreferenten erreicht werden kann.

1.) Überlegungen zur Auswahl des Sachverständigen durch das Gericht

In der Vergangenheit wurde im Zusammenhang mit der Frage, ob der Staatsanwaltschaft durch ihr Recht zur Auswahl des Sachverständigen im Ermittlungsverfahren ein ungerechtfertigter Vorteil entstehe, vorgeschlagen, dass die Auswahl des Sachverständigen – ähnlich der Pflichtverteidigerbestellung – nach

475 Vgl. die Rundverfügung vom 19.07.1991 JMBl. Bbg., 1991, 70 f. in der Fassung vom 27.02.1997, JMBl. Bbg., 1997, 14 sowie die Auskunft des brandenburgischen Justizministeriums vom 19.01.2011.

§ 141 Abs. 3, Abs. 4 StPO schon im Ermittlungsverfahren durch den Richter vorgenommen werde. Hierdurch lasse sich zum einen vermeiden, dass der Sachverständige den Eindruck erhalte, er werde im Auftrag der Staatsanwaltschaft tätig.[476] Zum anderen reduziere sich die Voreingenommenheit des Verteidigers gegenüber dem Sachverständigen.[477]

An diesem Ansatz ist jedoch problematisch, dass eine Sachverständigenbestellung durch die Staatsanwaltschaft rechtlich zulässig ist, wie die bisherige Untersuchung gezeigt hat. Zudem würde auch eine Sachverständigenbestellung des Wirtschaftsreferenten ausschließlich durch den Richter nichts daran ändern, dass der Wirtschaftsreferent aufgrund seiner jetzigen organisationsrechtlichen Eingliederung bei der Staatsanwaltschaft und seiner Doppelfunktion als Sachverständiger weiterhin ungeeignet wäre. Die genannte Reformüberlegung ist daher abzulehnen.

2.) Anspruch auf Hinzuziehung eines weiteren Sachverständigen

Darüber hinaus wird gefordert, dem Beschuldigten unter erleichterten Bedingungen das Recht einzuräumen, selbst einen eigenen Sachverständigen auszuwählen.[478] Dies hätte den Vorteil, dass die Verteidigung weniger den Drang verspürte, ein Gegengutachten präsentieren zu müssen, wenn der Beschuldigte mehr Einfluss auf die Auswahl des Sachverständigen hätte.[479]

Aufgrund der aktuellen Gesetzeslage hat der Angeklagte folgende Möglichkeiten, einen Sachverständigen in der Hauptverhandlung zu benennen. Zum

---

476 Minoggio, 2005, S. 178; Tondorf, StV 1993, 45; Geisler, ZStW 1981, 1143; dagegen wird von Schreiber bei Weigend, ZStW 1981, 1279 eingewandt, dass hiermit nur die Entscheidung des Staatsanwaltes pönalisiert werde; Dokumentation der Ergebnisse der Arbeitsgruppe des 21. Strafverteidigertages vom 11. bis 13.04.1997 in Kassel, StV 1997, 389; Zainhofer, ZSW 1982, 222.

477 Detter, NStZ 1998, 59; Montenbruck u.a., JuS 1987, 804.

478 Kohlhaas, NJW 1962, 1332; der ausführt, dass Diskussionen hierüber so alt wie die Beratungen zur Reichsstrafprozessordnung seien, bei denen zum Teil vorgetragen wurde, dass der Sachverständige nur ein Gehilfe des Richters sei und deshalb der Beschuldigte kein Recht auf Auswahl habe. Die Verfechter der entgegengesetzten Meinung vertraten im Rahmen der Beratungen wiederum die Ansicht, dass auch der Beschuldigte ein Recht auf eine entsprechende Auswahl haben sollte, da ansonsten eine ungerechtfertigte Verkleinerung des Entlastungsbeweises eintrete. Letztendlich wurde die Auswahlkompetenz nur dem Staatsanwalt und dem Richter zugebilligt, obwohl zumindest im ersten Entwurf das Selbstladungsrecht des Beschuldigten in § 183 StPO vorgesehen wurde, welches gleichwohl kein Recht auf Anhörung des selbst geladenen Sachverständigen darstellen sollte; siehe hierzu die Nachweise bei Zwiehoff, 2000, S. 4 Fn. 9; S. 5 Fn. 15; Hahn, StPO 1885, Neudr. 1983, S. 61.

479 Baumann, 1999, S. 71.

einen kann der Angeklagte den Sachverständigen nach §§ 220, 38, 245 Abs. 2 StPO selbst laden. Hierbei ist aber zu berücksichtigen, dass der Angeklagte die Ladung in der Form des § 38 StPO durch den Gerichtsvollzieher vornehmen lassen muss, während die Staatsanwaltschaft grundsätzlich formlos laden kann.[480] Hierbei trifft den Angeklagten ein hohes Kostenrisiko,[481] weil der Sachverständige nach § 220 Abs. 2 StPO nur vor Gericht erscheinen muss, wenn ihm sein Honorar in bar angeboten oder der Betrag bei der Gerichtskasse hinterlegt wird. Zudem werden nach § 220 Abs. 3 StPO für den Entschädigungsanspruch erst die Leistungen des Sachverständigen ab Ladung zur Vernehmung und nicht schon für die vorhergehenden Untersuchungen, wie z.B. Gutachten, ersetzt.[482] Viele Sachverständige haben darüber hinaus Bedenken, einer Selbstladung des Angeklagten nachzukommen, da sie den Anschein einer vermeintlichen „Parteilichkeit" vermeiden wollen.[483]

Darüber hinaus kann der Angeklagte nach der jetzigen Rechtslage einen Antrag auf Hinzuziehung eines weiteren Sachverständigen als Beweismittel nach § 244 Abs. 2 StPO stellen, wobei zu berücksichtigen ist, dass nach § 244 Abs. 4 S. 2, 3 StPO ein neues Beweisbegehren in Form der Einführung eines neuen Sachverständigen nur unter eng begrenzten Ausnahmefällen Erfolg hat. Ein darüber hinausgehender Anspruch auf einen weiteren Gutachter soll nach der Rechtsprechung des Bundesgerichtshofes nur dann bestehen, wenn besondere Umstände vorliegen.[484] In diesem Zusammenhang wirft Zwiehoff[485] die Frage auf, ob es dann nicht zumindest gerechtfertigt sei, die Deutung des § 244 Abs. 4 S. 2 StPO einer rechtlichen Überprüfung zu unterziehen. Die Anforderungsschwelle des § 244 Abs. 4 StPO zur Beauftragung eines weiteren Sachverständigen müssten ihrer Meinung nach herabgesetzt werden. Auch andere Stimmen in der Literatur teilen diese Ansicht und fordern, dass einleuchtende Bedenken an Gutachten bzw. der Qualifikation des Sachverständigen ausreichen müssten, um einen zweiten Sachverständigen zu beauftragen.[486] Falls keine Einigung zwischen dem Verteidiger und der Staatsanwaltschaft zu erreichen sei, müsse der Ermittlungs-

480 Meyer-Goßner, in: Schwarz (Begr.), § 245 StPO Rn. 16 m.w.N.; auch Boppel, 2002, S. 180 f., die das Selbstladungsrecht als stumpfe Waffe, als wenig tauglich bezeichnet.

481 Kohlhaas, NJW 1962, 1332, der darauf aufmerksam macht, dass § 245 StPO den „armen" Beschuldigten benachteilige; ebenso Richter, in: Frank/Harrer (Hrsg.), Der Sachverständige im Strafrecht-Kriminalitätsverhütung, S. 49; Toepel, 2001, S. 336 sieht einen Verstoß gegen die Waffengleichheit.

482 OLG München, NStZ 1981, 450; Treier, in: Hannich (Hrsg.), KK, § 220 StPO Rn. 11.; Meyer-Goßner, in: Schwarz (Begr.), § 220 StPO Rn. 10; Pfeiffer, in: ders. (Hrsg.), § 220 StPO Rn. 4.

483 Baumann, 1999, S. 79.

484 BGHSt 10, 119; 23, 187.

485 Zwiehoff, 2000, S. 50.

486 Tondorf, StV 1993, 46; Schreiber, in: Arzt u.a. (Hrsg.), FS Baumann, S. 393.

richter eine verbindliche Entscheidung treffen[487] bzw. ein weiterer Sachverständiger auf Staatskosten benannt werden.[488] Der Angeklagte sollte von sich aus einen anderen Gutachter als den Sachverständigen der Anklage benennen können. Die Kosten für das Gutachten sollte die Staatskasse bis zum Fall einer Verurteilung vorstrecken, damit gewährleistet sei, dass der Sachverständige unbeeinflusst von jeder Seite arbeitet.[489]

Der Ansatz, dem Gutachten der Staatsanwaltschaft ein Gutachten der Verteidigung gegenüberzustellen, erinnert an das englische Strafrecht (Licence of Defence).[490] Fraglich ist aber, ob das anglikanische Strafrecht in dieser Hinsicht mit dem deutschen Strafrecht vergleichbar ist. Das anglikanische Strafrecht geht von einem Zwei-Parteien-System aus, also davon, dass sich Anklage und Verteidigung in Gegenspielerpositionen befinden. In Deutschland hat die Staatsanwaltschaft aber nicht den Status einer Partei.[491] Andererseits hat die Untersuchung in Teil 2 gezeigt, dass auch die Staatsanwaltschaft keine objektive Behörde ist, obschon sie grundsätzlich zur Objektivität verpflichtet ist.[492] Neben der Tatsache, dass sich in diesem Lösungsvorschlag zu starke Züge des Parteiverfahrens widerspiegeln, bestünde bei einander widersprechenden Gutachten die Gefahr, dass die Entscheidung letztendlich auf ein Obergutachten[493] eines dritten Sachverständigen hinausliefe. Das würde im Vergleich zum jetzigen Recht den Sachverständigenbeweis entwerten, da man nicht mehr zwangsläufig von einer Neutralität des Sachverständigen ausgehen könnte, denn jeder Sachverständige würde eine bestimmte Interessenrichtung verfolgen. Zudem würde die Bestellung einer Vielzahl von Sachverständigen einen hohen zeitlichen Aufwand darstellen und kostenintensiv sein. Der Reformvorschlag, dem Beschuldigten das Recht zu geben,

487 Combe, 2007, S. 197 m.w.N.; Erb, in: Erb u.a. (Hrsg.), LR, § 161a StPO Rn. 26; Lürken, NJW 1968, 1164; Dedy, 2002, S. 127; Schlothauer/Wieder, StV 2004, 513; anders Jahn, ZStW 2003, 841 sowie Dölp, ZRP 2004, 237, die nicht den Ermittlungsrichter, sondern die zuständige Strafkammer entscheiden lassen wollen; kritisch dazu Wohlers, in Wolter (Hrsg.), SK, § 161a StPO Rn. 40; dagegen Dippel, 1986, S. 100; Sarstedt, NJW 1968, 178 f., die eine strikte Anwendung des § 73 StPO und somit nur die Befugnis des Ermittlungsrichters annehmen. Ebenso Dokumentationen: Ergebnisse der Arbeitsgruppen des 21. Strafverteidigertages vom 11. bis 13.04.1997 in Kassel, StV 1997, 389.

488 Tondorf, StV 1993, 45; Dokumentation der Ergebnisse der Arbeitsgruppe des 21. Strafverteidigertages vom 11. bis 13.04.1997 in Kassel, StV 1997, 386 ff.

489 Zainhofer, ZSW 1982, 266.

490 Gross, in: Mergen (Hrsg.), Wirtschaftskriminalität-Sachverständigengutachten, S. 138; ebenso Bähr, in: Mergen (Hrsg.), Wirtschaftskriminalität-Sachverständigengutachten, S. 139.

491 Combe, 2007, S. 54 m.w.N.; Toepel, 2001, S. 300.

492 Siehe hierzu auch Wessing II, in: Volk (Hrsg.), Verteidigung, § 11 Rn. 172 f.

493 Ein Obergutachten wird in den Prozessordnungen nicht erwähnt. Gemeinhin versteht man unter einem Obergutachten aber ein Gutachten, das zwischen mindestens zwei Gutachten Sachaufklärung betreiben soll; vgl. zu der Problematik Schreiber bei Weigend, ZStW 1981, 1278.

einen weiteren Sachverständigen unter erleichterten Bedingungen zu bestellen, erscheint im Ergebnis wenig zielführend und ist daher abzulehnen.

3.) Reformvorschlag für ein echtes Beteiligungsrecht der Verteidigung bei der Auswahl des Sachverständigen

Vielfach wird vorgeschlagen, Nr. 70 Abs. 1 RiStBV, nach der die Staatsanwaltschaft die Verteidigung vor der Auswahl des Sachverständigen anhören soll, von einer Ordnungsvorschrift in eine Außenrechtsnorm umzuändern. Dieser Vorschlag verdient Zustimmung. Anders als bisher sollte die Vorschrift dahingehend ausgestaltet werden, dass ihre Verletzung auch einen Revisionsgrund darstellt.[494] Eine solche Reform hätte den Vorteil, dass es durch die Beteiligung des Verteidigers zu einer Verfahrensbeschleunigung käme, weil in der Hauptverhandlung kein weiterer Gutachter hinzugezogen werden müsste und auch die Verteidigung das Gutachten eher akzeptieren würde.[495] Jedoch würde auch eine Reform von Nr. 70 Abs. 1 RiStBV nichts daran ändern, dass der Wirtschaftsreferent als Sachverständiger in seiner jetzigen Ausgestaltung ungeeignet ist.

4.) Reformvorschlag zu einer Neuregelung des Organisationsrechts des Wirtschaftsreferenten

Die Untersuchung konnte aufzeigen, dass der Wirtschaftsreferent aufgrund seiner aktuellen Eingliederung bei der Staatsanwaltschaft sowie seiner Doppelfunktion als Ermittlungsgehilfe und Sachverständiger darin beeinträchtigt ist, seine Gutachten frei und unabhängig erstatten zu können. Dies gibt Anlass, über eine Organisationsreform des Wirtschaftsreferenten nachzudenken, wobei folgende Prämissen zu berücksichtigen sind:

Erstens sollte der Wirtschaftsreferent nicht in die behördliche Organisationsstruktur der Staatsanwaltschaft eingegliedert sein und räumlich von dieser getrennt arbeiten.[496]

Zweitens wäre zu überlegen, den Wirtschaftsreferenten nicht als Ermittlungsgehilfen und Sachverständigen einzusetzen. Fraglich ist, wie sich diese organi-

---

494 Tondorf, StV 1993, 45; Boppel, 2002, S. 190.

495 Combe, 2007, S. 198; Baumann, 1999, S. 71; Dippel, 1986, S. 84 Fn. 608.

496 So auch Kubica, in: Kube u.a. (Hrsg.), 1994, S. 450, der im Falle der Sachverständigeneigenschaft des Wirtschaftsreferenten auch eine aufbauorganisatorische Trennung von der Ermittlungsarbeit fordert.

satorische Trennung von Aufgaben und sachlichen Zuständigkeitsfragen umsetzen ließe. Ein Lösungsvorschlag wäre, zum einen eine ständige unabhängige Sachverständigengruppe einzurichten, die die notwendige räumliche Distanz zur Staatsanwaltschaft bietet, und zum anderen die Ermittlungs- und Gutachtertätigkeit so zu trennen, dass sie nicht von einer Person ausgeübt würden. Unter der Prämisse, dass die Einrichtung einer eigenen Behörde hier nicht in Betracht kommt, ist zu klären, wo diese Sachverständigengruppen einzugliedern wären.

a.) Sachverständigengruppe bei Landeskriminalämtern und Polizeidienststellen

Eine Möglichkeit wäre es, Sachverständigengruppen bei den Landeskriminalämtern einzuführen, die dann jeweils für eine Untersuchung abgeordnet werden könnten.[497] Darüber hinaus wären Sachverständigengruppen bei größeren Polizeidienststellen denkbar. Beide Alternativen werden jedoch größtenteils abgelehnt. Als Argumente werden die zusätzlichen Kosten genannt, die eine Einstellung von weiteren Sachverständigen mit sich brächte; stattdessen sollten Schulungen des vorhandenen Personals bei speziellen Wirtschaftsakademien stattfinden.[498]

Dem ist zwar zuzustimmen, allerdings mit einer anderen Begründung. Die Einführung einer Sachverständigengruppe bei den einzelnen Polizeidienststellen als auch Landeskriminalämtern wäre kein Ersatz für den bei der Staatsanwaltschaft beschäftigten Wirtschaftsreferenten. Denn die Polizei und in bedeutenderen Fällen das Landeskriminalamt nehmen auch ermittelnde Tätigkeiten wahr, so dass die Besorgnis der Befangenheit bei einem der Polizei eingegliederten Wirtschaftsreferenten ebenso gegeben wäre. Die Einordnung von Sachverständigengruppen bei den Landeskriminalämtern und Polizeidienststellen stellt somit keine plausible Alternative dar.

b.) Sachverständigengruppe bei Gerichten

Im Hinblick auf eine Verbesserung des Sachverständigenbeweises im Allgemeinen unterbreitet Schmidt[499] den Vorschlag, besondere Gerichtssachverständige einzurichten, die nur vom Gericht bestellte Gutachten erstatteten. Überträgt man diesen Gedanken auf die konkrete Stellung des Wirtschaftsreferenten, so wäre

---

497 Tiedemann, 1976b, S. 175.

498 Geerds, Kriminalistik 1968, 357; Tiedemann, 1976b, S. 175; ablehnend aber Zirpins, Kriminalistik 1967, S. 169 f. (aus Kostengründen); Bertling, Kriminalistik 1967, 3 (da „bei guter Ausbildung der Wirtschaftskriminalisten“ derartige Mitarbeiter entbehrlich seien).

499 Schmidt, DRiZ 1971, 79.

ein möglicher Ansatz, den Wirtschaftsreferenten bei Gericht einzugliedern, um ihm eine freie und eigenverantwortliche Arbeitsweise zu ermöglichen, wenn er als Sachverständiger tätig wird. Da der Richter ein nach Art. 97 Abs. 1 GG unabhängiges Organ ist, wäre der Wirtschaftsreferent Teil einer neutralen Organisationsstruktur. Dort könnte er einer eigenverantwortlichen Arbeitsweise nachgehen.

c.) Eingliederung des Wirtschaftsreferenten bei den Fachministerien nach dem Vorbild des sachverständigen Verbindungsbeamten in den Niederlanden

Um sowohl die organisatorische als auch die sachliche Trennung der Ermittlungs- und Gutachtertätigkeit umzusetzen, wäre eine denkbare Alternative, die niederländische Organisation der Verbindungsbeamten nach Art. 58 WED als Vorbild für eine Reform des Organisationsrechts des Wirtschaftsreferenten in Deutschland zu nehmen.[500] Hierbei könnte unter Rückgriff auf den im ersten Teil der vorliegenden Arbeit gezogenen Rechtsvergleich eine konkrete Umsetzung folgendermaßen aussehen:

Ebenso wie die niederländischen Verbindungsbeamten sollten Wirtschaftsreferenten, die zu Gutachterzwecken eingesetzt werden, von dem Ermittlungsorgan Staatsanwaltschaft getrennt in die einzelnen Fachministerien – als Beispiel sei das Wirtschaftsministerium genannt – eingegliedert sein und damit nicht Ermittlungs- und Gutachtertätigkeit in einer Person ausüben. Neben der erforderlichen räumlichen Distanz wäre hiermit auch eine fachspezifische ständige Weiterbildung des Wirtschaftsreferenten möglich. Weiterhin hätte diese Organisationsreform den Vorteil, dass es zu weniger Befangenheitsanträgen von Seiten der Verteidigung käme, da der Eindruck des „Haussachverständigen der Staatsanwaltschaft“ gar nicht erst entstünde. Weiterhin sollte die sachverständige Beratung der Staatsanwaltschaft im Ermittlungsverfahren in Anlehnung an das niederländische Vorbild schriftlich erfolgen. Auch dadurch ist eine objektive Arbeitsweise eher gewährleistet, da die Entwicklung einer persönlichen Beziehung verhindert wird. Dass sich in den Niederlanden auch die Verteidigung durch den Verbindungsbeamten beraten lassen kann, ist ebenfalls zu übernehmen. Neben der Wissensvermittlung wäre hierdurch auch der Gefahr vorgebeugt, dass sich der Wirtschaftsreferent als Gehilfe der Staatsanwaltschaft begreift.

Um auf der anderen Seite aber weiterhin eine effektive staatsanwaltschaftliche Ermittlungsarbeit zu gewährleisten, sollten die Wirtschaftsreferenten nicht voll-

500 Siehe zum niederländischen Vorbild Mulder, in: Bundeskriminalamt (Hrsg.), Grundfragen der Wirtschaftskriminalität, S. 251 ff.; Tiedemann, GA 1969, 331 sowie ders., 1976b, S. 175.

umfänglich in die Ministerien eingegliedert werden. Es wäre sinnvoll, weiterhin eine gewisse Anzahl von Wirtschaftsreferenten bei der Staatsanwaltschaft als deren Ermittlungsgehilfen zu belassen, während der andere Teil bei den Ministerien als „Sachverständige für Wirtschaftsstrafsachen“ arbeiteten. Anders als bisher sollten die Wirtschaftsreferenten bei der Staatsanwaltschaft nur zu Ermittlungszwecken eingesetzt werden, um die oben genannten Problematik der Doppelrolle zu vermeiden. Hierbei ist wieder die Parallele zum niederländischen Recht zu ziehen, welches zum Zwecke der Durchführung von Ermittlungstätigkeit von speziellen Fahndungsdiensten nach Art. 17 WED Gebrauch macht.

Zusammenfassung der wesentlichen Ergebnisse

I.

1. § 143 Abs. 4 GVG sollte die Zuständigkeitsregel des § 143 Abs. 1 GVG verdrängen. Es ist aus ökonomischen und verfahrenstechnischen Gründen zweckmäßig, die spezialisierte Staatsanwaltschaft exklusiv mit der Bearbeitung von Wirtschaftsdelikten zu beauftragen. Aus Gründen der Rechtssicherheit sollte § 143 Abs. 4 GVG zugunsten einer eindeutigen, nach außen erkennbaren Regelung geändert werden. § 143 Abs. 4 GVG sollte um folgenden Satz erweitert werden:

> „Wird den Beamten einer Staatsanwaltschaft für die Bezirke mehrerer Landes- oder Oberlandesgerichte die Zuständigkeit für die Verfolgung bestimmter Arten von Strafsachen zugewiesen, entfällt die allgemeine örtliche Zuständigkeit nach § 143 Abs. 1 GVG."

2. Schwerpunktstaatsanwaltschaften können nur innerhalb eines Bundeslandes und nicht länderübergreifend errichtet werden. Eine echte länderübergreifende Schwerpunktstaatsanwaltschaft mit Anklagebefugnis wäre verfassungsrechtlich unzulässig, weil andernfalls in den Kernbereich der Länderaufgaben eingegriffen würde. Begrüßenswert und zulässig wäre es jedoch, wenn die Länder eine bundesweit tätige Beweissammelzentralstelle nach dem Vorbild der Zentralstelle in Ludwigsburg schaffen würden, die die Ermittlungstätigkeit unterstützend begleitet, ohne selbst Anklagebefugnisse zu besitzen.

3. Mittlerweile haben alle Bundesländer Schwerpunktstaatsanwaltschaften im Sinne der erweiterten Zuständigkeit des § 143 Abs. 4 GVG errichtet, wobei hervorzuheben ist, dass Hessen mit der Schaffung seiner ersten Schwerpunktstaatsanwaltschaft im Jahr 2010 das letzte Bundesland war, welches eine solche eingerichtet hat.

4. Ein Rechtsvergleich mit den Niederlanden, Österreich, der Schweiz und den USA konnte zeigen, dass in allen Staaten Spezialisierungsbemühungen für die Bekämpfung der Wirtschaftskriminalität vorgenommen wurden. Hierbei fällt auf, dass Österreich, Schweiz und die USA Institutionen in Form von echten Anklagebehörden bzw. Beweissammelstellen mit Zuständigkeit für das gesamte Staatsgebiet geschaffen haben. Eine solche bundesweit tätige Vorermittlungsstelle, die in Deutschland nicht gegeben ist, wäre auch hierzulande zu begrüßen.

II.

Als Ergebnis der Untersuchung des zweiten Teils ist festzuhalten, dass die Staatsanwaltschaft keine uneingeschränkt objektive Behörde darstellt. Hierbei ist der Staatsanwalt in Wirtschaftsstrafsachen in seiner objektiven Arbeitsweise mehr gefährdet als der Staatsanwalt eines allgemeinen strafrechtlichen Dezernates.

III.

1. Eine Auswertung der vorgenommenen empirischen Untersuchung zur konkreten Situation des Wirtschaftsreferenten in den einzelnen Bundesländern hat ergeben, dass alle Bundesländer Wirtschaftsreferenten bei den Schwerpunktstaatsanwaltschaften beschäftigen.

2. Eine differenzierende Untersuchung zum Berufsbild des Wirtschaftsreferenten in den einzelnen Bundesländern hat gezeigt, dass es keine einheitliche Regelung gibt. Der konkrete Aufgabenbereich des Wirtschaftsreferenten ist entweder durch eine Allgemeinverfügung des Justizministeriums, eine Rundverfügung des Generalstaatsanwaltes oder eine interne Hausverfügung des Behördenleiters der örtlichen Staatsanwaltschaft getroffen worden.

Inhaltlich ist als Ergebnis festzuhalten, dass dreizehn Bundesländer ihren Wirtschaftsreferenten ausdrücklich sowohl Ermittlungs- als auch Gutachtertätigkeit zuweisen. Während Bayern und das Saarland den Aufgabenbereich des Wirtschaftsreferenten gar nicht geregelt haben, ermächtigt die Aufgabenbereichsregelung in Brandenburg den Wirtschaftsreferenten nur dazu, Ermittlungstätigkeit auszuüben.

2. Zwölf Bundesländer haben dem Wirtschaftsreferenten den Status einer Ermittlungsperson der Staatsanwaltschaft nach § 152 Abs. 2 GVG i.V.m. der jeweiligen Rechtsverordnung verliehen. Lediglich in Sachsen, Nordrhein-Westfalen, Bayern und Schleswig-Holstein ist dies nicht der Fall.

3. Der Wirtschaftsreferent sollte nicht als Sachverständiger in der Hauptverhandlung benannt werden, da er aktuell nicht die Zulässigkeitsvoraussetzungen, die die Rechtsprechung an den Wirtschaftsreferenten als Sachverständigen stellt, erfüllt. Zwar kann er persönlich mit der Erstattung eines Gutachtens zu einem bestimmten Beweisthema beauftragt werden. Er kann dieses aber nicht eigenverantwortlich und frei erstatten, da sowohl seine organisatorische Eingliederung als Teil der Staatsanwaltschaft als auch seine Doppelfunktion als Ermittlungsgehilfe und Sachverständiger ihn in seiner objektiven Arbeit einschränken.

Demgegenüber steht das potentielle Weisungsrecht nach § 152 Abs. 2 GVG i.V.m. der jeweiligen Rechtsverordnung nicht in Konflikt mit der freien und unabhängigen Arbeit des Wirtschaftsreferenten als Sachverständiger, da es sich nur um ein organisatorisches und kein inhaltliches Weisungsrecht handelt.

Falls dem Wirtschaftsreferenten der Status als Ermittlungsperson der Staatsanwaltschaft zukommt, wird er immer dann als Organ der Staatsanwaltschaft unabhängig von einer konkreten Einzelweisung tätig, wenn er von seinen Ermittlungspersonenrechten Gebrauch macht. Die Ermittlungspersoneneigenschaft des Wirtschaftsreferenten kollidiert jedoch nicht generell mit einer Sachverständigentätigkeit.

4. Auf Wirtschaftsreferenten, denen der Status einer Ermittlungsperson der Staatsanwaltschaft nach § 152 Abs. 2 GVG verliehen wurde, findet der Ablehnungsgrund des § 74 Abs. 1 S. 1 i.V.m. § 22 Nr. 4 StPO Anwendung, da ihnen eine Amtsstellung zukommt, die der Verfolgung des Beschuldigten dient. Nach dem funktionellen Beamtenbegriff können sie somit Beamter der Staatsanwalt oder Polizeibeamter sein. Für Wirtschaftsreferenten, denen der Ermittlungspersonenstatus nicht verliehen wurde, kann § 74 Abs. 1 S. 1 i.V.m. § 22 Nr. 4 StPO analog angewendet werden.

5. Die Untersuchung der Frage, ab wann eine ablehnungsrelevante Mitwirkung des Wirtschaftsreferenten im Vorverfahren nach § 74 Abs. 1 S. 1 i.V.m. § 22 Nr. 4 StPO vorliegt, ergab Folgendes: Das Erstellen von Sachverständigengutachten im Vorverfahren ist keine ablehnungsrelevante Tätigkeit im Sinne von § 22 Nr. 4 StPO, da sich ein In-der-Sache-tätig-Werden auf Ermittlungshandlungen beschränkt. Ein Gutachten wird erst dann erstellt, wenn der Sachverhalt erforscht wurde, d.h. die Ermittlungen beendet sind. Die Untersuchung ergab im Weiteren, dass jegliche Art von Ermittlungshandlungen unter § 22 Nr. 4 StPO zu subsumieren ist. Denn mit dem Sinn und Zweck von § 22 Nr. 4 StPO, den Anschein der Parteilichkeit zu vermeiden, ist es nicht vereinbar, quantitative oder qualitative Grenzen dafür aufzustellen, ab wann eine Ermittlungstätigkeit den Tatbestand des § 22 Nr. 4 StPO erfüllt.

6. Die Teilnahme des Wirtschaftsreferenten an Durchsuchungen mit dem Ziel, Unterlagen im Hinblick auf ihre Bedeutung für das Strafverfahren zu untersuchen, stellt keine Gutachtertätigkeit, sondern eine Ermittlungstätigkeit dar. Zugleich ist die Sichtung und Bewertung der im Rahmen einer Durchsuchung aufgefundenen Unterlagen hinsichtlich ihrer Bedeutung für das Strafverfahren eine Durchsicht nach § 110 StPO, die neben der Staatsanwaltschaft nur den Ermittlungspersonen der Staatsanwaltschaft vorbehalten ist. Unter den Schutzbereich des § 110 StPO fällt auch die inhaltliche Grobsichtung. Dies hat zur Konsequenz, dass Wirtschaftsreferenten, denen der Status einer Ermittlungsperson der Staatsanwaltschaft nicht verliehen wurde, im Rahmen einer Durchsuchung grundsätzlich nicht ohne Zustimmung des Betroffenen inhaltlich von Papieren Kenntnis nehmen dürfen. Bei einem absichtlichen Verstoß gegen diese Vorschrift führt das Beweiserhebungsverbot auch zu einem Beweisverwertungsverbot.

7. Ein Verstoß gegen Nr. 70 Abs. 1 RiStBV kann zu einer Ablehnung des Wirtschaftsreferenten als Sachverständiger wegen Besorgnis der Befangenheit führen.

8. Es ist dem Wirtschaftsreferenten in seiner Funktion als Sachverständiger verwehrt, in seinem Gutachten Formulierungen zu benutzen, die auf weitere Straftaten hindeuten, ohne sich des Risikos der Ablehnung wegen Besorgnis der Befangenheit nach § 74 Abs 1 S. 1 i.V.m. § 24 Abs. 2 StPO auszusetzen. Weiterhin führen jegliche Formen von rechtlichen Wertungen des Wirtschaftsreferenten in seinem Gutachten – mit Ausnahme des Gebrauchs von juristisch-ökonomischen Rechtsbegriffen – zu einem Ablehnungsrecht nach § 24 Abs. 2 StPO. Der Wirtschaftsreferent sollte weiterhin wegen Besorgnis der Befangenheit abgelehnt werden können, wenn er den Staatsanwalt von sich aus auf neue Straftaten aufmerksam macht sowie seinen Gutachterauftrag eigenmächtig erweitert, da er in diesen Fällen ermittelnd tätig wird.

9. Erstattet der Wirtschaftsreferent selbst Strafanzeige gegen den Beschuldigten, ist die Besorgnis der Befangenheit nach § 74 Abs. 1 S. 1 i.V.m. § 24 Abs. 2 StPO gegeben, da er hiermit sein persönliches Strafverfolgungsinteresse zum Ausdruck bringt.

10. Die dienstrechtliche Eingliederung des Wirtschaftsreferenten bei der Behörde Staatsanwaltschaft führt zu der Besorgnis der Befangenheit nach § 74 Abs. 1 S. 1 i.V.m. § 24 Abs. 2 StPO.

11. Die Doppelrolle des Wirtschaftsreferenten als Ermittlungsgehilfe einerseits und als Gutachter andererseits begründet Zweifel an der Unparteilichkeit des Wirtschaftsreferenten und führt mithin zu der Besorgnis der Befangenheit nach § 74 Abs. 1 S. 1 i.V.m. § 24 Abs. 2 StPO.

12. Speziell für das Bundesland Brandenburg gilt, dass der Wirtschaftsreferent sich der Gefahr eines Befangenheitsantrags aussetzt, wenn er als Sachverständiger tätig wird. Denn nach der allein maßgeblichen Sichtweise eines Beschuldigten besteht dann der Anschein der Parteilichkeit, wenn sich der Wirtschaftsreferent mit Aufgaben befasst, die nicht von seinen Aufgabenregelungen erfasst sind.

13. Der Wirtschaftsreferent hat nur im Bundesland Brandenburg einen persönlichen Vergütungsanspruch nach § 84 StPO i.V.m. § 1 Abs. 2 S. 2 JVEG, da hier eine Gutachtenerstattung nicht zu seinen Dienstaufgaben gehört. In den übrigen Bundesländern hat der Wirtschaftsreferent keinen persönlichen Vergütungsanspruch. Allerdings kann im Falle des Obsiegens die Anstellungskörperschaft des Wirtschaftsreferenten einen solchen geltend machen.

14. Die organisationsrechtlichen Regelungen in Bezug auf den Wirtschaftsreferenten müssen reformiert werden. Der Wirtschaftsreferent sollte organisatorisch von der Behörde Staatsanwaltschaft getrennt werden. Zudem sollte eine funktionale Differenzierung vorgenommen werden. Als Vorbild kann hier das niederländische Recht mit seinen sachverständigen Verbindungsbeamten dienen. Diese sind den einzelnen Fachministerien eingegliedert; Fahndungsgruppen und Gutachtertätigkeit sind voneinander getrennt.

Ausblick

Vor dem Hintergrund der vorstehenden Untersuchung ist es angebracht, die Position des Wirtschaftsreferenten sowohl quantitativ als auch qualitativ durch ständige Weiterbildung zu stärken. Denn eine erfolgreiche Strafverfolgung im Bereich der Wirtschaftskriminalität kann man nur mit einem hoch spezialisierten, motivierten und von der Anzahl her ausreichenden Personal erreichen. Diese Forderung wird auch dadurch bekräftigt, dass kriminologische Untersuchungen im Bereich der Wirtschaftsdelinquenz gezeigt haben, dass dort die Verfolgung der Strafverfolgung nicht nur ein repressives, sondern auch ein generalpräventives Mittel darstellt.[501] Denn die kriminologische Literatur charakterisiert den Wirtschaftsstraftäter u.a. als eine in die Gesellschaft integrierte Person.[502] Entsprechend treffe ihn im Gegensatz zu Straftätern aus anderen Kriminalitätsbereichen eine Stigmatisierung durch die Strafverfolgung sehr viel stärker. Die Täter im Bereich der Wirtschaftskriminalität sollten dabei weniger durch hohe Strafen von der Tatbegehung abgehalten werden, sondern vielmehr durch das Risiko einer schnellen Tataufklärung und Verurteilung.[503] Im Wirtschaftsstrafrecht erklärt man sich dies mit verhaltenspsychologischen Lerntheorien. Durch den „Erfolg" erhöhe sich die Wahrscheinlichkeit einer Wiederholung. Bei Misserfolg – d.h. bei einer Entdeckung und Bestrafung – verringere sich auch die Nachahmwirkung von Ersttätern.[504] Da Wirtschaftsdelikte Kontrolldelikte[505] sind, die im Wesentlichen durch Aufdeckung der Strafverfolgungsbehörden zu Tage treten, steigt auch die Aufklärungsquote parallel zur Intensität der Ermittlungen.[506] Aus diesen Gründen ist eine Aufstockung der personellen Kapazitäten im Bereich der Wirtschaftskriminalität durch den Einsatz von Staatsanwälten und Wirtschaftsreferenten unumgänglich.

Wie die Untersuchung u.a. zeigen konnte, lag in der Vergangenheit ein Hindernis für die Strafverfolgung von Wirtschaftskriminalität in der mangelnden wirtschaftswissenschaftlichen Spezialisierung der Strafverfolgungsorgane be-

501 So auch Bannenberg, 2002, S. 61; Crane, in: Baer (Mitarb.), Wirtschaftskriminalität, S. 44.

502 Schwind, 2011, § 21 Rn. 19 ff.

503 So auch Feuerstein, 2007, S. 40; Schaupensteiner, in: Schilling/Dolata (Hrsg.), Korruption/Deutschland, S. 128.

504 Wassermann, Wirtschaftskriminalität, S. 49.

505 Bannenberg, 2002, S. 50: Kontrolldelikte seien grds. „opferlos" und es fehle der typische Anzeigeerstatter.

506 Schaupensteiner, in: Schilling/Dolata (Hrsg.), Korruption/Deutschland, S. 128.

gründet. Demgegenüber liegen in der Gegenwart die Defizite der Verfolgung von Kriminalität im wirtschaftlichen Bereich nicht an der mangelnden Spezialisierung, sondern an den zu geringen Personalkapazitäten.[507] Als Konsequenz hieraus müssten die Haushaltsmittel für die Strafverfolgungsorgane erhöht werden. Es bleibt jedoch fraglich, ob eine solche Strategie angesichts der Sparmaßnahmen der Haushaltsmittel im öffentlichen Sektor umsetzbar ist.

507 Feuerstein, 2007, S. 41; Bannenberg, 2002, S. 435; Kohl, 1991, S. 219; Müller-Gugenberger, in: ders. (Hrsg.), Wirtschaftsstrafrecht, § 1 Rn. 8.

Anlagen

I. Regelungen in Bezug auf den Wirtschaftsreferenten am Beispiel Nordrhein-Westfalen und Hessen

Allgemeine Verfügung des Justizministeriums vom 13. August 1970 (4100 – III A. 172) – JMBl. NRW S. 218 –, gültig bis zum 01.09.2011

Der Wirtschaftsreferent bei der Staatsanwaltschaft

I. Der Wirtschaftsreferent ist Angestellter im höheren Dienst der Staatsanwaltschaft.

II. Der Wirtschaftsreferent ist in Wirtschaftsstrafsachen tätig. Er arbeitet eng mit dem Dezernenten zusammen, der Art und Umfang der strafrechtlichen Ermittlungen bestimmt. Der Wirtschaftsreferent befasst sich mit den für das Strafverfahren bedeutsamen wirtschaftlichen und wirtschaftsrechtlichen Fragen. Zu seinen Aufgaben gehört insbesondere die Sichtung und Auswertung von Geschäftsunterlagen, die als Beweismittel in Betracht kommen, und die Beurteilung der sich ergebenden wirtschaftlichen und wirtschaftsrechtlichen Fragen. Soweit ein im Laufe des Verfahrens bestellter Sachverständiger es wünscht, unterstützt ihn der Wirtschaftsreferent bei der Zusammenstellung der Tatsachenunterlagen für die Gutachtenerstattung.

Innerhalb seines Aufgabenbereichs arbeitet der Wirtschaftsreferent grundsätzlich in eigener Verantwortung. Dienstliche Weisungen kann ihm nur der Behördenleiter oder der Abteilungsleiter erteilen.

III. Der Wirtschaftsreferent ist befugt, bei Durchsuchungen sowie bei sonstigen staatsanwaltschaftlichen und polizeilichen Ermittlungshandlungen anwesend zu sein. Er kann von Behörden Auskünfte einholen und von ihnen Akten und Unterlagen einfordern, soweit er sie für seine Tätigkeit benötigt.

Den Buchhaltern, den Geschäftsstellen und den Kanzleikräften kann der Wirtschaftsreferent die zur Durchführung seiner Aufgaben erforderlichen Anweisungen geben.

IV. Den Schriftverkehr im Rahmen seiner Tätigkeit führt der Wirtschaftsreferent unter der Behördenbezeichnung. Er zeichnet – ohne Hinweis auf ein Auftragsverhältnis – mit seinem Namen unter Hinzufügung der Dienstbezeichnung „Wirtschaftsreferent“.

Allgemeine Verfügung des Justizministers vom 16.08.2011 (4100 – III. 172) – JMBl. NRW S. 262 – Die AV d. JM vom 13. August 1970 (4100 – III A. 172.1) – JMBl. NRW S. 218 – wird wie folgt neu gefasst:

1. Wirtschaftsreferentinnen und Wirtschaftsreferenten sind in der Regel Beamtinnen bzw. Beamte im höheren Dienst der Staatsanwaltschaft.

2. Wirtschaftsreferentinnen und Wirtschaftsreferenten sind grundsätzlich in Wirtschaftsstrafsachen tätig, können aber auch in andere Verfahren eingebunden werden, wenn die zugrunde liegenden Sachverhalte besonderen wirtschaftlichen oder wirtschaftsrechtlichen Sachverstand erfordern. Unter den vorgenannten Voraussetzungen kommt ein Einsatz darüber hinaus im Einzelfall in der behördlichen Verwaltung in Betracht.

3. Wirtschaftsreferentinnen und Wirtschaftsreferenten werden im Rahmen der allgemeinen Ermittlungen oder als Sachverständige tätig. Sie arbeiten eng mit den staatsanwaltschaftlichen Dezernentinnen und Dezernenten zusammen, die Art und Umfang der strafrechtlichen Ermittlungen bestimmen. Wirtschaftsreferentinnen und Wirtschaftsreferenten befassen sich – soweit erforderlich bereits mit Beginn der Ermittlungen – mit den für das Verfahren bedeutsamen wirtschaftlichen und wirtschaftsrechtlichen Fragen und sind befugt, bei Durchsuchungen sowie bei sonstigen staatsanwaltschaftlichen und polizeilichen Ermittlungshandlungen anwesend zu sein und deren sachgerechte Durchführung aktiv zu unterstützen. Von dieser Befugnis soll in Verfahren der Schwerpunkt-Staatsanwaltschaften für die Bearbeitung von Wirtschaftsstrafsachen regelmäßig Gebrauch gemacht werden. Zu ihren Aufgaben gehören daneben die Sichtung und Auswertung von Geschäftsunterlagen, die als Beweismittel in Betracht kommen, sowie die Beurteilung der sich ergebenden wirtschaftlichen und wirtschaftsrechtlichen Fragen. Wirtschaftsreferentinnen und Wirtschaftsreferenten können ferner von Behörden für ihre Tätigkeit benötigte Auskünfte einholen sowie Akten und Unterlagen anfordern. Auf Wunsch des bzw. der im Laufe des Verfahrens bestellten (weiteren) Sachverständigen leisten sie Unterstützung bei der Zusammenstellung der Tatsachengrundlagen für die Gutachtenerstattung.

4. Innerhalb ihres Aufgabenbereichs arbeiten Wirtschaftsreferentinnen und Wirtschaftsreferenten grundsätzlich in eigener Verantwortung. Die Erstattung von Gutachten erfolgt unabhängig und frei von inhaltlichen Weisungen. Dienstliche Weisungen kann ihnen die Behördenleitung oder die Abteilungsleitung erteilen.

Den Buchhalterinnen/Ermittlungsassistentinnen und Buchhaltern/Ermittlungsassistenten sowie den Mitarbeiterinnen und Mitarbeitern in der Service-

Einheit können Wirtschaftsreferentinnen und Wirtschaftsreferenten die zur Durchführung ihrer Aufgaben erforderlichen Anweisungen geben.

5. Den Schriftverkehr im Rahmen ihrer Tätigkeit führen Wirtschaftsreferentinnen und Wirtschaftsreferenten unter der Behördenbezeichnung. Sie zeichnen ohne Hinweis auf ein Auftragsverhältnis mit ihrem Namen unter Hinzufügung der Dienstbezeichnung „Wirtschaftsreferentin" bzw. „Wirtschaftsreferent".

6. Für Regierungsdirektorinnen/Regierungsdirektoren als Wirtschaftsreferentinnen/Wirtschaftsreferenten bei Staatsanwaltschaften (Besoldungsgruppe A 15 BBesG) werden die besonderen Funktionen im Sinne des § 25 BBesG wie folgt bestimmt:
Koordinatorin/Koordinator der Wirtschaftsreferentinnen und Wirtschaftsreferenten, der neben der Tätigkeit einer Wirtschaftsreferentin/eines Wirtschaftsreferenten folgende Aufgaben in Abstimmung mit der Abteilungsleitung wahrnimmt:
Fachliche Betreuung von Wirtschaftsreferentinnen und Wirtschaftsreferenten sowie Buchhalterinnen/Ermittlungsassistentinnen und Buchhaltern/Ermittlungsassistenten,
Einarbeitung neu eingestellter Wirtschaftsreferentinnen und Wirtschaftsreferenten sowie Buchhalterinnen/Ermittlungsassistentinnen und Buchhaltern/Ermittlungsassistenten,
Behandlung grundsätzlicher Angelegenheiten der Wirtschaftsreferenten (insbesondere Bedarfsklärung, Einstellungen, Einsatzgebiet),
Koordinierung der Zusammenarbeit der Wirtschaftsreferentinnen und Wirtschaftsreferenten mit den staatsanwaltschaftlichen Dezernentinnen und Dezernenten sowie den Buchhalterinnen/Ermittlungsassistentinnen und Buchhaltern/ Ermittlungsassistenten,
Berichterstattung an die Behörden- und Abteilungsleitung im Rahmen des Aufgabenbereichs der Koordinatorin/des Koordinators und in allgemeinen Angelegenheiten der Wirtschaftsreferentinnen und Wirtschaftsreferenten,
Vorbereitung und Durchführung von Dienstbesprechungen,
Erarbeitung von Vorschlägen für die Geschäftsverteilung in allen Angelegenheiten, die nicht unmittelbar bestimmte Verfahren betreffen, sowie für die Regelung von Vertretungen,
Klärung grundsätzlicher Fachfragen (unbeschadet der Verantwortlichkeit der Wirtschaftsreferentin/des Wirtschaftsreferenten im Einzelfall),
Einbindung in die Sichtung neuer Verfahren und deren Verteilung,
Sammlung, Aufbereitung und Weitergabe von Informationen aus den die Arbeit der Wirtschaftsreferentin/des Wirtschaftsreferenten berührenden Wissensgebieten und Mitwirkung bei der fachlichen Beratung und der Fortbildung der

Wirtschaftsreferentinnen und Wirtschaftsreferenten, ggf. auch der staatsanwaltschaftlichen Dezernentinnen und Dezernenten.
Bei Staatsanwaltschaften mit mindestens drei Planstellen für Wirtschaftsreferentinnen bzw. Wirtschaftsreferenten und auf je drei weitere solche Planstellen kann für Koordinatorinnen/Koordinatoren je eine Wirtschaftsreferenten-Stelle der Besoldungsgruppe A 15 eingerichtet werden.

7. Diese AV tritt mit sofortiger Wirkung in Kraft.

Rundverfügung der Generalstaatsanwaltschaft Frankfurt a.M. vom 29.10.1999 über die Geschäftsanordnung für Wirtschaftsreferenten bei den Staatsanwaltschaften in Hessen

§ 1
Die Wirtschaftsreferentin oder der Wirtschaftsreferent bei der Staatsanwaltschaft ist als Beamtin oder Beamter oder als Angestellte oder Angestellter im höheren Dienst tätig.

§ 2
(1) Die Wirtschaftsreferentin oder der Wirtschaftsreferent wird zur Unterstützung und Entlastung der Staatsanwältin oder des Staatsanwaltes in Wirtschaftsstrafsachen tätig. Sie oder er befasst sich mit den für das Strafverfahren bedeutsamen wirtschaftlichen und wirtschaftsrechtlichen Fragen. Zu ihren oder seinen Aufgaben gehört insbesondere die Sichtung und Auswertung von Geschäftsunterlagen, die als Beweismittel in Betracht kommen.

(2) Die Wirtschaftsreferentin oder der Wirtschaftsreferent erhält ihren oder seinen Auftrag von der sachbearbeitenden Staatsanwältin oder dem sachbearbeitenden Staatsanwalt. Die Aufgabe der Wirtschaftsreferentin oder des Wirtschaftsreferenten ist dabei in einem hinreichend konkretisierten schriftlichen Auftrag für das Einzelverfahren festzulegen. In den Grenzen dieses Auftrags arbeitet die Wirtschaftsreferentin oder der Wirtschaftsreferent grundsätzlich in eigener Verantwortung, aber eng mit der sachbearbeitenden Staatsanwältin oder dem sachbearbeitenden Staatsanwalt zusammen. Die sachbearbeitende Staatsanwältin oder der sachbearbeitende Staatsanwalt bestimmt Art und Umfang der strafrechtlichen Ermittlungen.

(3) Die Einzelheiten der Auftragserteilung regelt die Leitung der Staatsanwaltschaft in eigener Zuständigkeit. Soweit bei den Staatsanwaltschaften eine Wirtschaftsprüfgruppe eingerichtet ist, der eine Prüfgruppenleiterin oder ein Prüf-

gruppenleiter vorsteht, werden die Einzelheiten der Auftragserteilung durch die Leitung der Prüfgruppe geregelt.

(4) Die Wirtschaftsreferentin oder der Wirtschaftsreferent kann darüber hinaus zu einzelnen Beweisthemen vom Gericht oder der Staatsanwaltschaft als Sachverständige oder Sachverständiger beauftragt werden. Die Erstellung eines Sachverständigengutachtens erfolgt ohne die in Abs. 2 enthaltenen Einschränkungen unabhängig und eigenverantwortlich. Die Gutachterleistungen können nur dann als Verfahrenskosten angesetzt werden, wenn die als Gutachterin tätige Wirtschaftsreferentin oder der als Gutachter tätige Wirtschaftsreferent nicht im Rahmen eines dienstlichen Untersuchungsauftrages zum Beweisthema ermittelt hat.

§ 3
Die Arbeit der Wirtschaftsreferentin oder des Wirtschaftsreferenten findet ihren Niederschlag in Vermerken, Stellungnahmen oder Gutachten, die Bestandteil der Akten werden. Die Wirtschaftsreferentin oder der Wirtschaftsreferent kann auch von der Staatsanwältin oder dem Staatsanwalt in der Hauptverhandlung zur Beratung herangezogen werden

§ 4
(1) Die Wirtschaftsreferentin oder Wirtschaftsreferent ist befugt, bei staatsanwaltschaftlichen und polizeilichen Ermittlungshandlungen anwesend zu sein. Sie oder er kann von Behörden Auskunft einholen und von ihnen Akten und Unterlagen anfordern, soweit sie für ihre oder seine Tätigkeit benötigt werden.

(2) Die Wirtschaftsreferentin oder der Wirtschaftsreferent ist, soweit die Voraussetzungen der Verordnung über die Hilfsbeamtinnen und Hilfsbeamten der Staatsanwaltschaft vom 15. März 1996 (GVBl. I S. 114), geändert durch Gesetz vom 15. Juli 1997 (GVBl. I S. 232) gegeben sind, Hilfsbeamtin oder Hilfsbeamter der Staatsanwaltschaft.

(3) Den Wirtschaftsstrafsachenbearbeiterinnen oder Wirtschaftsstrafsachenbearbeitern, den Sekretariaten bzw. den Geschäftsstellen und Kanzleikräften kann die Wirtschaftsreferentin oder der Wirtschaftsreferent die zur Durchführung ihrer Aufgaben erforderlichen Anweisungen geben.

§ 5
Den Schriftverkehr im Rahmen ihrer oder seiner Tätigkeit führt die Wirtschaftsreferentin oder der Wirtschaftsreferent unter der Behördenbezeichnung. Sie oder er zeichnet – ohne Hinweis auf ein Auftragsverhältnis – mit ihrem oder seinem

Namen unter Hinzufügung der Dienstbezeichnung "Wirtschaftsreferentin" oder „Wirtschaftsreferent".

II. Rundverfügung zur Errichtung einer Schwerpunktstaatsanwaltschaft am Beispiel Hessen

Rundverfügung der Generalstaatsanwaltschaft Frankfurt a.M. vom 01.09.2009 zur Errichtung einer Schwerpunktstaatsanwaltschaft

A. Zuweisung von speziellen Wirtschaftsdelikten
In Absprache mit dem Leitenden Oberstaatsanwalt bei dem Landgericht Frankfurt a.M. beauftrage ich gemäß § 145 GVG die Staatsanwaltschaft bei dem Landgericht Frankfurt am Main als Schwerpunktstaatsanwaltschaft für Wirtschaftsstrafsachen mit der Wahrnehmung der Amtsverrichtungen der übrigen hessischen Staatsanwaltschaften, soweit es die Verfolgung folgender Straftaten betrifft:

I. Im Bereich der Verfolgung kapitalmarktorientierter Delikte

1) nach den Gesetzen über das Bank-, Depot-, Börsen- und Kreditwesen sowie nach dem Versicherungsaufsichtsgesetz und dem Wertpapierhandelsgesetz,

2) nach dem Aktiengesetz und dem Handelsgesetzbuch,

3) nach § 264a StGB,

sowie darüber hinaus,

4) nach § 263 und § 266 StGB, soweit dadurch das Vermögen (der aus der Anlage ersichtlichen) börsennotierten Unternehmen mit Sitz in Hessen geschädigt bzw. benachteiligt wurde – unabhängig davon, ob es sich um Straftaten von Mitarbeitern/Verantwortlichen des Unternehmens oder von außenstehenden Dritten handelt, soweit zur Beurteilung des Falles besondere Kenntnisse des Wirtschaftslebens erforderlich sind.

Diese Beauftragung gilt allerdings im Falle der Ziffer 2 dann nicht, wenn lediglich Insolvenzdelikte nach dem Aktiengesetz bzw. Handelsgesetzbuch in Betracht kommen und im Übrigen auch nicht, wenn das Schwergewicht der Vorwerfbarkeit auf anderen, mit den Straftaten nach dem Aktiengesetz bzw. dem Handelsgesetzbuch in Tateinheit stehenden Strafvorschriften liegt;

II. im Bereich der Verfolgung der Produkt- und Markenpiraterie

Straftaten nach dem Patentgesetz, dem Gebrauchsmustergesetz, dem Markengesetz, dem Geschmacksmustergesetz, dem Urheberrechtsgesetz, dem Gesetz gegen den unlauteren Wettbewerb, soweit er sich hierbei um Fälle von besonderem Umfang oder besonderer Bedeutung (wie etwa bei internationalen Verflechtungen, organisierten Strukturen, erheblichem wirtschaftlichen Schaden pp.);

III. im Bereich der Verfolgung von Korruptionsstraftaten

1) Bestechlichkeit und Bestechung im geschäftlichen Verkehr und Submissionsbetrug nach Maßgabe des 26. Abschnitts des StGB (§§ 298 – 302 „Straftaten gegen den Wettbewerb"), soweit eine Zuständigkeit der Wirtschaftsstrafkammer nach § 74c Abs. 1 Nr. 5 a GVG oder des Schöffengerichts anzunehmen ist und zusammenhängender Delikte (z.B. §§ 263, 266 StGB, 370 AO);

2) Korruptionsverfahren nach dem EU-Bestechungsgesetz (EUBestG);

3) Korruptionsverfahren nach dem Gesetz zur Bekämpfung internationaler Bekämpfung (IntBestG);

4) Verfahren wegen Bestechung und Bestechlichkeit im internationalen geschäftlichen Verkehr (§ 299 Abs. 3 StGB);

IV. nach dem Außenwirtschaftsgesetz

B. Zuweisung von Betrugs- und Untreueverfahren von besonderer Bedeutung
Ist eine Wirtschaftstrafsache wegen Betruges und Untreue, zu deren Fallbeurteilung besondere Kenntnisse des Wirtschaftslebens erforderlich sind (§ 74c Abs. 1 Nr. 6a GVG) bei einer Staatsanwaltschaft anhängig, die nicht über eine Hauptabteilung für Wirtschaftsstrafsachen verfügt, und kann das Verfahren wegen seines Umfangs oder aus anderen Gründen von dieser Staatsanwaltschaft mit den ihr zur Verfügung stehenden Kräften nicht mit der gebotenen Beschleunigung bearbeitet werden, so kann der Leitende Oberstaatsanwalt/die Leitende Oberstaatsanwältin dieser Staatsanwaltschaft unverzüglich – in besonders eiligen und besonders bedeutsamen Fällen durch mündlichen Vortrag – auch die Entscheidung des Generalstaatsanwaltes darüber herbeiführen, ob das Verfahren gemäß § 145 GVG der Staatsanwaltschaft Frankfurt am Main – Hauptabteilung für Wirtschaftsstrafsachen – oder der Eingreifreserve der Generalstaatsanwaltschaft übertragen werden.

Notwendige Eilmaßnahmen dürfen durch die Herbeiführung der Entscheidung des Generalstaatsanwaltes nicht verzögert werden.
Die Generalstaatsanwaltschaft entscheidet im Einzelfall, wem das Verfahren zur weiteren Bearbeitung übertragen wird.

C. Geltungsbereich

Diese Rundverfügung ersetzt die bestehenden Rundverfügungen zur hessenweiten Konzentration der Bearbeitung von Wirtschaftsstrafverfahren durch die Staatsanwaltschaft bei dem Landgericht Frankfurt vom 19.09.2005 (Produkt- und Markenpiraterie), 01.07.2008 (Korruptionsdelikte) und 01.12.2008 (Bekämpfung der kapitalmarktorientierten Delikte) und bezieht sich bezüglich der Beauftragung zu Ziffer A I – IV auf sämtliche Ermittlungsverfahren, die nach ihrem Erlass bei den hessischen Staatsanwaltschaften anhängig waren.

Die Ergänzung der Rundverfügung bleibt vorbehalten.

III. Ausschnitt aus der Neuen Österreichischen Strafprozessordnung

Normtexte der neuen Strafprozessordnung – betreffend Errichtung einer zentralen Staatsanwaltschaft zur Korruptionsbekämpfung – eingeführt durch das StrÄG 2008 – ab 01.01.2009 in Kraft

§ 19
(1) Als Staatsanwaltschaften sind im Strafverfahren tätig:
1. die Staatsanwaltschaften am Sitz der Landesgerichte
2. die Oberstaatsanwaltschaften am Sitz der Oberlandesgerichte
3. die Zentrale Staatsanwaltschaft zur Verfolgung von Korruption (Korruptionsstaatsanwaltschaft KStA)

(2) Die Staatsanwaltschaften üben ihre Tätigkeit als Organe der Rechtspflege durch Staatsanwälte aus.

(3) Soweit dieses Gesetz im Einzelnen nichts anderes bestimmt richtet sich Organisation und Aufgaben der Staatsanwaltschaften nach den Vorschriften des Staatsanwaltschaftsgesetzes (StAG)

§ 20a Korruptionsstaatsanwaltschaft (KStA)

(1) Die KStA ist bundesweit für die Leitung des Ermittlungsverfahren, dessen Beendigung im Sinne des 10. und 11. Hauptstücks sowie zur Erhebung des öffentlichen Anklage und deren Vertretung im Hauptverfahren sowie im Verfahren vor dem Oberlandesgericht wegen folgender, nicht der Zuständigkeit des Bezirksgerichts (§ 30) unterliegender strafbarer Handlungen zuständig:
1. Strafbare Verletzungen der Amtspflicht und verwandte strafbare Handlungen gemäß dem 22. Abschnitt des Strafgesetzbuches (StGB), BGBl. Nr. 60/1974,
2. Untreue unter Ausnützung einer Amtsstellung (§ 313 StGB), Geschenkannahme durch Machthaber sowie Förderungsmissbrauch gemäß §§ 153 bis 153b StGB,
3. Wettbewerbsbeschränkende Absprachen bei Vergabeverfahren gemäß § 168b StGB,
4. Geschenkannahme durch Bedienstete oder Beauftragte gemäß § 168c Abs. 2 StGB
5. Geldwäscherei gemäß § 165 StGB, soweit die Vermögensbestandteile aus einem in Z 1, Z 2 oder Z 4 genannten Verbrechen oder Vergehen herrühren, kriminelle Vereinigung oder kriminelle Organisation gemäß §§ 278 und 278a StGB, soweit die Vereinigung oder Organisation auf die Begehung der in Z 1, Z 2 oder Z 4 genannten Verbrechen oder Vergehen ausgerichtet ist.

(2) § 313 StGB begründet nur dann die Zuständigkeit der KStA, wenn durch dessen Anwendung die Zuständigkeit des Landgerichts als Geschworenen- oder Schöffengericht begründet wäre.

(3) Die KStA ist auch für das Verfahrens wegen Rechtshilfe oder strafrechtlicher Zusammenarbeit mit den zuständigen Einrichtungen der Europäischen Union in den im Abs. 1 genannten Fällen zuständig. Sie ist zentrale nationale Verbindungsstelle gegenüber OLAF und Eurojust, soweit Verfahren wegen der in Abs. 1 genannten Straftat betroffen sind.

§ 28a Zusammenhang und Zuständigkeitskonflikt bei Verfahren der KStA

(1) Die KStA hat in den Fällen des Zusammenhangs gemäß den §§ 26 und 27 vorzugehen. Die Zuständigkeit einer anderen Staatsanwaltschaft für das Ermittlungsverfahren auf Grund eines Zusammenhangs mit einer Straftat, für die das Landgericht als Geschworenen- oder Schöffengericht im Hauptverfahren zuständig wäre (§ 26 Abs. 2), wird auch im Fall eines Verdachts einer im Abs. 1 erwähnten Tat nicht durchbrochen. Im Übrigen hat die Staatsanwaltschaft, die zuerst von einer Straftat im Sinne des Abs. 1 Kenntnis erlangt, die keinen Aufschub

duldenden Anordnungen zu treffen und das Verfahren an die KStA abzutreten.

(2) Die KStA kann das Verfahren an die sonst nach den Bestimmungen der §§ 25 und 26 zuständige Staatsanwaltschaft übertragen, wenn an der Strafverfolgung ein besonderes öffentliches Interesse wegen der Bedeutung der Straftat oder Person des Angeklagten nicht besteht. Die Staatsanwaltschaft, an die das Verfahren übertragen wird, kann ihre Zuständigkeit nicht ablehnen, es sei denn, dass einer der in §§ 25 Abs. 5 und 6 oder 26 geregelten Fälle hervorkommt. Die Staatsanwaltschaft, an die das Verfahren übertragen wurde, hat der KStA auf deren Ersuchen über den Ausgang des Strafverfahrens zu berichten.

(3) Die Generalprokuratur hat für den Fall eines Zuständigkeitskonflikts zwischen KStA und anderen Staatsanwaltschaften gemäß § 28 zu entscheiden, welchen von ihnen nach den vorstehenden Absätzen die Zuständigkeit zukommt.

§ 100a Berichte an die Korruptionsstaatsanwaltschaft

(1) Die Kriminalpolizei hat der KStA über jeden Verdacht einer im § 20a Abs. 1 erwähnten Straftat gemäß § 100 Abs. 2 S. 1 zu berichten.

(2) Die KStA kann aus Zweckmäßigkeitsgründen und zur Vermeidung von Verzögerungen andere Staatsanwaltschaften um Durchführung einzelner Ermittlungs- oder sonstiger Amtshandlungen ersuchen. Diese sind verpflichtet, die KStA in vollem Umfang zu unterstützen und Hilfe bei der Strafverfolgung zu leisten.

Literaturverzeichnis

Albrecht, Hans-Jörg, Konversionspolitik im Strafprozess und die Rolle des Staatsanwalts vor Beginn der Hauptverhandlung in Deutschland, in: Albrecht, Hans-Jörg/Eser, Albin (Hrsg.), Drittes deutsch-chinesisches Kolloquium über Strafrecht und Kriminologie, S. 27 – 44, Freiburg i. Br. 2000.

Arndt, Adolf, Umwelt und Recht – 1. Der Fall Rohrbach als Mahnung – 2. Fragen des rechtlichen Gehörs, in: NJW 1962, S. 25 – 27.

Artkämper, Heiko; Herrmann, Gunnar; Jakobs, Carola; Kruse, Henner, Aufgabenfelder der Staatsanwaltschaft, Münster 2008.

Antognazza, Giampiero, Wirtschaftsdelikt, organisiertes Verbrechen und ähnliche Tatbestände – Abgrenzung und Probleme ihrer Bekämpfung, in: Gauthier, Jean u.a. (Hrsg.), Aktuelle Probleme der Kriminalitätsbekämpfung. Festschrift zum 50 jährigen Bestehen der Schweizerischen Kriminalistischen Gesellschaft (SKG), S. 265 – 274, Bern 1992.

Baer, Harold, Panel- und allgemeine Diskussion, in: Probleme im Gespräch, Band 4, Wirtschaftskriminalität, S. 81 – 98, Bern und Frankfurt a.M. 1972.

Bähr, Günther, Probleme der Wirtschaftskriminalität. Unter besonderer Berücksichtigung des Insolvenzbetruges, in: Mergen, Armand (Hrsg.), Wirtschaftskriminalität-Sachverständigengutachten. Referate und Diskussionsbeiträge zur Arbeitstagung der Deutschen Kriminologischen Gesellschaft 1968 in Frankfurt am Main, S. 15 – 29, Hamburg 1969.

Bannenberg, Britta, Korruption in Deutschland und ihre strafrechtliche Kontrolle. Eine kriminologisch-strafrechtliche Analyse, Neuwied u.a., 2002.

Barton, Stephan, Sachverständiger und Verteidiger, in: StV 1983, S. 73 – 81.

Baumann, Martin, Eigene Ermittlungen des Verteidigers, Baden-Baden 1999.

Berckhauer, Friedrich Helmut, Wirtschaftskriminalität und Staatsanwalt. Eine Untersuchung materiellrechtlicher und organisationsspezifischer Bedingungen für die Strafverfolgung von Wirtschaftsdelikten, Dissertation, Freiburg 1977.

–, Die Strafverfolgung bei schweren Wirtschaftsdelikten. Bericht über eine Aktenuntersuchung, Freiburg 1981.

–, Saverlsberg, Joachim, Vom Aufbruch zur Resignation. Die „Bundesweite Erfassung“ wurde in aller Stille zu Grabe getragen, Kriminalstatistik 1987, S. 242 – 246.

Berg, Andreas, Wirtschaftskriminalität in Deutschland, Osnabrück 2001.

Bergdolt, Gottfried, Gemeinschaftseinrichtungen der Länder auf Bundesebene und das Grundgesetz, Dissertation, Heidelberg 1966.
Bertling, Günter, Betrugs- und Wirtschaftskriminalität durch Umtriebe von Schwindelfirmen, in: Kriminalistik 1967, S. 1 – 5.
Bittmann, Folker (Hrsg.), Insolvenzstrafrecht. Handbuch für die Praxis, Berlin 2004.
–, Rechtsfragen um den Einsatz des Wirtschaftsreferenten, in: wistra 2011, S. 47 – 55.
Blankenburg, Erhard, Die Staatsanwaltschaft im System der Strafverfolgung, in: ZRP 1978, S. 263 – 268.
Bleutge, Peter, Ablehnung wegen Besorgnis der Befangenheit. Erläuterungen und 240 Gerichtsentscheidungen in Leitsätzen und mit Fundstellen, 2. Auflage, Köln, 1999.
Blumers, Wolfgang; Göggerle, Werner, Handbuch des Verteidigers und Beraters im Steuerstrafverfahren, 2. Aufl., Köln 1989.
Boppel, Rita, Beweisantrag und Sachverständiger: Fragen nach einer Reformbedürftigkeit, Hamburg 2002.
Bundeskriminalamt (Hrsg.), Wirtschaftsdelikte (einschließlich der Korruption), Arbeitstagung im Bundeskriminalamt Wiesbaden vom 8. April bis 13. April 1957 über Bekämpfung der Wirtschaftsdelikte einschließlich der Korruption, Wiesbaden 1957.
–, (Hrsg.), Grundfragen der Wirtschaftskriminalität. Arbeitstagung im Bundeskriminalamt Wiesbaden vom 27. Mai bis 1. Juni 1963 über Grundfragen der Wirtschaftskriminalität, Wiesbaden 1963.
Bundesministerium der Justiz (Hrsg.), Bekämpfung der Wirtschaftskriminalität. Schlussbericht der Sachverständigenkommission zur Bekämpfung der Wirtschaftskriminalität – Reform des Wirtschaftsstrafrechts – über die Beratungsergebnisse, Bonn 1980.
Burhoff, Detlef, Handbuch für das strafrechtliche Ermittlungsverfahren, Herne, u.a. 1997.
Cleiren, C.P.M.; Nijboer, Johannes F., Strafrecht: tekst & commentaar, 8. Aufl., Deventer 2006.
Combe, Daniel, Stellung und Objektivität der Staatsanwaltschaft im Ermittlungsverfahren, Göttingen 2007.
Crane, James W., Wirtschaftskriminalität in England, in: Probleme im Gespräch, Band 4, Wirtschaftskriminalität, S. 35 – 45, Bern und Frankfurt a.M. 1972.
Creifelds, Carl (Hrsg.) u.a., Rechtswörterbuch, 20. Aufl., München 2011.
Dallinger, Wilhelm, Aus der Rechtsprechung des Bundesgerichtshofs in Strafsachen, in: MDR 1952, 407 – 410.

Dästner, Christian, Zur Anwendbarkeit des § 74 StPO auf Polizeibedienstete als Sachverständige, in: MDR 1979, S. 545 – 547.
Daub, Stefan, Die Tatsachenerhebung durch den Sachverständigen, Frankfurt a.M. 1997.
Dedy, Eva, Ansätze einer Reform des Ermittlungsverfahrens, Berlin 2002.
Degenhart, Christoph, Staatsrecht I. Staatsorganisationsrecht, 27. Aufl., Heidelberg 2011.
Detter, Klaus, Der Sachverständige im Strafverfahren – eine Bestandsaufnahme – in: NStZ 1998, S. 57 – 61.
Dihm, Hartmut; Piazolo, Michael (Hrsg.), Staatsanwälte zwischen allen Stühlen? Zur Stellung der Staatsanwaltschaft zwischen den Gewalten, München 2004.
Dippel, Karlhans, Die Stellung des Sachverständigen im Strafprozeß, Heidelberg 1986.
Döhring, Erich, Die Erforschung des Sachverhalts im Prozeß, Berlin 1964.
Dokumentation. Ergebnisse der Arbeitsgruppen des 21. Strafverteidigertages vom 11. bis 13.04.1997 in Kassel, in: StV 1997, S. 386 – 390.
Dölp, Michael, Der Sachverständige im Strafprozess – Gedanken über eine nachhaltige strukturelle Veränderung im Verfahrensrecht, ZRP 2004, S. 235 – 237.
Dose, Norbert, Der Sitzungsvertreter und der Wirtschaftsreferent der Staatsanwaltschaft als Zeuge in der Hauptverhandlung, in: NJW 1978, S. 349 – 354.
Dreier, Horst, Grundgesetz. Kommentar, Band II, Artikel 20 – 82, 2. Aufl., Tübingen 2006.
Duden, Das Synonymwörterbuch. Ein Wörterbuch sinnverwandter Wörter, Band 8, in: Dudenredaktion Eickhoff, Birgit (Hrsg.); 5. Aufl., Mannheim u.a., 2010.
–, Das Fremwörterbuch., in: Dudenredaktion Wermke u.a. (Hrsg.), 10. Aufl., Mannheim u.a., 2010.
Dünkel, Hans Peter, Beschlagnahme – Durchsuchung, Stuttgart u.a., 1976.
Eidam, Gerd: Unternehmen und Strafe, 3. Aufl., München 2008.
Eisenberg, Ulrich, Zur Ablehnung des Sachverständigen im Strafverfahren wegen Besorgnis der Befangenheit, in: NStZ 2006, S. 368 – 374.
–, Beweisrecht der StPO, Spezialkommentar. 7. Aufl., München 2011.
Epping, Volker; Hillgruber, Christian (Hrsg.), Grundgesetz Kommentar, München 2009.
Erb, Volker (Hrsg.), Löwe-Rosenberg, Die Strafprozeßordnung und das Gerichtsverfassungsgesetz, Großkommentar, Bd. 1: §§ 1 – 47, 26. Aufl. Berlin u.a. 2006, Bd. 2: §§ 48 – 93, 26. Aufl., Berlin u.a. 2008; Bd. 5: §§ 151 – 212b, 26. Aufl., Berlin u.a. 2008; Bd. 10: GVG, EGGVG 26. Aufl., Berlin u.a. 2010.
Ergebnisse der Arbeitsgruppen des 16. Strafverteidigertages vom 15.- 17.05.1992 in Hamburg, in: StV 1992, S. 346 – 348.

Feuerstein, Bettina Sophie, Wirtschaftskriminalität bekämpfen. Unternehmerische Handlungspflichten und –optionen, Marburg 2007.
Fischer, Thomas: Strafgesetzbuch und Nebengesetze, 58. Aufl., München 2011.
Foth, Eberhard; Karcher, Walter, Überlegungen zur Behandlung des Sachbeweises im Strafverfahren, in: NStZ 1989, S. 166 – 173.
Frank, Christel; Harrer Gerhart (Hrsg.), Stellung und Aufgaben des Sachverständigen im Strafverfahren, Der Sachverständige im Strafrecht, Kriminalitätsverhütung, Berlin u.a. 1990.
Frenken, J., Kritische Betrachtungen über Sachverständigengutachten als Urteilsgrundlage, in: DAR 1956, S. 291 – 293.
–, Glanz und Elend der Gerichtssachverständigen, in: DRiZ 1957, S. 169.
Geerds, Friedrich, Probleme der Wirtschaftskriminalität und ihrer Bekämpfung (III), in: Kriminalistik 1968, S. 356 – 360.
Geisler, Werner: Stellung und Funktion der Staatsanwaltschaft im heutigen deutschen Strafverfahren, in: ZStW 1981, S. 1109 – 1143.
Gipp, Stefanie, Staatsanwaltschaft – Objektivste Behörde der Welt? Die Verantwortung der Staatsanwaltschaft im Spannungsfeld von Macht, Gesetz und Selbstverständnis, Frankfurt an der Oder 1997.
Görgen, Friedrich, Die organisationsrechtliche Stellung der Staatsanwaltschaft zu ihren Hilfsbeamten und zur Polizei, Bonn 1973.
Gössel, Karl Heinz, Behörden und Behördenangehörige als Sachverständige vor Gericht, in: DRiZ 1980, S. 363 – 376.
–, Überlegungen über die Stellung der Staatsanwaltschaft im rechtsstaatlichen Strafverfahren und über ihr Verhältnis zur Polizei, in: GA 1980, S. 325 – 354.
Hahn, Carl, Die gesamten Materialien zu den Reichs – Justizgesetzen, Band 1, Materialien zum Gerichtsverfassungsgesetz Abteilung 1, 2. Aufl., Neudruck der Ausgabe Berlin 1883, Aalen 1983.
–, Mugdan, Benno, Die gesamten Materialien zu den Reichsjustizgesetzen. Band 3, Materialien zur Strafprozeßordnung, Abteilung 1, 2. Aufl., Neudruck der Ausgabe Berlin 1885, Aalen 1983.
Haffke, Bernhard, Zum Rechtsschutz bei bevorstehender richterlicher Durchsicht beschlagnahmefreier Papiere, in: NJW 1974, S. 1983 – 1985.
Hannich, Rolf (Hrsg.), Karlsruher Kommentar zur StPO, 6. Aufl., München 2008.
Heinz, Wolfgang, Die Bekämpfung der Wirtschaftskriminalität mit strafrechtlichen Mitteln – unter besonderer Berücksichtigung des 1. WiKG, in: GA 1977, S. 193 – 209.
–, Wirtschaftskriminologische Forschungen in der Bundesrepublik Deutschland, in: wistra 1983, S. 128 – 136.
Hellebrand, Johannes, Die Staatsanwaltschaft. Arbeitsgebiet und Arbeitspraxis, München 1999.

Herrmann, Joachim, Das Versagen des überlieferten Strafprozeßrechts in Monstreverfahren, in: ZStW 1973, S. 255 – 287.
Hetzer, Wolfgang, Wahrheitsfindung im Strafprozeß unter Mitwirkung psychatrisch/psychologischer Sachverständiger, Berlin 1982.
Hillenkamp, Thomas, Beweisprobleme im Wirtschaftsstrafrecht, in: ders., (Mitverf.), Recht und Wirtschaft. Ringvorlesung im Fachbereich Rechtswissenschaften der Universität Osnabrück, S. 221 – 247, Köln u.a. 1985.
Holtz, Günter, Aus der Rechtsprechung des Bundesgerichtshofs in Strafsachen, in: MDR 1982, S. 280 – 283.
–, Aus der Rechtsprechung des Bundesgerichtshofs in Strafsachen, in: MDR 1978, S. 984 – 989.
–, Aus der Rechtsprechung des Bundesgerichtshofs in Strafsachen, in: MDR 1986, S. 974 – 979.
Hüls, Silke, Polizeiliche und staatsanwaltliche Ermittlungstätigkeit. Machtzuwachs und Kontrollverlust, Berlin 2007.
Ipsen, Jörn, Staatsrecht I, Staatsorganisationsrecht, 23. Aufl., München 2011.
Jahn, Matthias, Das partizipatorische Ermittlungsverfahren im deutschen Strafprozess, in: ZStW 2003, S. 815 – 844.
Jessnitzer, Kurt; Frieling, Günter; Ulrich, Jürgen (Begr./Hrsg./Bearb.), Der gerichtliche Sachverständige, 12. Aufl., Köln u.a. 2007.
– (Hrsg.), Strafgerichtsverfassungsrecht. Kommentar, 3. Aufl., Köln u.a. 1999.
Karpinski, Kurt, Der Sachverständige im Strafprozeß, in: NJW 1968, S. 1173.
Kelker, Brigitte, Die Rolle der Staatsanwaltschaft im Strafverfahren, in: ZStW 2006, S. 389 – 426.
Kindhäuser, Urs; Neumann, Ulfrid; Paeffgen, Hans-Ullrich (Hrsg.), Strafgesetzbuch, 3. Aufl., Baden-Baden 2010.
Kisker, Gunter, Kooperation im Bundesstaat: Eine Untersuchung zum kooperativen Föderalismus in der Bundesrepublik Deutschland, Tübingen 1971.
Kissel, Otto Rudolf; Mayer, Herbert (Hrsg.), Gerichtsverfassungsgesetz. Kommentar, 6. Aufl., München 2010.
Knauer, Christoph; Wolf, Christian, Zivilprozessuale und strafprozessuale Änderungen durch das Erste Justizmodernisierungsgesetz – Teil 2: Änderungen der StPO, in: NJW 2004, S. 2932 – 2939.
Knobloch, Enno: Legalität und Weisungsbindung, Dissertation, Mainz 2003.
Kohl, Markus, Wirtschaftskriminalität. Wirtschaftsdelikte im Rechnungswesen der Unternehmung und ihre Bekämpfung, Dissertation, Mannheim 1991.
Kohlhaas, Max, Änderung des Sachverständigenbeweises im Strafprozeß, in: NJW 1962, S. 1329 – 1333.
Köhnken, Günter, Suggestive Prozesse in Zeugenbefragungen, Formen und theoretische Erklärungsansätze, in: MschrKrim 1997, S. 290 – 299.

Kopp, Ferdinand; Schenke, Wolf-Rüdiger, Verwaltungsgerichtsordnung, Kommentar, 17. Aufl., München 2011.

Kramer, Bernhard, Ermittlungen bei Wirtschaftsdelikten. Rechtsfragen aus der Praxis des Wirtschaftsstrafverfahrens, Stuttgart u.a. 1987.

–, Zur Zulässigkeit gemeinsamer Ermittlungsgruppen des Polizeivollzugsdienstes und des Zollfahndungsdienstes in Zusammenhang mit der Bekämpfung der Betäubungsmittelkriminalität – Fragen der EG – Zollschuldverordnung, des Bannbruchtatbestandes und der Eigenschaft der Angehörigen des Zollfahndungsdienstes als Hilfsbeamte der StA -, in: wistra 1990, S. 169 – 177.

Krapp, Franzjosef, Die verfassungsrechtliche Zulässigkeit gemeinsamer Ländereinrichtungen, Bonn 1962.

Krause, Friedrich-Wilhelm, „Absolute“ Befangenheitsgründe beim Sachverständigen?, in: Schroeder, Friedrich-Christian; Zipf, Heinz (Hrsg.), Festschrift für Reinhart Maurach zum 70. Geburtstag, S. 549 – 560, Karlsruhe 1972.

Krauß, Detlef, Richter und Sachverständiger im Strafverfahren, in: ZStW 1973, S. 320 – 359.

Krekeler, Wilhelm, Der Beweiserhebungsanspruch der Verteidigung im Ermittlungsverfahren unter besonderer Berücksichtigung des Sachverständigenbeweises, in: AnwBl. 1986, S. 62 – 65.

–, Der Sachverständige im Strafverfahren, insbesondere im Wirtschaftsstrafverfahren, in: wistra 1989, S. 52 – 56.

–, Beweisverwertungsverbote bei fehlerhaften Durchsuchungen, in: NStZ 1993, S. 263 – 268.

Kreklau, Jan, Das US – amerikanische Bilanzstrafrecht als Vorbild für das das deutsche Bilanzstrafrecht, Bayreuth 2008.

Krey, Volker; Pöhler, Jürgen, Zur Weisungsgebundenheit des Staatsanwaltes – Schranken des internen und externen Weisungsrechts -, in: NStZ 1985, S. 145 – 152.

Krey, Volker, Grundzüge des Strafverfahrensrechts (9.Teil), in: JA 1985, S. 61 – 66.

Kruse, Constantin, Aus der Praxis: Rechtswegbestimmung bei polizeilichem Handeln nach § 81b Var. 2 StPO, in: JuS 2007, S. 342 – 343.

Kube, Edwin, Polizeibedienstete als Zeugen und Sachverständige vor Gericht, in: DRiZ 1979, S. 38 – 43.

–, Störzer Hans-Udo; Timm, Klaus, (Hrsg.), Kriminalistik. Handbuch für Praxis und Wissenschaft, Band 2, Stuttgart u.a. 1994.

Kühl, Kristian (Bearb.), Lackner/Kühl, Strafgesetzbuch. Kommentar. 27. Aufl., München 2011.

Kühne, Eberhard; Liebl, Karlhans (Hrsg.), Bekämpfung der Wirtschaftskriminalität – Aktuelle Aufgaben für Ausbildung und Strafverfolgung. Referate

der Arbeitstagung vom Oktober 2003 in Rothenburg/OL, Rothenburg/OL 2004.
Kühne, Hans-Heiner, Strafprozessrecht, Eine systematische Darstellung des deutschen und europäischen Strafverfahrensrecht, 8. Aufl., Heidelberg 2010.
Kurzrock, Julia, Die Zulässigkeit politischer Einflußnahme auf Strafverfahren. Zur verfassungsrechtlichen Einordnung der Staatsanwaltschaft, Osnabrück 2003.
Von Lanzenauer, Reiner Haehling, Weisungsrecht und Organisationsstatut, in: DRiZ 1991, S. 133 – 134.
Von Laufhütte, Heinrich, u.a. (Hrsg.), Strafgesetzbuch. Leipziger Kommentar, Band 3, §§ 56 – 79b, 12. Aufl., Berlin 2008.
Lehmann, Jens, Der Anspruch auf Einsicht in die Unterlagen des Sachverständigen, in: GA 2005, S. 639 – 647.
Leineweber, Heinz, Die Rechtsstellung der Polizeibediensteten als Sachverständige vor Gericht, in: MDR 1980, S. 7 – 10.
Lemme, Dirk, Zur Ablehnung des Wirtschaftsreferenten der Staatsanwaltschaft gem. § 74 StPO, in: wistra 2002, S. 281 – 288.
Liebl, Karlhans, Die Bundesweite Erfassung von Wirtschaftstraftaten nach einheitlichen Gesichtspunkten. Ergebnisse und Analysen für die Jahre 1974 bis 1981, Freiburg 1984.
–, Schwerpunktstaatsanwaltschaften zur Bekämpfung der Wirtschaftskriminalität, in: wistra 1987, S. 13 – 18.
–, Nochmals: Zur Effektivität der Schwerpunktstaatsanwaltschaften zur Bekämpfung der Wirtschaftskriminalität, in: wistra 1987, S. 324 – 326.
Lilie, Hans: Das Verhältnis von Polizei und Staatsanwaltschaft im Ermittlungsverfahren, in: ZStW 1994, S. 625 – 643.
Lürken, Günter, Auswahl und Leitung des Sachverständigen im Strafprozeß, in: NJW 1968, S. 1161 – 1165.
Mackenroth, Geert W.; Teetzmann, Hanspeter, Mehr Selbstverwaltung der Justiz, in: ZRP 2002, S. 337 – 343.
Mahnkopf, Jürgen; Funk, Raban, Zur Frage des Anwesenheitsrechtes von Sachverständigen bei strafprozessualen Durchsuchungsmaßnahmen im Zusammenhang mit ärztlichen Abrechnungsbetrügereien, in: NStZ 2001, S. 519 – 525.
Maier, Winfried, Wie unabhängig sind Staatsanwälte in Deutschland, in: ZRP 2003, S. 387 – 391.
Maurer, Hartmut, Staatsrecht I. Grundlagen, Verfassungsorgane, Staatsfunktionen, 6. Aufl., München 2010.
Mergen, Armand (Hrsg.), Wirtschaftskriminalität – Sachverständigengutachten. Referate und Diskussionsbeiträge zur Arbeitstagung der Deutschen Kriminologischen Gesellschaft 1968 in Frankfurt/Main, Hamburg 1969.

Merten, Herbert, Selbstverwaltung der Justiz als Verfassungsauftrag?, in: ZRP 2002, S. 332 – 337.
Meyer, Paul (Begr.), Die Vergütung und Entschädigung von Sachverständigen, Zeugen, Dritten sowie von ehrenamtlichen Richtern nach dem JVEG, Kommentar, 25. Aufl., München 2011.
Minoggio, Ingo, Firmenverteidigung. Die Vertretung von Unternehmensinteressen im Straf- und OWi-Verfahren, Bonn 2005.
Mitteilung des 49. Deutschen Juristentages in Düsseldorf, in: NJW 1972, S. 2073 – 2080.
Montenbruck, Axel, u.a., Die Tätigkeit des Staatsanwalts in Wirtschaftsstrafverfahren – Eine Einführung in die Probleme -, in: JuS 1987, S. 803 – 808.
Mulder, A., Die Handhabung des Wirtschaftsstrafrechts in den Niederlanden, in: ZStW 1976, S. 281 – 293.
Müller, Klaus, Der Sachverständige im gerichtlichen Verfahren. Handbuch des Sachverständigenbeweises, 2. Aufl. Kronberg/Ts. 1978, 3. Aufl., Heidelberg 1988.
Müller-Gugenberger, Christian; Bieneck, Klaus (Hrsg.), Wirtschaftsstrafrecht. Handbuch des Wirtschaftsstraf- und –ordnungswidrigkeitenrechts, 5. Aufl., Köln 2011.
Nelles, Ursula, Kompetenzen und Ausnahmekompetenzen in der Strafprozeßordnung. Zur organisationsrechtlichen Funktion des Begriffs „Gefahr im Verzug“ im Strafverfahrensrecht, Berlin 1980.
Nix, Christoph, Ablehnung eines polizeilichen Sachverständigen, in: Kriminalistik 1994, S. 83 – 86.
Park, Tido, Handbuch Durchsuchung und Beschlagnahme: Rechtsgrundlagen, Voraussetzungen und Grenzen, 2. Aufl., München 2009.
–, Der Anwendungsbereich des § 110 StPO bei Durchsuchungen in Wirtschafts- und Steuerstrafsachen, in: wistra 2000, S. 453 – 458.
Pawlak, Klaus, Ablehnung des Sachverständigen im Strafverfahren wegen Befangenheit? Eine Untersuchung zur Berechtigung des § 74 StPO, Hamburg 1999.
Pelz, Christian: Strafrecht in Krise und Insolvenz, München 2004.
Peters Karl, Urteilsanmerkung zum Urteil des BGH 4. St v. 06.09.1968 – 4 StR 339/86, in: JR 1969, S. 231 – 232.
Pfeiffer, Gerd; Strafprozessordnung. Kommentar, 5. Aufl., München 2005.
Poerting, Peter (Hrsg.), Wirtschaftskriminalität Teil 1, BKA-Schriftenreihe, Band 52, Wiesbaden 1983.
Polizeiinstitut Hiltrup (Hrsg.), Schlußbericht der Arbeitstagung für leitende Kriminalbeamte und Staatsanwälte vom 13 – 15. Januar 1971 im Polizei-Institut Hiltrup, Hiltrup 1971.

Prost, Gerhard, „Krediterschleichung“, ein Vorfeldtatbestand des Betruges, sowie verstärkte Prophylaxe im Gesetz über das Kreditwesen als Mittel zur Bekämpfung der Wirtschaftskriminalität, in: JZ 1975, S. 18 – 22.

Quermann, Dieter, Durchsuchung und Beschlagnahme in Wirtschaftsstrafverfahren Teil 1, in: Der Kriminalist 1986, S. 338 – 341.

Ranft, Otfried, Strafprozeßrecht, 3. Aufl., Stuttgart 2005.

Redeker, Konrad; von Oertzen, Hans-Joachim, Verwaltungsgerichtsordnung, Kommentar, 15. Aufl., Stuttgart 2010.

Reitberger, L., Im Schlepptau der Experten?, in: Kriminalistik 1964, S. 217 – 223.

Rengier, Rudolf, Praktische Fragen bei Durchsuchungen, insbesondere in Wirtschaftsstrafsachen, in: NStZ 1981, S. 372 – 378.

Renz, Werner, Der 1. Frankfurter Auschwitz-Prozess. Zwei Vorgeschichten, in: ZfG 2002, S. 622 – 641.

Richter, Hans, Der Konkurs der GmbH aus der Sicht der Strafrechtspraxis (I), in: GmbHR 1984, S. 113 – 115.

Rimann, Bernhard, Wirtschaftskriminalität. Die Untersuchung bei Wirtschaftsdelikten, Zürich 1973.

Rothenfluh, Walter, Die Dauer des Strafprozesses, in: ZStR 1983, S. 366 – 383.

Roxin, Claus, Rechtsstellung und Zukunftsaufgaben der Staatsanwaltschaft, in: DRiZ 1969, S. 385 – 389.

–, Zur Rechtsstellung der Staatsanwaltschaft damals und heute, in: DRiZ 1997, S. 109 – 121.

–, Strafverfahrensrecht, 26. Aufl., München 2009.

Rückerl, Adalbert (Hrsg.), NS-Prozesse. Nach 25 Jahren Strafverfolgung: Möglichkeiten – Grenzen – Ergebnisse, Karslruhe 1971.

Rudolphi, Hans-Joachim (Hrsg.), Systematischer Kommentar zum Strafgesetzbuch, Loseblattwerk 128. Ergänzungslieferung, Stand: Juni 2011, München 1989.

Rüping, Hinrich: Das Verhältnis von Staatsanwaltschaft und Polizei, in: ZStW 1983, S. 894 – 917.

–, Das Strafverfahren, 3. Aufl., München 1997.

Sachs, Michael (Hrsg.), Grundgesetz. Kommentar, 6. Aufl., München 2011.

Sander, Herbert, Bekämpfung der Wirtschaftskriminalität im Lande Nordrhein-Westfalen, in: Kriminalistik 1969, S. 169 – 171.

–, Die Verfolgung der Wirtschaftskriminalität, in: Kriminalistik 1970, S. 392 – 395.

Sarstedt, Werner, Auswahl und Leitung des Sachverständigen im Strafprozeß (§§ 73, 78 StPO), in: NJW 1968, S. 177 – 182.

Satzger, Helmut; Schmitt, Bertram, Widmaier, Gunter (Hrsg.), StPO-Kommentar, Köln 2010.

Schäfer, Gerhard: Einige Fragen zur Verjährung in Wirtschaftsstrafsachen, in: Hanack, Ernst-Walter u.a. (Hrsg.), Festschrift für Hans Dünnebier zum 75. Geburtstag am 12. Juni 1982, S. 11 – 51, Berlin u.a. 1982.

Schaffmeister, Dieter, Das niederländische Wirtschaftsstrafgesetz, seine Handhabung und seine grundsätzliche Bedeutung für die deutsche Reform des Wirtschaftsstrafrechts, in: ZStW 1973, S. 782 – 835.

–, Entwicklung und Begriff des niederländischen Wirtschaftsstrafrechts, Frankfurt a.M. 1978.

Schilling, Akatshi; Dolata, Uwe (Hrsg.), Korruption im Wirtschaftssystem Deutschland. Jeder Mensch hat seinen Preis…, Murnau a. Staffelsee 2004.

Schlothauer, Reinhold; Wieder, Hans-Joachim, Erweiterte Handlungsspielräume – gesteigerte Verantwortung der Verteidigung im künftigen Ermittlungsverfahren, in: StV 2004, S. 504 – 517.

Schlüchter, Ellen, Das Strafverfahren. 2. Aufl., Köln, u.a. 1983.

Schmid, Niklaus, Probleme der Untersuchungsführung, in: Probleme im Gespräch, Band 4, Wirtschaftskriminalität, S. 53 – 59, Bern und Frankfurt a.M. 1972.

–, Banken zwischen Legalität und Kriminalität, Heidelberg 1980.

Schmidt, Eberhard, Zur Rechtsstellung und Funktion der Staatsanwaltschaft als Justizbehörde (II), in: MDR 1964, 713 – 718.

Schmidt, Gerhard, Vorschläge zur Beschleunigung und Straffung des Strafverfahrens, in: DRiZ 1971, S. 77 – 79.

Schmidt-Bleibtreu, Bruno; Klein, Franz (Begr.), Kommentar zum Grundgesetz, 12. Aufl., München 2011.

Schmidt-Jortzig, Edzard, Möglichkeiten einer Aussetzung des strafverfolgerischen Legalitätsprinzips bei der Polizei, in: NJW 1989, S. 129 – 138.

Schneider, Hagen; Rödel, Christian (Hrsg.), JVEG. Justizvergütungs- und entschädigungsgesetz, Kommentar, München 2007.

Schönke, Adolf; Schröder, Horst (Begr.), Strafgesetzbuch, Kommentar, 28. Aufl., München 2010.

Schoreit, Armin, Urteilsanmerkung zu OLG Zweibrücken, in: NStZ 1984, S. 234.

Schreiber, bei Weigend, Thomas, Tagungsbericht. Diskussionsbeiträge der Strafrechtslehrertagung 1981 in Bielefeld, in: ZStW 1981, S. 1271 – 1289.

Schreiber, Hans-Ludwig, Zum Beweisantragsrecht im Ermittlungsverfahren, in: Arzt u.a. (Hrsg.), Festschrift für Jürgen Baumann zum 70. Geburtstag, S. 383 – 394, Bielefeld 1992.

Schubarth, Martin, Sind die sogenannten Wirtschaftsdelikte wirklich ein Problem, in: ZStR 1974, S. 384 – 406.

Schüle, Erwin, Die Zentrale der Landesjustizverwaltungen zur Aufklärung nationalsozialistischer Gewaltverbrechen in Ludwigsburg, in: JZ 1962, S. 241 – 244.

Schwarz, Otto Georg (Begr.), Meyer-Goßner, Strafprozessordnung mit GVG und Nebengesetzen, 54. Aufl., München 2011.
Schwind, Hans-Dieter; Gehrich, Wulf-Dieter, Bekämpfung der Wirtschaftskriminalität erläutert am Beispiel von Niedersachsen, in: JR 1980, S. 228 – 233.
Schwind, Hans-Dieter, Kriminologie. Eine praxisorientierte Einführung mit Beispielen. 21. Aufl., Heidelberg u.a. 2011.
Senge, Lothar (Hrsg.), Karlsruher Kommentar zum OWiG, 3. Aufl,. München 2006.
Sessar, Klaus, Ergebnis einer wissenschaftlichen Untersuchung zum Thema Polizei/Staatsanwaltschaft, in: Bundeskriminalamt Wiesbaden (Hrsg.), Polizei und Justiz. Arbeitstagung des Bundeskriminalamtes Wiesbaden vom 12. bis 15. Oktober 1976, BKA-Vortragsreihe Band 23, S. 25 – 30, Wiesbaden 1977.
Seyler, Wendelin, Das Behördengutachten im Strafprozeß, in: GA 1989, S. 546 – 568.
Sickinger, Hubert, Korruption in Österreich: Verbreitung, ausgewählte Problembereiche, Reformbedarf, in: Bundesministerium der Justiz (Hrsg.), 35. Ottensteiner Fortbildungsseminar aus Strafrecht und Kriminologie, S. 101 – 131, Wien 2007.
Sieber, Ulrich, u.a. (Hrsg.), Strafrecht und Wirtschaftsstrafrecht – Dogmatik, Rechtsvergleich, Rechtstatsachen – Festschrift für Klaus Tiedemann zum 70. Geburtstag, München 2008.
Steinke, Wolfgang, Ablehnung eines polizeilichen Sachverständigen, in: Kriminalistik 1994, S. 199 – 200.
Streng, Franz, Psychowissenschaftlicher und Srafjuristen, in: NStZ 1995, S. 12 – 16.
Stypmann, Rolf, Rechtliche und tatsächliche Probleme bei staatsanwaltschaftlichen Durchsuchungs- und Beschlagnahmehandlungen, in: wistra 1982, S. 11 – 14.
Suter, Stefan, Strafverteidigung auf dem Gebiet der Wirtschaftskriminalität, Basel u.a. 2001.
Teufel, Manfred: Insolvenzkriminalität, Lübeck 1981.
Tiedemann, Klaus, Wirtschaftsstrafrecht im Ausland, Skizzen zur Entwicklung und Reform, in: GA 1969, S. 321 – 332.
–, Die Bekämpfung der Wirtschaftskriminalität durch den Gesetzgeber, in: JZ 1986, S. 865 – 874.
–, (Hrsg.), Die Verbrechen in der Wirtschaft: Neue Aufgaben für Strafjustiz und Strafrechtsreform, 2. Aufl., Karlsruhe 1972.
–, Wirtschaftsstrafrecht und Wirtschaftskriminalität, 1. Allgemeiner Teil, Reinbek bei Hamburg 1976 (zit. 1976a).

–, Wirtschaftsstrafrecht und Wirtschaftskriminalität, 2. Besonderer Teil, Reinbek bei Hamburg 1976 (zit. 1976b).

–, Wirtschaftskriminalität und Wirtschaftsstrafrecht in den USA und der Bundesrepublik Deutschland, Tübingen 1978.

Toepel, Friedrich, Grundstrukturen des Sachverständigenbeweises im Strafprozeßrecht, Tübingen 2001.

Tondorf, Günter, Neue kriminaltechnische Entwicklungen – eine Herausforderung für den Strafverteidiger, in: StV 1993, S. 39 – 47.

Tondorf, Günter; Waider, Heribert, Der Sachverständige, ein „Gehilfe" auch des Strafverteidigers?, in: StV 1997, S. 493 – 497.

Umbach, Dieter; Clemens, Thomas (Hrsg.), Grundgesetz. Mitarbeiterkommentar und Handbuch, Band I, Heidelberg 2002.

Volk, Klaus (Hrsg.), Münchener AnwaltsHandbuch. Verteidigung in Wirtschafts- und Steuerstrafsachen, München 2006.

Vranes, Erich, Lex Superior, Lex Specialis, Lex Posterior – Zur Rechtsnatur der „Konfliktlösungsregeln" in: ZaÖRV 2005, S. 391 – 405.

Wabnitz, Heinz-Bernd; Janovsky Thomas (Hrsg.), Handbuch des Wirtschafts- und Steuerstrafrechts, 3. Aufl., München 2007.

Waider, Heribert W., Wirtschaftsstrafrecht und Versicherungsbetrug: Untersuchungen zur Abhängigkeit des Strafrechts von ökonomischen Bedingungen, Marburg 2003.

Wasserburg, Klaus, Urteilsanmerkung zu BGH, Urteil vom 15.03.1988, in: StV 1989, S. 332 – 335.

Wassermann, Rudolf, Strategien zur Eindämmung der Wirtschaftskriminalität, Schimmelpfeng GmbH (Hrsg.), in: Beiträge über Wirtschaftskriminalität. Präventive Maßnahmen. Tatbegehung und Täterpersönlichkeit. Reformen des Strafrechts und des Wirtschaftsrechts. Bibliografie, Frankfurt a.M. 1979, S. 27 – 52.

–, Kritische Überlegungen zur Bekämpfung der Wirtschaftskriminalität, in: Bundeskriminalamt Wiesbaden (Hrsg.), Wirtschaftskriminalität. Arbeitstagung des Bundeskriminalamtes Wiesbaden vom 18. bis 21. Oktober 1983, S. 81 – 221, Wiesbaden 1984.

–, (Hrsg.), Reihe Alternativkommentare. Kommentar zur Strafprozeßordnung, Band 1 §§ 1 – 93, Neuwied 1988; Band 2/Teilband 1, §§ 94 – 212b, Neuwied 1992, Band 2 /Teilband 2, §§ 213 – 275, Neuwied 1993.

Weglage, Andreas; Pawliczek, Iris: Die Vergütung des Sachverständigen. Grundlagen – JVEG – ZSEG – Beispiele, Wiesbaden 2005.

Weigend, Thomas, Anklagepflicht und Ermessen. Die Stellung des Staatsanwalts zwischen Legalitäts- und Opportunitätsprinzip nach deutschem und amerikanischem Recht, Baden-Baden 1978.

Weimann, Arno, Probleme des medizinischen Sachverständigen im Strafprozeß, in: JR 1951, S. 198 – 200.
Weyand, Raimund; Diversy, Judith, Insolvenzdelikte: Unternehmenszusammenbruch und Strafrecht, 8. Aufl., Berlin 2010.
Wiegmann, Barbara, Ablehnung von Mitarbeitern der Strafverfolgungsbehörden als Sachverständige (§ 74 StPO), in: StV 1996, S. 570 – 574.
Wolter, Jürgen, (Hrsg.), Systematischer Kommentar zur Strafprozessordnung, Bd. 2 §§ 94 – 136 a StPO, 4. Aufl., München 2010; Bd. 3 §§ 137 – 197 StPO, 4. Aufl., München 2011.
Zainhofer, Rudolf, Die Rolle des Sachverständigen im Wirtschaftstrafrechtsbereich, in: ZSW 1982, S. 219 – 224.
–, Die Systematisierung der Abwicklung von Gutachtensaufträgen im Wirtschaftsstrafrechtsbereich, in: ZSW 1982, S. 265 – 269.
Zirpins, Walter;Terstegen, Otto, Wirtschaftskriminalität – Erscheinungsformen und ihre Bekämpfung, Lübeck 1963.
–, Bekämpfung der Wirtschaftskriminalität, in: Kriminalistik 1967, S. 169 – 173.
Zuberbier, Gerhard, Einrichtung deines Sonderdezernats für Sexualdelikte bei der Staatsanwaltschaft Bremen, in: DRiZ 1988, S. 335 – 336.
–, Einführung in die staatsanwaltschaftliche Praxis, Stuttgart u.a. 1991.
Zwiehoff, Gabriele, Das Recht auf den Sachverständigen, Baden-Baden 2000.

www.ingramcontent.com/pod-product-compliance
Ingram Content Group UK Ltd.
Pitfield, Milton Keynes, MK11 3LW, UK
UKHW021904290926
8980IPUK00015B/1045

9 783631 644737